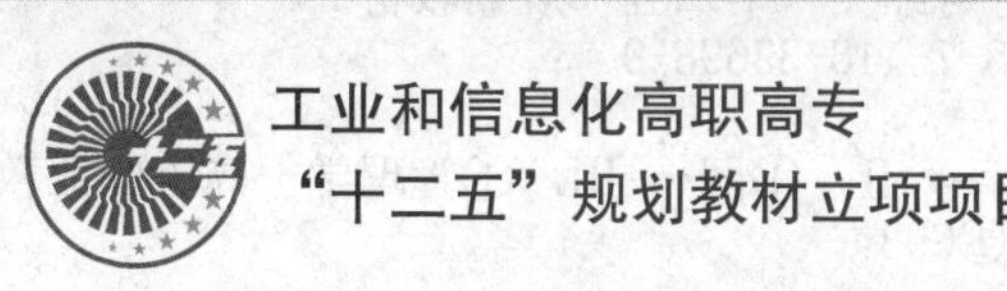

职业教育财经类“十二五”规划教材

管理学原理

Principles of Management

闫树全 主编
张芸婷 副主编

人民邮电出版社
北京

图书在版编目（CIP）数据

管理学原理 / 闫树全主编. -- 北京 : 人民邮电出版社, 2014.6（2015.10 重印）
职业教育财经类“十二五”规划教材
ISBN 978-7-115-33698-9

Ⅰ. ①管… Ⅱ. ①闫… Ⅲ. ①管理学－高等职业教育－教材 Ⅳ. ①C93

中国版本图书馆CIP数据核字(2014)第068383号

内容提要

“管理学原理”是工商管理类各专业必修的专业基础课。本课程的教学目的是，通过学习，使学生系统地掌握管理学的基本概念、理论和方法，并增强学习、研究、应用管理学的能力。

本书分为两大篇，共 9 章内容。第一篇是总论，主要介绍管理概述、管理道德和企业社会责任、管理思想的演进；第二篇讲述管理职能，介绍管理的 5 大职能：计划职能、组织职能、领导职能、控制职能和创新职能。本教材着重培养学生的创造性学习能力、研究能力、独立思考能力、分析问题和解决问题的能力。

本书可作为高职高专院校管理类和其他专业的通用教材，也可供管理人员在职培训时使用。

◆ 主　　编　闫树全
副 主 编　张芸婷
责任编辑　李育民
责任印制　焦志炜

◆ 人民邮电出版社出版发行　　北京市丰台区成寿寺路 11 号
邮编　100164　　电子邮件　315@ptpress.com.cn
网址　http://www.ptpress.com.cn
北京中新伟业印刷有限公司印刷

◆ 开本：787×1092　1/16
印张：15.5　　2014 年 6 月第 1 版
字数：353 千字　　2015 年10 月北京第 3 次印刷

定价：34.00 元

读者服务热线：(010)81055256　印装质量热线：(010)81055316
反盗版热线：(010)81055315
广告经营许可证：京崇工商广字第 0021 号

前　言

管理学是一门综合性的交叉学科，是研究管理活动中的共性原理的基础理论科学。无论是“宏观管理”还是“微观管理”，都需要管理学的原理作为基础来加以学习和研究，管理学是各门具体的或专门的管理学科的共同基础。无论是本科还是专科的学生都应当学好管理学原理这门课。

为了搞好学科建设和教材建设，在总结以往教学经验的基础上，我们编写了这本针对高职学生特点的管理学原理教材。本教材在编写过程中汲取了近年来国内外管理学教材之所长，借鉴、参考和吸收了管理活动中所创立的新思想和新方法，其主要特点有两个。一是简单明了，通俗易懂。全书分两篇共九章，第一篇是总论，阐述基本理论和管理学的历史演变。第二篇是管理职能，阐述管理者在实施管理中所体现出的具体作用及实施程序或过程。二是体现技能导向。本书的编写体例，每章开篇都有导入案例，每节都有研讨题目，增加学生参与性，引发思考；每章结束都有综合练习，案例分析，以增加学生实际训练，提高他们分析和解决实际问题的能力。

本书由闫树全教授提出编写大纲和编写体例，并和张芸婷老师负责统稿。具体章节写作分工如下：第一章由闫树全编写；第二章由吴炳全编写；第三章由刘旭东编写；第四章由张卓绮编写；第五章由吴婵娟编写；第六章由张芸婷编写；第七章由陈瑞华编写；第八章由梁国雄编写；第九章由杨爱歌编写。

本书的编写参考了许多同仁的成果，书后列了主要参考文献，在此一并表示感谢。由于编者编写时间仓促，本书可能会存在一些缺点和不足，敬请读者指正。

闫树全

2014 年 4 月 1 日

目录

第二篇　管理职能

目 录

第一篇　总论

在人类的历史上，还很少有什么事比管理的出现和发展更为迅猛，对人类具有更为重大和更为激烈的影响。

——彼得·德鲁克

管理，从根本意义上讲，意味着用智慧代替鲁莽，用知识代替习惯和传统，用合作代替强制。

——彼得·德鲁克

第一章 管理概述

学习目标

知识目标

1. 掌握管理的含义；
2. 理解管理的属性，了解管理系统的构成；
3. 掌握管理者的素质要求；
4. 理解管理者的基本职能；
5. 理解管理对象的构成与环境分类；
6. 了解管理方法的分类，掌握管理机制的机理与类型。

能力目标

1. 理解并能解释说明管理的基本概念；
2. 认知并能有意识培养自己的管理素质；
3. 理解并能运用管理机制分析与解决管理中的实际问题。

导入案例

什么是管理

赵智勇是公司技术部的干事。在这个岗位上已经工作七年了。他独当一面，对自己所负责的业务驾轻就熟。最近，他被提拔到公司所属的售后服务部做主任。他每天不但要处理大量业务工作，而且要管理自己的部下，还要同大量的顾客打交道。他整天忙得不亦乐乎，而且，不知道在总体上怎样把握。他不断在问自己“什么是管理，管理都包括哪些方面？”他急切地想弄清管理的本质与构成。

【分析与思考】

（1）依据你现有的认识，能告诉他什么是管理吗？

（2）结合你所接触的实际（可列举一个单位或一个管理者所负责的系统），能对管理系统的构成进行概括吗？

第一节 管理概念及其特征

一、管理的概念

1. 管理定义的多样化

管理学者们对管理的定义做了大量的研究，并从不同的角度和侧重点，提出了大量的关于管理的定义。

泰勒的定义：管理是一门怎样建立目标，然后用最好的方法经过他人的努力来达到目标的艺术。

法约尔的定义：管理就是计划、组织、控制、指挥和协调。

西蒙的定义：管理就是决策。

马克斯·韦伯的定义：管理就是协调活动。

美国管理协会的定义：管理是通过他人的努力来达到目标。

归纳以上观点，得出管理概念的共同点如下。

（1）强调作业过程：管理是计划、组织、领导、控制的过程。

（2）强调管理的核心环节：管理就是决策。

（3）强调对人的管理：管理就是通过其他人把事办好。

（4）强调管理者个人作用：管理就是领导。

（5）强调管理的本质：管理就是协调。

2. 管理的定义

管理，就是通过计划、组织、领导、控制和创新，协调以人为中心的组织资源与职能活动，以有效实现目标的社会活动。

理解要点如下。

（1）管理的目的是有效实现目标。

（2）实现目标的手段是计划、组织、领导和控制。

（3）管理的本质是协调。

（4）管理的对象是以人为中心的组织资源与职能活动。管理，最重要的是对人的管理。

研讨

对照多种管理定义，谈自己对管理定义的看法。

二、管理的特征

管理是科学性和艺术性的统一，是效率和效果的统一，是维持和创新的统一，是理性手段和非理性手段的统一。

1. 管理的科学性和艺术性

管理是科学与艺术的统一，客观规律与主观能动性的统一。管理科学是人类在长期从事社会生产实践活动中，对管理活动规律的总结。作为一门科学，要求管理具有系统化的理论知识。管理科学是把管理的规律性揭示出来，形成原则、程序和方法，对管理者管理活动予以普遍性指导，使管理成为理论指导下的规范化的理性行为。承认管理的科学性，就是要求在管理活动中要不断发现与摸索管理的规律性，按照管理的规律来办事，在科学的管理理论与原则的指导下，搞好管理，提高管理效率。

管理是一门艺术。管理是一种随机的创造性工作，它不像有些科学那样可以单纯通过数学计算去求得最佳答案，也不可能为管理者提供解决问题的具体模式，它只能使人们按照客观规律的要求，实施创造性管理，从这个意义上讲，我们说管理是一种艺术。同时，管理中还存在着许多未知的、活的、模糊的因素。所谓未知的、活的、模糊的因素即靠人的经验、感觉、魄力、权威等都无法度量甚至无法言传，被人们称之为“艺术”的部分，这部分也正是管理学应该开发的处女地。随着科学技术的发展和管理科学的发展，那些未知的、模糊的领域会越来越少（但不会没有），但对人们从事管理艺术水平的要求却越来越高。

管理科学是反映管理关系领域中的客观规律的知识体系，管理艺术则是以管理知识和经验为基础，富有创造性管理技巧的综合。管理科学是管理这一能动过程的客观规律的反映，而管理艺术则是它的主观创造性方面的反映。管理者只有既懂得管理科学又有娴熟的管理艺术，才能使自己的管理活动达到炉火纯青的地步。

2. 管理是效率和效果的统一

效率和效果是两个不同的概念。效率（Efficiency），注重的是目标执行的过程；效果（Effectiveness），注重的是结果。高效率是指正确地做事，而好效果是指做正确的事。罗宾斯在他的《效率管理——现代管理理论的统一》一文中对两者做了具体解释：“效率是管理的极其重要的组成部分，它是指输入与输出的关系。对于给定的输入，如果你能获得更多的输出，你就提高了效率。类似的，对于较少的输入，你能够获得同样的输出，你同样也提高了效率。因为管理者经营的输入资源是稀缺的，所以他们必须关心这些资源的有效利用。因此，管理就是要使资源成本最小化。然而，仅仅有效率是不够的，管理还必须使活动实现预定的目标，即追求活动的效果。当管理者实现了组织的目标，我们就说他们是有效果的。因此，效率涉及的是活动的结果。”

3. 管理是维持和创新的统一

管理在于解决问题。管理是一种手段，解决问题的办法很多，最适合当前情况的才是最好的，在问题和环境没有太大的变化情况下要适度维持。当问题和环境变化的情况下，原来解决问题的方法已经不是最适合的了，这就需要调整，也就是我们说的创新，要点是把握尺度，所以叫适度创新。

4. 管理是理性手段和非理性手段的统一

管理是一项协调人与人之间的关系和行为的活动。人作为高级动物，既拥有丰富的情感和态度，又拥有聪明的大脑，可以进行理性思考。因此，管理者在从事管理的过程中，就应当充分利用两种手段：即运用非理性的手段赢得员工的态度倾向和情感支持以树立管理者的权威；运用理性手段来使员工自觉遵守规章制度，自觉维护公司和利益，这样就可以实现管理者与被管理者之间的相互理解和相互配合支持。动之以情，晓之以理，也就是这个道理。

三、管理的两重性

1. 管理两重性原理

管理具的两重性是指管理的自然属性和管理的社会属性。

一方面，管理是人类共同劳动的产物，具有同生产力和社会化大生产相联系的自然属性；另一方面，管理同生产关系、社会制度相联系，具有社会属性。

（1）管理的自然属性也称管理的生产力属性或一般性。在管理过程中，为有效实现目标，要对人、财、物等资源合理配置，对产供销及其他职能活动进行协调，以实现生产力的科学组织。

（2）管理的社会属性也称管理的生产关系属性或管理的特殊性。在管理的过程中，为维护生产资料所有者利益，需要调整人们之间的利益分配，协调人与人之间的关系。这是一种调整生产关系的管理工作。它反映的是生产关系与社会制度的性质，故称管理的社会属性。

2. 学习管理学二重性的意义

（1）从生产力方面看，研究如何合理配置组织中的人、财、物，使各要素充分发挥作用的问题；研究如何根据组织目标的要求和社会的需要，合理地使用各种资源，以求得最佳的经济效益和社会效益的问题。

（2）从生产关系方面看，研究如何正确处理组织中人与人之间的相互关系问题；研究如何建立和完善组织机构以及各种管理体制等问题；研究如何激励组织内成员，从而最大限度地调动各方面的积极性和创造性，为实现组织目标而服务。

（3）从上层建筑方面看，研究如何使组织内部环境与其外部环境相适应的问题；研究如何使组织的规章制度与社会的政治、经济、法律、道德等上层建筑保持一致的问题，从而维持正常的生产关系，促进生产力的发展。

研讨

为什么说管理是科学，也是艺术？

第二节　管理职能

一、管理职能的概念

管理职能是管理者实施管理的功能或程序，即管理者在实施管理中所体现出的具体作用及实施程序或过程。

二、管理职能的内容

关于管理职能的内容有多种说法，至今仍众说纷纭。最早是在20世纪初，法国的工业家亨利·法约尔在其著作《工业管理与一般管理》中提出，所有管理人员都行使五种管理职能：计划、组织、指挥、协调和控制。20世纪50年代中期，美国的两位教授哈罗德·孔茨和西里尔·奥唐奈把计划、组织、人员配备、指导和控制职能用作管理学教材书的理论框架，这本权威的教材畅销了20年。不同的学者对管理的职能作出了不同的划分。如今的管理学教材仍然是围绕管理职能来组织的。本教材把管理的职能分为五种：决策与计划、组织、领导、控制、创新。

1. 决策与计划职能

决策与计划是管理的首要职能。它是在预见未来的基础上对组织活动的目标和实现目标的途径作出筹划和安排，以保证组织活动有条不紊地进行。“计划”一词可以从两个方面理解。

（1）从名词意义上说，计划是指用文字和指标等形式表达的组织以及组织内不同部门和不同成员在未来一定时期内关于行动方向、内容和方式安排的管理文件，即在制订计划工作中所形成的各种管理性文件。

（2）从动词意义上说，计划是指为实现决策目标而预先进行的行动安排，即制订计划工作的过程。生活中，一般用计划工作来表示动词意义上的计划内涵。

计划有广义和狭义之分。广义的计划工作是指制订计划、执行计划和检查计划执行情况三个紧密衔接的工作过程。狭义的计划工作则是指制订计划。

计划工作就像一座桥梁，它是组织各个层次管理人员工作效率的根本保证，能够帮助人们实现预期的目标。计划是任何一个组织成功的核心，它存在于组织各个层次的管理活动中。组织中所有层次的管理者，包括高层管理者、中层管理者和基层管理者，都必须从事计划活动。管理者的首要职责就是做计划，就是将组织在一定时期内的活动任务分解给组织的每个部门、环节和个人，从而不仅为这些部门、环节和个人在该时期的工作提供了具体的依据，而且为决策目标的实现提供了保证。

2. 组织职能

组织具有两层含义：一般意义上的组织是指由两个或两个以上的人组成的为一定目标而进行协作活动的集体；管理学意义上的组织是指为了达成某些目标而设计并建立的具有明确职责、权限和互相关系的管理系统，有动态和静态之分。只有组织中的每个人了解自己在组织工作中应有的地位和他们之间的相互关系，才能有效地发挥他们在组织中的作用，保证组织目标的顺利进行。因此，可以说组织工作的基本功能，就是要协调组织中全体成员与该组织的任务、目标之间的关系，使组织适应实现目标的需要，最大限度地发挥全体人员的能量和积极性，成为一个具有凝聚力的集体。组织目标是否能够实现，就要看组织内各要素之间的协调、配合程度。

3. 领导职能

领导是指领导者依靠影响力，指挥、带领、引导和鼓励被领导者（下属）或追随者，实现组织目标的活动和艺术。领导是一门艺术性很强的管理活动。科学的领导在管理职能中变得日益重要。拿破仑曾经说过这样一句话“狮子率领的兔子军远比兔子率领的狮子军作战能力强”。领导的言行可以通过榜样、暗示、模仿作用等心理机制激发下属，从而调动其工作、学习积极性，形成领导行为激励效应。因此，从某种意义上说，领导的良好行为、模范作用、以身作则就是一种无声的命令。同时领导也具有导向作用。

4. 控制职能

控制是监视各项活动以保证它们按组织计划进行并纠正各种重要偏差的过程，是为了保证组织各部门、各环节能按预定的要求运作实现目标的过程。管理过程不可能十全十美，难免存在这样或者那样的不足之处，通过管理控制，能及时发现这些不足之处，予以弥补。这个纠偏的过程在管理学中就称为控制。控制是一个过程，它贯穿于整个管理活动的始末。在组织目标的实现过程中，不断地在计划与执行计划的结果之间进行比较，发现两者之间的差距，并找出这种差距的原因加以纠正，就是这个控制。控制的目的是要保证实际工作与计划一致。

5. 创新职能

任何社会系统都是一个由众多要素组成的，与外部不断发生物质信息、能量交换的动态，开放的非平衡系统。系统内部因素和外部因素都是不断变化的，这种为适应系统内外变化而进行的局部和全局的调整，便是管理的——创新职能。组织、领导、控制是管理的“维持职能”，其任务是保证系统按预定的方向和规则进行，而创新管理是一种基本职能。任何组织系统的任何管理工作无不包含在“维持”或“创新”中，维持和创新是管理的本质内容，有效的管理在于适度的维持与适度的创新的组合。

三、各管理职能之间的关系

一方面，在管理实践中，计划、组织、领导和控制职能一般是顺序履行的，即先要执行计划职能，然后是组织、领导职能，最后是控制职能。但另一方面，上述顺序不是绝对的，在实际管理中这五大职能又是相互融合、相互交叉的。原则上讲，各级各类管理者的管理职能具有共同性，都在执行计划、组织、领导、控制、创新五大职能；但同时，不同层次、不同级别的管理者执行这五大职能时的侧重点与具体内容又是各不相同的。而创新是管理的灵魂。“维持”和“创新”作为管理的两个基本职能系统的生存发展都是非常重要的，它们是相互联系不可或缺的。

研讨

（1）对职能的基本认识及职能关系。

（2）领导们该不该出去吃喝玩乐？

第三节 管理的主体——管理者

【案例分析】

提到婴儿,你会想到哪两种产品？——牛奶和尿布。二者同等重要。而想到尿布你又想到了谁？——日本尼西奇公司的多川博。尼西奇公司的多川博和尿布的不解之缘，让他自己都感到奇怪。当太平洋战争的炮火打破神户商业大学毕业的多川博的梦想后，他只好在其岳父开的一个有 30 名职工，生产胶质尿布、雨衣等产品的小厂当帮手。多川博预计，战争结束后会出现生孩子的高峰，便建议工厂专门生产尿布。他预料尿布的销售量肯定会随着婴儿出生率的提高而扩大。然而，他没有料到，在战后经济异常困难的日本，谁肯把钱花在买尿布上，因此，工厂的产品滞销，营业额下降。严酷的现实面前，多川博日夜为推销产品绞尽脑汁。直到 1955 年日本经济由复兴转向准备起飞时，尼西奇公司才正式成立。1959 年多川博接任经理，到 20 世纪 80 年代中期，年营业额已达 73 亿日元。在经营过程中，多川博发现胶质尿布的销售量并不与婴儿的出生率成正比，而是同家庭的生活水平、文化程度成正比例。家庭生活水平、文化程度低则买的少，高则买的多。察觉到这一信息后，他专门搜集了全世界有关尿布的信息。

多川博在重视扩大销路的同时，也倾注心血于改进生产技术，积极推进工厂的机械化和自动化。

讨论内容：尼西奇公司不同时期的内外环境有何不同，多川博又是怎样面对挑战与机遇的？

一、管理者的概念

管理者是指履行管理职能，对实现组织目标负有贡献责任的人。

二、管理者的分类

最基本的划分方法是按照管理的层次和管理的内容来进行划分，即从组织的纵面和横面来进行划分。

1. 按不同的管理层次来划分

按不同的管理层次进行划分，管理者可以分为高层管理者、中层管理者和基层管理者，如图 1-1 所示。

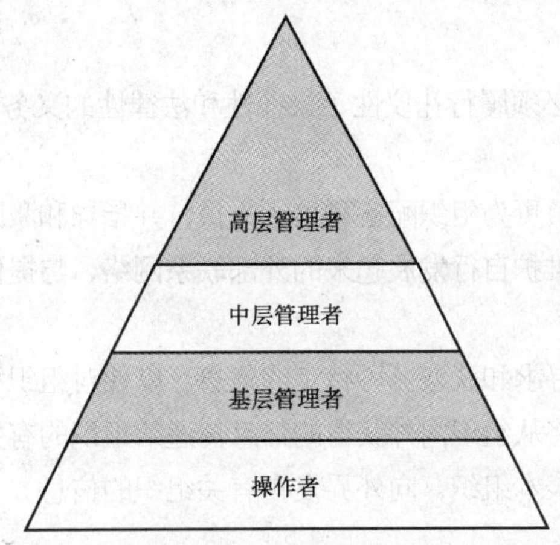

图 1-1　组织管理层次

上述三类管理者的工作特征和内容如表 1-1 所示。

表 1-1　各层次管理者的工作特征和内容

工作特性	高层管理	中层管理	基层管理
经营方针	重要	适当考虑	不重要
管理目标	适当考虑	重要	重要
考虑管理问题的时间范围	1~5 年及以上	一年	每日
工作活动范围	极为广泛	全部工作职能	单项工作职能
复杂程度	非常复杂，变量很多	不太复杂	简单易行
工作计量	困难	不困难	较易
工作内容	计划、政策、战略	按计划实施	最终活动
采用信息来源	组织外部	组织内部	组织内部
智力特征	创造性	有效性	业务性
人数	少数	适当人数	多数

2. 按管理工作的性质与领域划分

（1）综合管理者。

（2）职能管理者。

3. 按职权关系的性质划分

（1）直线管理人员。

（2）参谋人员。

三、管理者的角色

加拿大学者明茨伯格在实际调查研究的基础上，提出了关于管理者的角色理论，并对管理者（主要指高层管理者）所扮演的角色进行了分类，这对认识管理者的具体角色很有启发。他认为管理者的角色可归纳为三个方面共 10 种角色。

1. 人际关系方面

（1）挂名首脑。管理者必须履行礼仪性、象征性和法律性的义务，如参加剪彩仪式，签署法律文件等。

（2）领导者。管理者要负责为组织配备和培训人员，并指导和激励人员。

（3）联络员。管理者要维护自行发展起来的外部联系网络，与提供信息的来源接触。

2. 信息传递方面

（1）监听者。管理者要寻求和获取各种特定的信息，以便对组织和环境有清楚的了解。

（2）传播者。管理者要将从组织内外获得的信息传递给组织的有关人员。

（3）发言人。管理者代表本组织，向外界发布有关组织的信息。

3. 决策制定方面

（1）企业家。管理者要寻求组织和环境中的机会，发起和实施变革，并监督和检查方案的执行情况。

（2）混乱驾驭者。当组织出现重大的、意外的混乱时，要面对现实，解决矛盾，排除障碍。

（3）资源分配者。管理者要根据需要，合理分配组织的各种资源。

（4）谈判者。管理者需代表组织在各种谈判中为组织的利益与对方议价和商定成交条件。

上述角色描述及典型活动如表 1-2 所示。

表 1-2　明茨伯格的管理者角色理论

角色	描述	特征活动
	人际关系方面	
1. 挂名首脑	象征性的首脑，必须履行许多法律性的或社会性的例行义务	迎接来访者，签署法律文件等
2. 领导者	负责激励和动员下属，负责人员配备、培训交往的职责	实际上从事所有的下级参与的活动
3. 联络者	维护自行发展起来的外部接触和联系网络，向人们提供恩惠和信息	发感谢信，从事外部委员会工作，从事其他有外部人员参加的活动
	信息传递方面	
4. 监听者	寻求和获取各种特定的信息（其中许多是即时的），以便透彻地了解组织与环境；作为组织内部和外部信息的神经中枢	阅读期刊和报告，保持私人接触
5. 传播者	将从外部人员和下级那里获得的信息传递给组织的其他成员——有些是关于事实的信息，有些是解释和综合组织的有影响的人物的各种价值观点	举行信息交流会，用打电话的方式传达信息
6. 发言人	向外界发布有关组织的计划、政策、行动、结果等信息；作为组织所在产业方面的专家	举行董事会议，向媒体发布信息
	决策制定方面	
7. 企业家	寻求组织和环境中的机会，制定“改进方案”以发起变革，监督某些方案的策划	制定战略，检查会议执行情况，开发新项目
8. 混乱驾驭者	当组织面临重大的、意外的动乱时，负责采取补救行动	制定战略，检查陷入混乱和危机的时期
9. 资源分配者	负责分配组织的各种资源——事实上是批准所有重要的组织决策	调度、询问、授权，从事涉及预算的各种活动和安排下级的工作
10. 谈判者	在主要的谈判中作为组织的代表	参与工会进行合同谈判

后续的大量研究结论一般都支持明茨伯格的管理者角色理论，即不论何种类型的组织和在组织的哪个层次上，管理者都扮演着相似的角色。但是，管理者角色的侧重点是随组织的等级层次变化而变化的，特别是挂名首脑、联络者、信息传播者、发言人和谈判者的角色。

不仅如此，管理者角色的重要性在大型组织和小型组织中（罗宾斯把任何独立所有和经营的、追求利润的、雇员人数在 500 人以下的企业称为小企业，（即 Small business）存在着明显的不同。

由图 1-2 可知，小企业管理者最重要的角色是发言人。小企业管理者要花大量的时间处理外部事务，如接待消费者，会晤银行家安排融资，寻求新的生意机会，以及促进变革。而大企业的管理者主要关心的是企业的内部事务（如怎样在组织单位间分配现有的资源等）。此外，与大企业的管理者相比，小企业管理者更可能是一个多面手，他的工作综合了大公司总裁的活动和第一线监工的日复一日的活动。

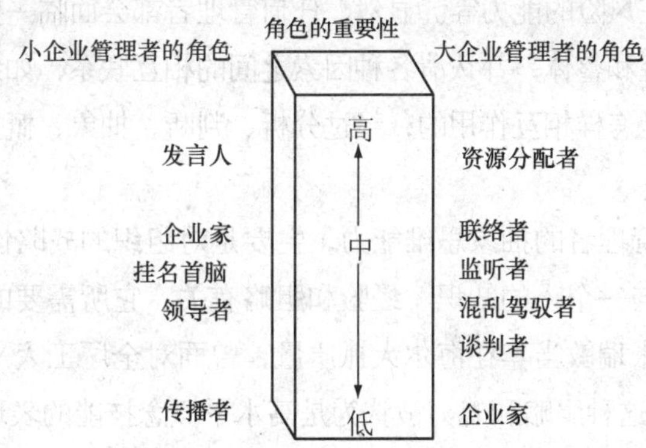

图 1-2　小企业和大企业中管理者角色的重要性

四、管理者的技能

通常而言，一名管理人员应该具备的管理技能包括技术技能、人际技能、概念技能三种基本类型。

1. 技术技能（Technical skill）

技术技能是指使用某一专业领域内有关的工作程序、技术和知识完成任务的能力。如外科医生、教师、工程师和音乐家都在他们各自不同的领域内具有技术技能，在公司里员工掌握的产品加工技能、会计核算技能、营销技能等。对于管理者来说，虽然没有必要使自己成为精通某一领域技能的专家，但要掌握一定的技术技能，否则就很难与他所主管的组织内的专业技术人员进行有效的沟通，从而也就无法对他所管辖的业务范围内的各项工作进行具体地指导。技术技能可以通过教育、培训和学习等途径来获得和掌握，专业知识掌握得越多，技术技能的水平一般也越高。

2. 人际技能（Human skill）

人际技能是指与处理人际关系有关的技能或者说是与组织内外的人打交道的能力即理解、激励他人并与他人共事的能力。对一个组织而言，如一个企业，对于不同层次和领域，管理者可能分别需要处理与上层管理者、同级管理者以及下属的人际关系，要学会说服上级领导，学会同其他部门的同事紧密合作，同时掌握激励和诱导下属的积极性和创造性的能力以及正确指导和指挥组织成员开展工作的能力。

与技术技能不同的是，决定一个人人际技能水平高低的因素不仅仅是掌握的书本知识，更重要的是个人的性格。从这一意义上说，一个人能否成为成功的管理者，其先天性格是一个主要因素。因此，在进行管理者的分工和确定管理集体结构时，应该考虑不同管理工作对性格的特殊要求，以提高管理者的管理效率。

3. **概念技能（Conceptual skill）**

概念技能也叫思维技能，是指综观全局、洞察组织与环境相互影响和作用的复杂性，并在此基础上加以分析、判断、抽象、概括并迅速做出正确决断的能力。具体地说，概念技能包括感知和发现环境中的机会与威胁的能力，理解事物的相互关联性并找出关键影响因素的能力，以及权衡不同方案的优劣和内在风险的能力等。显然，任何管理者都会面临一些混乱而复杂的环境，管理者应能看到组织的全貌和整体，并认清各种因素之间的相互联系，如组织与外部环境是怎样互动的，组织内部各部分是怎样相互作用的，经过分析、判断、抽象、概括、抓住问题实质，并做出正确的决策。

概念技能体现的是管理者的抽象思维能力，主要是对组织的战略性问题进行分析、判断和决策的能力。概念技能与一个人的知识、经验和胆略有关，它所需要的知识基础相当广泛，而不仅仅限于专业知识。张瑞敏当年在海尔大抓质量，曾面对全厂工人一次砸掉在当时可以卖出去的不合格冰箱 76 台，这种胆略和魄力被认为是高水平概念技能的表现。然而，概念技能的提高是一个渐进的、缓慢的、潜移默化的过程，概念技能缺乏也被认为是制约我国企业管理水平的重要因素。

罗伯特·李·卡兹提出了上述管理技能，并认为这些技能的相对重要性主要取决于管理者在组织中所处的层次。首先，三种技能是各个层次管理者都需要具备的。其次，不同层次的管理者对这三种技能的要求程度会有区别。技术技能对于基层管理者最为重要；人际技能对高、中、基层管理者是同等重要，因为不管是哪一层次的管理者，都必须在与上下左右进行有效沟通的基础上，相互合作共同完成组织目标；越是处于高层的管理人员，越是需要掌握更多的概念技能。显然在组织中所处的层次越高，对全局、关键领域及组织所处的发展时期的理解就越重要，管理人员也就必须对组织的全景有更清楚的把握。不同管理者层次对应的管理技能要求如图 1-3 所示。

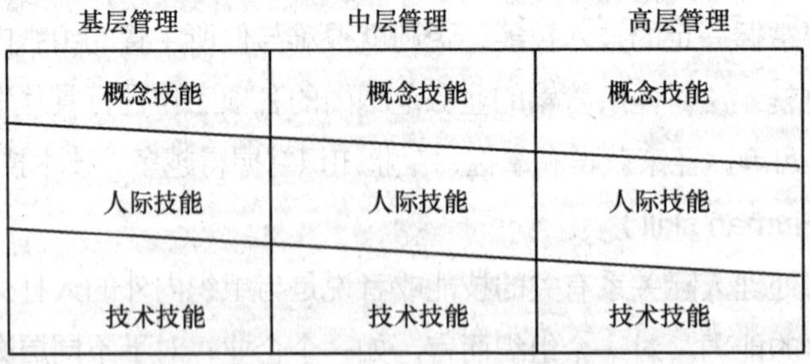

基层管理	中层管理	高层管理
概念技能	概念技能	概念技能
人际技能	人际技能	人际技能
技术技能	技术技能	技术技能

图 1-3　管理者层次与管理技能要求

五、管理者的素质

1. 管理者素质的含义

管理者的素质是指管理者的与管理相关的内在基本属性与质量。管理者的素质主要表现为品德、知识、能力与身心条件。

2. 管理者的基本素质

管理者的基本素质如表 1-3 所示。

表 1-3 管理者的基本素质

基本素质	含义	内容
政治与文化素质	指管理者的政治思想修养水平和文化基础	政治坚定性、敏感性；事业心、责任感；思想境界与品德情操；人文修养与广博的文化知识等
基本业务素质	指管理者在所从事工作领域内的知识与能力	一般业务素质和专门业务素质
身心素质	指管理者本人的身体状况与心理条件	健康的身体；坚强的意志；开朗、乐观的性格；广泛而健康的兴趣等

3. 现代管理者素质的核心——创新

创新是现代管理者素质的核心。创新素质主要体现在如下几个方面。

（1）创新意识。管理者要树立创新观念，要真正认识到创新对组织生存与发展的决定性意义，并在管理实践中，事事、时时、处处坚持创新，要有强烈的创新意识。

（2）创新精神。这是涉及创新态度和勇气的问题。管理者在工作实践中，不但要想到创新，更要敢于创新。要有勇于突破常规、求新寻异、敢为天下先的大无畏精神。

（3）创新思维。不但要敢于创新，还要善于通过科学的创新思维来完成创新构思。没有创造性思维，不掌握越轨思维（详见第九章）的方法与技巧，不采用科学可行的创造性技法，是很难实现管理上的突破与创新的。

（4）创新能力。在管理实践中，促使创新完成的能力是由相关的知识、经验、技能与创造性思维综合形成的。

2004 年 8 月美国《财富》杂志评选的“亚洲 25 位最具影响力的商界领袖”中，海尔 CEO 张瑞敏排名第六位，是入选的中国大陆企业家中排名最靠前的。2005 年 11 月 17 日，英国《金融时报》评出“全球 50 位最受尊敬的商业领袖”，张瑞敏荣居第 26 位，是唯一一位上榜的中国企业家。

研讨

管理者应该具备哪些技能？

第四节　管理客体——管理对象与管理环境

一、管理对象

1. 管理对象的概念

（1）管理对象的内涵——管理者为实现管理目标，通过管理行为作用其上的客体。

（2)管理对象的外延——管理的对象应包括各类社会组织及其构成要素。管理总是对一个群体或组织实施的，所以，管理对象首先可以理解为不同功能、不同类型的社会组织。而任何社会组织为发挥其功能，实现其目标，必须拥有一定的资源或要素。管理，正是对这些资源或要素进行配置、调度、组织、才能使管理的目标得以实现。所以，这些资源或要素就成为管理的直接对象，见图 1-4。

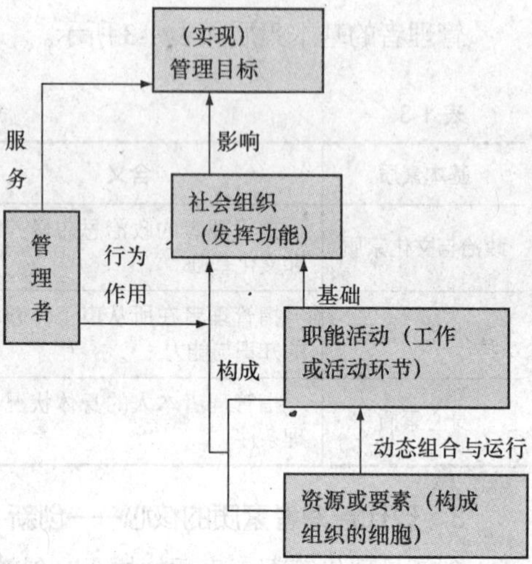

（实现）管理目标
服务
影响
社会组织（发挥功能）
管理者
行为作用
基础
职能活动（工作或活动环节）
构成
动态组合与运行
资源或要素（构成组织的细胞）

图 1-4　管理对象

2. 组织的形态

（1）组织的概念。组织是为实现某一共同目标，经由分工与协作，及不同层次的权力和责任制度而构成的人群集合的系统。

按组织的社会功能性质划分，组织分为政治组织、经济组织、文化组织、宗教组织、军事组织和其他社会组织。

（2）社会组织内部的单位或部门。指在各种社会组织（独立法人）内部设置的各种单位或部门，既包括履行组织基本职能的各业务单位，又包括行使各种管理和服务职能的各种部门。它们不是独立的社会法人，只是社会组织内部半自治性的群体或组织。

研讨

为什么说更多的管理者是以组织内部的要素或活动作为管理对象的？

3. 资源的分类

组织资源是组织拥有的，或者可以直接控制和运用的各种要素，这些要素既是组织运行和发展所必需的，又是通过管理活动的配置整合，能够起到增值的作用，为组织及其成员带来利益的。组织资源的特征有三个：有限性、客观性和可控性。

（1）按资源的内容来分。按照组织资源的内容，可以把组织的重要资源分为人力资源、关系资源、信息资源、金融资源、形象资源和物质资源六大类。

① 人力资源。从组织角度来看，人力资源是那些属于组织成员、为组织工作的各种人员的总

和。进一步说，人力资源是指组织成员所蕴藏的知识、能力、技能以及他们的协作力和创造力。

② 关系资源。关系资源是组织与其各类公众良好而广泛的联系，组织的关系资源也决定了组织的舆论状态和形象状态，它们构成了组织最重要的无形资源。

③ 信息资源。从信息的流向来看，信息资源可以分为“外部内向”和“内部外向”信息资源两种。“外部内向”信息资源是指组织所了解、掌握的，对组织有用的各种外部环境信息。“内部外向”信息资源是指组织的历史、传统、社会贡献、核心竞争能力、信用等信息。这些信息为外界所了解，就会转化为组织谋求发展的重要条件。

④ 金融资源。金融资源是指拥有的资本和资金。金融资源最直接地显示了组织的实力，其最大的特点在于它能够方便地转化为其他资源，也就是说它可以被用来购买物质资源和人力资源等。

⑤ 形象资源。组织形象是社会公众对组织的总体看法和总体评价。组织形象有其内涵和外显两大方面，良好的组织形象应该是内外统一的。

⑥ 物质资源。物质资源包括组织拥有的土地、建筑物、设施、机器、原材料、产成品、办公用品，等等。一般来讲，物质资源是可以直接用货币单位来计量的。

（2）按资源的表现形态分。按资源的表现形态分，组织资源可以分为有形资源和无形资源两大类。

① 有形资源通常是指那些具有一定实物、实体形态的资源。如组织赖以存在和发展的自然资源以及建筑物、机器设备、实物产品、资金等。

② 无形资源是指那些不具有实物、实体形态的资源。组织赖以存在和发展的社会人文资源就是无形资源，典型的如信息资源、关系资源、权利资源等。

4. 组织的基本要素

组织内部有五个要素，组织外部有十个要素。

（1）组织内部的五个要素如下。

① 人：包括管理的主体和客体。

② 物和技术：管理的客体、手段和条件。

③ 机构：实质反映管理的分工关系和管理方式。

④ 信息：管理的媒介、依据，同时也是管理的客体。

⑤ 目的：宗旨，表明为什么要有这个组织，它的含义比目标更广泛。

（2）组织作为社会系统的一个子系统，其活动必然受周围环境影响，因此还包括十个外部要素，即：政治法律、经济环境、科学技术、人文社会、自然环境、用户、供应商、竞争者、管理机构、战略同盟伙伴。

二、管理环境

1. 管理与环境

（1）管理环境的含义。管理环境是指存在于社会组织内部与外部的影响管理实施和管理功效的各种力量、条件和因素的总和。

（2）管理环境的分类。

① 按存在于社会组织的内外范围划分，可分为内部环境和外部环境。

② 组织的外部环境还可以进一步划分为一般环境和任务环境。

（3）管理与环境的关系。管理与所处的环境（主要指外部环境）存在着相互对应、相互交换、相互影响三种关系。

① 对应关系。以一家企业为例，社会上的环境可以划分为经济、技术和社会三大环境，那么，企业内部就与之相对应，存在着经营、作业和人际关系三大管理领域。

② 交换关系。组织与环境之间不断地进行着物质、能量和信息的交换。例如，一家生产企业，从市场上搜集情报信息，并购进原材料；再将加工完的产品到市场上销售，并通过广告等形式向社会广泛传递有关产品的信息，而组织、协调和控制这些活动的管理行为，也必然同环境之间存在交换关系。

③ 影响关系。组织的管理受外部环境的决定与制约；同时，组织的管理也会反作用于外部环境。两者之间存在着极为密切的决定、影响和制约关系。

2. 环境对管理的影响

（1）经济环境的影响。经济环境与管理的关系是最为直接的，对管理的影响也是最大的。经济环境对组织管理的影响主要表现在以下几方面。

① 经济物质资源。

② 国家的经济制度与经济体制。

③ 社会的经济规模与发展水平。

④ 市场供求与竞争。

⑤ 国民收入与消费水平。

（2）技术环境的影响。社会组织的技术环境，主要指组织所在国家或地区的技术进步状况，以及相应的技术条件、技术政策和技术发展的动向与潜力等。技术水平、技术条件、技术过程的变化，必然引发管理思想、管理方式与方法的更新。

（3）政治环境。政治环境包括国际、国内及本地区的政治制度、政治形势、政策法规等。政治形势的状况及变动趋势，关系到社会的稳定，这直接关系到社会组织的运行与管理；国家的政策，关系到资源状况、居民的收入水平、消费与市场需要、企业内部制度与政策以及人员心理等，这些对组织的管理均有重要的影响作用。

（4）社会与心理环境。社会与心理环境主要指组织所在地的人口、教育、生活习俗、风气、道德、价值观念，以及社区成员的各种心理状况等。由于社会组织是由人组成的，而且，人既是管理者又是管理对象，这就决定了社会组织及其管理离不开人与人之间的关系，离不开人们的社会心理因素。

研讨

举身边的例子，分析并说明管理对环境和环境对管理的影响。如寝室、教室卫生；食堂就餐秩序等。

3. 环境管理

（1）了解与认识环境。管理者要能动地适应环境，首先要了解、认识环境，这是环境管理的基础。管理者要把对环境的了解与掌握纳入重要管理事项。要通过各种渠道搜集有关环境的信息，掌握关于环境的各种因素与变量，把握环境发展变化的趋势与规律。对各种环境变量做到心中有数，始终保持对环境的动态监视与整体把握。

（2）分析与评估环境。在掌握组织环境大量信息，对组织环境充分了解的基础上，要对各种环境因素进行深入的分析与评估。要划分与确定环境因素的类型，确定环境对组织与管理影响的领域、性质及程度的大小。例如，根据一些因素与组织之间的联系，将环境区分为一般环境和任务环境；还可以根据环境的变化程度，将组织所面临的环境分为稳定环境和动态环境两类。

（3）能动地适应环境。在对环境进行科学分析与评估的基础上，为争取到更有利于本组织目标实现的环境，要主动适应或主动影响环境。

① 要主动适应一般环境。一般环境是各个组织共同面临的，同时也是组织不可控制的，只能主动适应。管理者要从组织环境既定条件与因素出发，千方百计地利用环境的有利条件，因势利导地寻求组织与环境的平衡，以获得组织的发展。

② 要积极干预，主动影响任务环境。任务环境是组织直接面临且影响巨大的环境，同时也是组织在一定程度上可以施加影响的。管理者应积极干预，创造条件，影响环境朝有利于本组织的方向发展。

③ 利用稳定环境快速持续发展。组织处于长期稳定的环境下，就可以制定快速、长期、持续发展的战略决策，可以降低风险，寻求组织长期利益最大化。

④ 以权变管理应对多变的动态环境。组织要建立灵敏的环境监测系统，并采取权变的管理模式，灵活应变。例如，在职权配置上给基层更大的自主权，或建立分权型组织，以便让其独立地、灵活地适应多变的外部环境。

研讨

如何对待管理环境？

第五节　被管理者的人性假设

西方管理学中有四种与管理有关的人性假设：经济人假设、社会人假设、自我实现人的假设和复杂人的假设。所谓人性的假设，就是指管理者对被管理者的需要、劳动态度和工作目的的基本估计，即对劳动者追求什么的基本看法。人性假设不同，相应的管理措施也不同，于是出现了X理论、人际关系理论、Y理论、权变理论等。

一、"经济人"假设、X理论

1. "经济人"假设

这是西方管理思想形成初期的一种人性假设。它认为人的一切行为都是为了最大限度地满足自己的私利，人都要争取最大的经济利益。人由经济诱因而引发工作动机，因而人们在组织中是被动的受组织操纵、激发和控制的。

2. X理论

美国工业心理学家麦格雷戈在《企业的人性面》一书中，出于与新理论比较的需要，对以经济人假设为基础的传统观点进行了概括，称之为X理论。其主要内容如下。

（1）一般人天生懒惰，厌恶工作，总是尽可能少干工作；多数人都没有雄心大志，无进取心，不愿负责任，而宁愿接受他人指挥和管理。

（2）人生来以自我为中心，对组织的要求与目标不关心。

（3）人是缺乏理性的，本质上不能自律，但又容易受他人影响。因此，对大多数人必须实行强制、控制、指挥和以惩罚相威胁，以使之为实现组织的目标做出充分的贡献。由这种人性假设所导出的管理方式如下。

① 以经济报酬收买员工的效率和服从，对消极怠工的行为采取严厉的惩罚，以权力和控制体系来保护组织本身和引导员工；

② 管理的重点是是提高劳动生产率，完成工作任务；

③ 制定严格的工作范围，加强规章制度管理；

④ 组织目标的实现程度取决于管理人员对员工的控制。

X理论也可以概括为：任务管理、强制劳动、物质刺激、严肃纪律。

二、"社会人"假设——人际关系理论

该理论的主要内容如下。

（1）职工是"社会人"。

（2）满足工人的社会欲望，提高工人的士气，是提高生产效率的关键。

（3）企业存在着"非正式组织"。在共同工作过程中，人们必然产生相互联系，产生共

同的感情，会自然形成一种行为准则、形成一种惯例，要求个人服从，这就构成了“非正式组织”。

“非正式组织”与“正式组织”有很大的区别，在“正式组织”中是以效率的逻辑为标准，而在“非正式组织”中是以感情的逻辑为标准的。

“正式组织”与“非正式组织”共同存在，相互依存，对生产效率的提高都有很大的影响。人际关系学说的出现，开辟了管理理论研究的新领域，纠正了古典管理理论忽视人的因素的不足。同时，人际关系学说也为以后的行为科学的发展奠定了基础。

三、“自我实现人”假设——Y 理论（马斯洛的需求层次理论）

马斯洛认为，人是有需求的“动物”，需求产生了人的动机，需求是激励人们工作的因素。马斯洛把人类的需求分为五大类（生理需求、安全的需求、归属的需求、尊重的需求、自我实现的需求），而且，可以按照需求的重要性及其先后顺序排列一个需求层次图。

第一层次的需求是生理需求。包括那些维持人的生命存在的生活必需品。马斯洛认为，当这些需求还没有达到足以维持生命之前，其他的需求都不能起到激励的作用。

第二层次的需求是安全的需求。比如，生活要有保障；工作要稳定；生病了、年纪大了，要有所依靠；避免人身伤害，等等。

第三层次的需求是友爱和归属的需求。生理需求和安全的需求是较低层次的需求。衣食足，然后知荣辱。当生理及安全需求得到相当的满足后，友爱和归属方面的需求便开始占据主要地位。

第四层次的需求是尊重的需求。人们一旦满足了归属的需求，就会产生尊重的需求，即自尊和受到别人的尊重。

第五层次的需求是自我实现的需求。这是最高层次的需求，它是一种能使人发挥最大的潜能，实现自己理想的一种欲望。马斯洛认为，一般的人都是按照这个层次从低级到高级，一层一层地去追求并使自己的需要得到满足的。在某 特定的时期内，总有某一层次的需求在起着主导的激励作用。一旦这一层次的需求得到满足，那么这一层次的需求就不再是人们工作的主要动力和激励因素，人们就会追求更高一层次的需求。管理者应当根据不同人的需求层次，用他们正在追求的那一层次的需求来激励他们，将会取得极好的激励效果。

四、“复杂人”假设——超 Y 理论

复杂人假设是 20 世纪 60 年代末至 70 年代初由沙因提出的。根据这一假设，提出了一种新的管理理论，与之相应的是超 Y 理论。超 Y 理论具有权变理论的性质，是由摩尔斯、洛斯奇分别对 X 理论和 Y 理论的真实性进行实验研究后提出来的。他们认为，X 理论并非一无用处，Y 理论也不是普遍适用，应该针对不同的情况，选择或交替使用 X、Y 理论，这就是超 Y 理论。这种理论是要求将工作、组织、个人三者作最佳的配合，其基本观点可概述如下。

（1）人怀着各种不同的需求和动机加入工作组织，但最主要的需求乃是实现其胜任感。

（2）胜任感人人都有，它可能被不同的人用不同的方法去满足。

（3）当工作性质和组织形态适当配合时，胜任感是能被满足（工作、组织和人员间最好配合能引发个人强烈的胜任动机）。

（4）当一个目标达到时，胜任感可以继续被激励起来，目标已达到，新的更高的目标就又产生。

根据超Y理论分析，企业中职工需求的复杂性，可分为以下五点。

（1）人的需求是多种多样的，而且这些需求随着人的发展和生活条件的变化而发生变化。每个人的需求都各不相同，需求的层次也因人而异。

（2）人在同一时间内有各种需求和动机，它们会发生相互作用并结合为统一整体，形成错综复杂的动机模式。例如，两个人都想得到高额奖金，但他们的动机可能很不相同。一个可能是要改善家庭的生活条件，另一个可能把高额奖金看成是达到技术熟练的标志。

（3）人在组织中的工作和生活条件是不断变化的，因此会不断产生新的需求和动机。这就是说，在人生活的某一特定时期，动机模式的形式是内部需求与外界环境相互作用的结果。

（4）一个人在不同单位或同一单位的不同部门工作，会产生不同的需求。例如，一个人在工作单位可能落落寡合，但在业余活动或非正式群体中却可使交往的需求得以满足。

（5）由于人的需求不同，能力各异，对于不同的管理方式会有不同的反应。因此，没有一套适合于任何时代、任何组织和任何个人的普遍行之有效的管理方法。

“复杂人”的假设，强调根据不同的具体情况，针对不同的人采取灵活机动的管理措施，对于我们的管理工作是有一定的启发意义的。但“复杂人”的假设只强调人们之间的差异性的一面，而在某种程度上忽视了人们共同性的一而，是片面的。

综上所述，在西方管理心理学中，从“经济人”的假设，提出“X理论”；从“社会人”的假设，提出“人际关系理论”；从“自我实现的人”的假设，提出“Y理论”；从“复杂人”的假设，提出“应变理论”（超Y理论），它们促使我们思考一个问题：如何看待我们的职工，并以此来确定我们的管理原则，是管理思想中的一个重要问题。

【经典实例】

三孔啤酒有限公司

三孔啤酒有限公司位于山东曲阜，是1987年由破产倒闭的原曲阜化肥厂改建而成的。董事长兼总经理宋文俊，军人出身，授命之初，摆在他面前的是一个百废待兴的烂摊子。经过13年的持续努力，三孔啤酒有限公司从一个年生产能力1万吨啤酒的小厂起步，走过了艰苦创业——站稳脚跟——称雄鲁西——争强山东——跻身全国的发展历程。自1994年起，三孔啤酒与德国最著名的啤酒酿造公司DAB公司进行了全方位技术合作，成为亚洲地区获准生产销售DAB公司世界名牌——汉沙啤酒的唯一厂商。公司现已形成“三孔”、“汉沙”两大品牌，十几个品种和十几种不同包装方式的产品系列，高中低档兼备，风格风味各异的产品线格局。市场以淮海经济区为中心，辐射到全国23个省市。

三孔啤酒厂较早就开始借鉴国际先进管理模式，按国际惯例建立组织机构，改变过去的科室建制，设立了生产部、营销部、市场部、人力资源部、技术质量部、发展部、供应部、企业文化部和公司办公室等8部一室。在三孔啤酒有限公司挂牌成立后，又以其投资中心和控制中心的职能，设立了“一办五中心”的管理机构，即办公室、研究发展中心、人力资源中心、资产管理中心、财务管理中心、企业文化中心。

十多年来，在一个个生死存亡的关键时刻，宋文俊放眼未来，纵观全局，作出了一系列正确而富有成效的决策。为此人们称其为战略家。在驾驭三孔啤酒这条企业之舟时，宋文俊时刻关注着人的作用，除了重视中高层管理干部队伍建设外，还特别重视普通员工的学习和培训，除了员工的自我学习以外，努力实施企业培训，进行大面积人才开发，培养自己的专家，自我造血。为此人们称其为教育家。

宋文俊带领他的员工，坚持“以厂为家，厂兴我兴，厂衰我耻，与企业共命运，全力奉献，同心奋斗，同力拼搏，让曲阜满天下”的精神，牢记“诚信和善”的经营理念，按照“质量保生存，开发增活力，销售促生产，管理求效益，培训作保证，改革为动力”的经营方针，酿造着优质的产品。2000年制定的公司滚动发展计划目标是：奋争全国啤酒十强，产销量达到80～100万吨。

综合练习

一、单项选择题

1. 管理是艺术，是强调管理的（　　）。

A. 自然属性　B. 社会属性　C. 灵活性与创造性　D. 客观规律性

2. 管理的目的是（　　）。

A. 有效实现目标　B. 提高经济效益　C. 提高劳动效率　D. 协调人际关系

3. （　　）职能是其他管理职能赖以有效发挥的基础。

A. 决策　B. 信息　C. 控制　D. 创新

4. 管理者出席社区的集会或参加社会活动时，所行使的是（　　）的角色。

A. 代表人　B. 联络者　C. 发言人　D. 谈判者

5. （　　）被称为是“人事管理之父”。

A. 亚当密斯　B. 泰勒　C. 罗伯特·欧文　D. 亨利·法约尔

二、多项选择题

1. 按照管理的层次划分，管理者可以分为（　　）。

A. 综合管理者　B. 高层管理者　C. 中层管理者　D. 基层管理者

2. 管理者必须具备的技能是（　　）。

A. 业务技能　　B. 技术技能　　C. 人际技能　　D. 概念技能

3. 属于人际关系学派的主要观点是（　　）。

A. 企业的职工是社会人　　B. 满足工人的社会欲望是提高生产效率的关键

C. 企业中的实际存在这一种“非正式组织”

D. 人的行为都是由一定的动机引起的　E. 企业应采取新型的管理方法

三、名词解释

1. 管理　2. 管理者　3. 技术技能　4. 人际技能　5. 概念技能

四、简答题

1. 怎样理解管理的含义？

2. 简述管理的二重性及对我们的启示。

3. 为什么说管理既是科学又是艺术？试举例说明。

五、案例分析

甜美的音乐

马丁吉他公司成立于1833年，位于宾夕法尼亚州，它被公认为是世界上最好的乐器制造商之一，就像施坦威的大钢琴、劳斯莱斯的轿车，或者布菲的单簧管一样。马丁吉他每把价格超过10 000美元，却是人们能买到的最好的东西之一。这家家族式的企业历经艰难岁月，已经延续了六代。目前的首席执行官是克里斯琴·弗雷德里克·马丁四世，他秉承了吉他的制作手艺。他甚至遍访公司在全世界的经销商，为它们举办培训讲座。很少有哪家公司像马丁吉他一样有这么持久的声誉，那么，公司成功的关键是什么呢？一个重要因素是公司的管理和杰出的领导技能，它使组织成员始终关注像质量这样的重要问题。

马丁吉他公司自创办起做任何事都非常重视质量。即使近年来在产品设计、分销系统以及制造方法方面发生了很大变化，但公司始终坚持对质量的承诺。公司在坚守优质音乐标准和满足特定顾客需求方面的坚定性渗透到公司从上到下的每一个角落。不仅如此，公司在质量管理中长期坚持生态保护政策。因为制作吉他需要用到天然木材，公司非常审慎和负责地使用这些传统的天然材料，并鼓励引入可再生的替代木材品种。基于对顾客的研究，马丁公司向市场推出了采用表面有缺陷的天然木材制作的高档吉他，这对其他厂家来说是无法接受的。

马丁公司使新老传统有机地整合在一起。虽然设备和工具逐年更新，但雇员始终坚守着高标准的优质音乐原则。所制作的吉他要符合这些严格的标准，要求雇员极为专注和耐心。家庭成员弗兰克·亨利·马丁在1904年出版的公司产品目录的前言里向潜在的顾客解释道：“怎么制作具有如此绝妙声音的吉他并不是一个秘密。它需要细心和耐心。细心是指要仔细选择材料，巧妙安排各种部件。关注每一个使演奏者感到惬意的细节。所谓耐心是指做任何一件事不要怕花时间。优质的吉他是不能用劣质产品的价格造出来的。谁会因为买了一把价格不菲的优质吉他而后悔呢？”虽然100年过去了，但这些话仍然是公司理念的表述。虽然公司深深地植根于过去的优良传统，现任首席执行官马丁却毫不迟疑地推动公司朝向新的发展方向。例如，在20世纪90年代末，他作出了一个大胆的决策，开始在低端市场上销售每件价格低于800美元的吉他。低端市场在整个吉他产业的销售额中占65%。DXM型吉他是1998年引入市场的，虽然这款产品无论外观、品位和感觉都不及公司的高档产品，但顾客认为它比其他同类价格的绝大多数吉他产品的音色都要好。马丁为他的决策解释道：“如果马丁公司只是崇拜它的过去而不尝试任何新事物的话，那恐怕就不会有值得崇拜的马丁公司了。”

马丁公司现任首席执行官的管理表现出色，销售收入持续增长，在2000年接近6亿美元。位于美国宾夕法尼亚州的制造厂得到扩展，新的吉他品种不断推出。雇员们认为他的管理风格是友好的、事必躬亲的，但又是严格的和直截了当的。虽然马丁吉他公司不断将其触角伸向新的方向，但却从未放松过对尽其所能制作顶尖产品的承诺。在马丁的管理下，这种承诺决不会动摇。

【问题】

1. 从案例中，你认为哪种管理技能对马丁四世最重要？解释你的理由。

2. 根据明茨伯格的管理者角色理论，说明马丁在以下情境中分别扮演了什么管理角色？并解释。

（1）当马丁访问马丁公司世界范围的经销商时；

（2）当马丁评估新型吉他的有效性时；

（3）当马丁使员工坚守公司的长期原则时。

3. 马丁宣布：“如果马丁公司只是崇拜它的过去而不尝试任何新事务的话，那恐怕就不会有值得崇拜的马丁公司了。”这句话对全公司的管理者履行计划、组织、领导和控制职能意味着什么？

4. 马丁的管理风格被员工描述为友好、事必躬亲，但是严格和直截了当。你认为这意味着他是以什么方式计划、组织、领导和控制的？你认为这种管理风格对其他类型的组织也有效吗？说明你的观点。

六、技能训练

1. 训练目标

（1）加深对管理系统构成要素的印象；

（2）训练指挥与反应能力；

（3）培养团队合作意识。

2. 训练内容

（1）以模拟公司或小组为单位活动。由总经理或组长作为指挥者随机大声喊出构成管理系统的五个要素，每喊一个要素，其成员们就立即用手臂做出指定的动作。

（2）各要素指定的动作为：“管理目标”——双臂垂直向上方举起；“管理主体”——双臂下垂放到大腿两侧；“管理对象”——双臂水平伸向前方；“管理媒介”——双臂在身体前面交叉；“管理环境”——双臂向两侧平伸。

（3）指挥者要打乱顺序随机喊，各次喊的顺序也不能相同。但每次必须把五个要素喊全，还不可以重复。

（4）凡是指挥者喊错，或有一个人做错就必须重来。喊对并做对才可以记为一次。

（5）在5分钟内，正确的次数最多的即为优胜者。

第二章 管理伦理道德与企业社会责任

 学习目标

知识目标

1. 掌握管理伦理道德和社会责任的含义；
2. 了解管理伦理道德在企业经营管理中的作用；
3. 了解企业经营管理过程中存在的伦理道德问题；
4. 掌握提升管理道德的修养途径；
5. 了解两种社会责任观；
6. 掌握企业承担社会责任的内容。

能力目标

1. 应用管理道德和社会责任认识和分析管理活动和管理行为；
2. 了解社会责任的表现。

 导入案例

三聚氰胺事件

2008 年 9 月 11 日，上海《东方早报》的记者简光洲发表了一篇题为《甘肃十四名婴儿疑喝“三鹿”奶粉致肾病》的报道。有人形象地将这一事件称为中国食品行业的“911 事件”。

三鹿公司为了提高奶粉的蛋白质含量，在奶粉中加入成本极低的化工原料三聚氰胺，导致大量婴儿患上肾结石。三鹿奶粉广告曾宣称：“1 100 道检测关，呵护宝宝健康，值得妈妈信赖”。如果真的严格按照程序进行奶粉的检测，是绝对不可能出现三聚氰胺事件的。因此三鹿公司欺骗了广大

的消费者，毫无社会责任可言。当有人举报时，涉嫌举报的人遭到了打击报复；被媒体曝光后，三鹿公司还一再发表声明称其产品符合标准，恶意隐瞒真相，将责任推至奶农身上。如果您作为一名乳业制品企业管理者，作何感想呢？

在社会经济发展过程中，经济的运行及经济目标的实现，都是以人为主体的，人的意识及其伦理道德是经济活动的必要因素，它参与着经济过程的每一个环节。现代企业的经营管理，就是人在经营活动过程中的一种社会关系。人在进行经营管理，又是针对人的经营管理，突出人的主体地位，是现代经营管理的特点和进步。随着社会经济的发展，人们的环保意识、健康意识、维权意识等增强，人们对企业的要求不仅仅停留在提供满意的商品和服务上，企业还要考虑其对社会的长期利益和社会福利问题。企业要想获得长期的生存发展，不仅要遵守法律，同时还必须遵守一定的道德规范，承担相应的社会责任。因此，管理者要进行正确决策，必须考虑企业的社会责任和管理道德问题。从某种意义来讲，管理道德与社会责任的提出是企业发展成熟的标志，也是管理理论开始走向成熟的标志。因而，在现代管理学研究中，应重视对管理伦理道德与社会责任的研究。

第一节　管理伦理道德

企业道德是指活跃在企业经营管理中的道德意识、道德良心、道德规则和道德行动的总和。企业伦理作为一种价值观念内涵于企业活动之中，包括管理伦理、经营伦理、竞争伦理、质量伦理和职业伦理等方面的内容。

一、企业经营管理中伦理道德问题的形成

经济活动是人类生存和发展的基本活动，是体现人类素质，尤其是精神素质、劳动水平及劳动态度的活动，其实质是人类的价值追求和价值实现问题。企业作为现代经济活动的细胞，主要由人和物组成，其中人是主要因素，是生产力中的活的因素。

一个企业所表现出来的素质和精神面貌，实际上就是其员工的素质、精神面貌的体现。现代意义上的企业已经是人格化的企业，构成企业主体的人是有伦理道德的，因此，企业的经营管理也要注重伦理道德。

道德是依靠舆论、传统、习惯和人们的信念来维系、规范人的行为的社会意识，而伦理是人们处理相互关系时所应该遵循的行为准则。二者在本质上是一致的，统一于人的社会实践中。人们在日常生产生活实践中结成错综复杂的社会关系，任何个人都处在一定的社会关系中，都要与他人交往，发生联系，影响他人或社会，也会与他人或社会发生矛盾，而道德就在其间起着按一定的社会要求调整个人行为方向以及人们之间相互关系的作用；同时人们在社会生活中要得到自身的肯定和发展，道德作为人的一种特殊意识的表现形式，又是人肯定自己、发展自

己的一种方式。现代企业的生产经营与管理活动都是在社会中进行的，因此其行为自然要受到道德因素的制约。

现代社会由于科学技术的发展，社会生产力极大提高，人类整体素质提高很快，对为人类提供商品和服务的企业和组织的要求也越来越高。在近代社会，许多企业的行为是以利润最大化为目标，在企业的经营战略和管理上往往带有轻视社会性和人性的倾向，甚至有的企业为了自身利益，不惜采用各种手段，干出了许多伤天害理的勾当。而且因为众多企业的发展具有短期性，造成现在全球性的污染、人类生存环境恶化、物种灭绝、资源匮乏等一系列后果，带来了不可弥补的损失，严重威胁到人类的未来生存和发展。

现在人们开始关注的企业伦理道德建设，就是要制止这种传统的利益第一主义和企业至上主义倾向，清除并防止由此而造成的各种弊端，使企业认识到自己的伦理道德。

一个企业或组织的行为，首先要受到国家政策、法律、法规的制约，国家政策对企业的发展起导向作用，而法律、法规等制约着企业的行为。但是，人们制定的法律条文、规章不能涵盖人类全部生活内容，约束人的所有行为，其所制约的行为是人的基本行为，其标准也往往是最低标准。有时法律、法规的制定还具有一定的滞后性，因此许多企业经常钻法律的空子，或仅仅达到不违法，这样的行为是不利于人类总体利益和长期发展的。

伦理道德作为非强制性的社会约束机制，与法律的“硬约束”相比，是一种“软约束”，但正是这个特点使其在现实社会生活中无所不在，主动而无形地对人们施加广泛影响，起到法律所起不到的作用。通过加强道德约束机制，可以使人们的行为从“他律”转向“自律”。对一个企业来说，如果伦理道德深入贯彻于它的每一行动中，那么它会自觉地按照更高的标准来要求自己，使自己的发展更符合人类长期生存发展的要求。

随着社会的发展，企业管理理论也在不断更新。20 世纪初期，管理理论处于经验管理阶段，企业劳动生产率的提高远远落后于科技水平的发展，工人的劳动生产率和工资水平都很低。为解决这一矛盾，美国的泰勒最先提出了科学管理方法，从而大幅度提高了生产效率。该理论以“经济人”假说为依据，认为人的一切行为都是为了最大限度地满足自己的私利，人们进行工作是为了获得更多的经济报酬，忽视了人的情感需要，缺乏伦理性研究，将管理者与被管理者之间的关系仅看成是物质关系，而忽略了心理上、道德上的关系。这一理论很快被行为科学学派的理论所代替。梅奥通过“霍桑试验”得出结论：人是“社会人”，人们在工作中得到的物质利益，对于调动人的积极性只有次要的作用，员工更注重在工作中与周围人的友好相处和受到尊重，良好的人际关系对于调动生产积极性起着决定性作用。这一理论增加了对人性的研究，重视被管理者的心理、道德等因素对人的激励作用。后来，马斯洛提出了需求层次理论，进一步发掘了人的内在因素，尤其是强调伦理道德因素的重要性，指出人的社交的需要、尊重的需要、自我实现的需要，归根到底是一种内在价值——伦理道德的需要，它反映的正是人们的一种价值观以及对理想的追求，对人际关系、道德关系和谐的愿望。道德要求的满足是属于高层次的激励因素。到 20 世纪 80 年代，美国加州大学教授威廉·大内所提出的“Z 理论”进一步肯定了道德因素在管理中的重要地位，他提出：“信任、微妙性和人与人之间的亲密性，如果缺少上述三点，没有哪一个社会的人能够获得成功。”Z 理论强调尽力在企业内营造一种稳定和谐的人际关系。总之，无论从企业的内部还是从外部环境来看都迫切需要企业进行伦理道德建设，以适应不断发展的社会需要和人类自身发展的需要。

二、伦理道德在企业经营管理中的作用

伦理道德以其特有的社会功能对企业发展施以影响。在企业内部，伦理道德规范作为一种校正人们行为及人际关系的软约束，它能使企业人员明确善良与邪恶，正义与非正义等一系列相互对立的道德范畴和道德界限，从而具有明确的是非观、善恶观，提高道德水准。伦理道德以其规范力量，有助于企业确立整体价值观和发扬企业精神，有助于群体行为合理化，提高群体绩效。没有伦理道德素质的普遍加强，最终将妨碍企业发展的力度和速度，甚至将企业的发展引上歧路。

在企业经营管理中，伦理道德发挥着以下作用。

（1）崇高的企业目标为企业发展指明了正确的方向。以发展生产力，提高经济效益，企业的发展与国家、民族乃至人类社会的发展相联系的崇高的目标作为企业追求的目标，赋予了企业一种庄严的使命感，为企业发展指明了方向。

（2）提高员工的道德素质有利于企业人力资源和物质资源的配置。

（3）管理者运用伦理手段可以调动员工的积极性和创造性，有利于企业在竞争激烈的市场中立于不败之地。

（4）管理者的人格魅力可以增加企业的内聚力。管理者的人格魅力主要由管理者的道德素质决定，它能产生威信，使管理者赢得员工的信任，有助于二者之间的沟通，它能产生感染力和号召力，使员工产生一种归属感、安全感和责任感，并进一步转化为对企业的忠诚，产生强大的凝聚力。

（5）产品伦理道德内涵是企业立足社会的保证。产品质量、企业信誉和服务是一个企业立足社会的三大要素，产品伦理道德内涵意味着企业在生产经营过程中坚持一流的产品意识，坚持信誉高于一切和坚持一流的服务意识和行动。

（6）注重社会效益是企业长期发展的动力。企业在追求经济效益的同时，注重社会效益，企业不仅为社会提供优质产品和服务，而且积极参与社会的公益活动履行社会义务和完成社会使命，树立良好的企业形象。

（7）高尚的道德觉悟是企业间竞争与合作的基础。

三、企业经营管理过程中存在的伦理道德问题

伦理道德作为制约企业发展的一个重要的非经济因素，日益显示出了它的重要性和不可替代性。现代企业在经营管理过程中出现的许多问题都涉及伦理道德问题， 这些问题的存在已经成为企业发展的障碍。

1. 传统道德观与新道德观的冲突问题

道德作为一种社会意识，有一个产生、发展、消亡的过程，在特定的历史环境下会有与之相

适应的道德观。随着社会的发展，环境的变化，一些沿袭下来的传统道德观已经不再适应时代的要求，但其影响还会在或长或短的时期内存在，对人们的行为产生或大或小的影响，如果此时与时代相适应的新道德观还未形成或其影响力还不够，则人们的思想和行为往往处于一种矛盾与迷茫的状态。

这种情况如果在企业内部发生，也会使管理者陷入困境。如果继续沿用旧的道德观，因其与时代的发展要求不符合，对企业法的发展不利，采纳新的道德观，又会引起那些依旧遵循旧道德观的员工的抑制甚至反对，对做好工作同样是个阻力。此时作为管理者，一定要从企业的长远发展出发，坚决克服这种阻力。首先，管理者要坚定自己的立场，只有自己的立场坚定了，才有可能影响别人。其次，对那些坚持旧观念的员工，一方面要因势利导，比如请一些员工比较信任的、有一定影响力的人公开发表关于新道德观的讲话，或是让员工通过适当途径了解施行新的道德观给企业及个人带来的好处，让员工在认识上有一个转变；另一方面要采取必要的奖惩手段强制推行新道德观，但需要注意，这些奖惩的后果必须与奖惩对象的直接利益密切相关。在使用奖惩手段对，可多用奖励手段，因为若使用惩罚手段的措施不当容易引起抵触和反对。此外，奖惩手段的使用，在员工能够自觉遵循新道德准则时，可以逐步淡化，直至取消使用。

2. 因地区差异造成的道德观念不同而形成的道德困境

道德的形成受很多因素的影响，因为所处的生活环境，比如政治、经济和文化环境等不同，会影响到不同国家、不同地区的道德观的形成。

现在，经济全球一体化的趋势越来越明显，对于企业管理者，不能不面对众多的国际化问题，当然也包括伦理道德问题。对于一家跨国公司来说，其下属子公司分布于许多国家和地区，而这些国家和地区的道德准则又不可能完全一致。比如，一家中国公司要在一个文化风俗迥异的地方开设企业，是坚持入乡随俗还是采用本国的处理方式，就成为一个非常棘手的问题，事实表明，单纯地入乡随俗或沿用本土作法都不可行。

对跨国公司来说，若有可能制定通行世界的，有一定普遍性的伦理行动基准，企业行动就更容易展开。只要遵守它，在不违反其他国家法律的前提下，有助于实现一致的社会公正。但问题在于这种想法的理想性和现实性的矛盾，一方面是从各种国际组织大量涌现出的能看到的统一趋势，另一方面是尊重民族、地域、宗教、不同产业、独特的企业文化的多元化趋势。不经协商由单方面自以为是地强加给对方是不受欢迎的，而一味地强调多元化又有陷入文化相对主义的危险。现实情况是，在一国被认为是正确的事物在他国未必是正确的，同时因各国的伦理规范不同而引起摩擦和麻烦时，问题是很难以某些共同点为基础找出共同的伦理规范的。一般来说，任何一国的普遍的传统观念中都存在一些糟粕。对于这部分应放弃，对一些违背人类基本道德准则的观念应进行改造。总之，在处理此类问题时，不应拘泥于任何一方的固定模式，而应站在一个发展的角度看问题，取长补短，并逐步地在全球范围内将一些普遍行为规范化、制度化，使参与国际活动的团体或国家队有所依从。

3. 道德与法律的要求高度不同而造的管理困境

对于企业的行为，法律与道德都起着制约作用。法律起着最基本的强制作用，但一些法律要求不如道德要求更符合人类的生存与发展。另外，用法律约束也有百密一疏的时候，加强伦理道德约束对法律约束有补充作用。

4. 如何对待员工的合法权益问题

员工作为企业法的重要组成部分，其合法权益的维护已成为不可忽视的一环。在有的企业中，员工的合法权益得不到有效的重视与保障，比如言论自由权、隐私权以及工作环境的安全权利。有关资料表明，有的美国公司以保证企业的商业秘密为由，私自拆阅员工信件和监听员工私人电话。另外，一个更为严重的问题是外资企业中员工合法权益的维护。在我国的一些外资企业，外国管理者对我国员工随意打骂处罚，为防偷窃搜身等事件屡有发生，这种现象在其他不发达国家也屡见不鲜。甚至，有的连员工基本的生存权都得不到保障。2013 年 6 月 3 日清晨，吉林某公司发生火灾，此次火灾共造成 121 人遇难，77 人受伤。调查火灾原因，该公司系存在安全生产管理上极其混乱、安全生产责任严重不落实、安全生产规章制度不健全，以及安全隐患排查治理不认真、不扎实、不彻底等问题，且没有开展应急演练和安全宣传教育。事故初期，该公司紧急疏散不力、车间安全出口不畅等问题也十分突出。更有甚者，1999 年 4 月，广东番禺一台资企业发生火灾，因平时为防工人私自外出，紧锁车间大门，并且未配备必要的消防设施，致使几十名工人葬身于火海之中。员工作为企业的一员，有责任也有义务服从企业合理的规章制度，但如果员工的合法权益遭受侵犯，只会令员工对企业伤心和失望，甚至公开抵制。作为管理者，不仅要关心企业的发展，更要注意对员工的关怀。这些关怀不仅包括经济上的，更重要的是使员工的合法权益得到保障，只有这样都会使员工有安全感、归属感，才会真心实意地为企业作贡献，有利于增强企业的凝聚力和向心力。

5. 如何正确对待消费者的问题

消费者作为产品和服务的最后享用者，有权利对其所需进行选择，“消费者是上帝”这一口号日益深入人心。作为提供新产品或服务的企业则面临着如何正确对待“上帝”的问题。

在面对消费者的需求时，许多企业和经营者为谋私利，从事造假和售假活动，产品或服务不能达到规定的标准，假冒伪劣商品充斥市场。产品以次充好，以假当真，以旧换新，缺斤短两，管理粗枝大叶，质检形同虚设；不符合执行标准的产品随处可见，尤其是食品、药品等直接危及人民的生命安全，所占比重相当大，这种行为不仅增加了正规生产厂家的负担，而且扰乱了正常的经济运行秩序，给国家税收也带来了巨大的流失，更为严重的是损害了消费者的权益。近年来，食品安全事件频频曝光。2004 年的阜阳有毒奶粉事件、广州发生假酒致人中毒事件；2005 年的苏丹红事件、湖南株洲劣质“正蒙黄金搭档”婴儿奶粉事件、小杯装果冻致死婴儿事件、光明山盟“变质奶加工再造”事件，雀巢奶粉含碘超标事件及哈根达斯“黑作坊”事件等；2006 年的北京食用福寿螺导致广州管圆线虫病事件、湖北武汉等地的“人造蜜蜂”事件、浙江台州市毒猪油事件、上海瘦肉精中毒事件等；2007 年上海星巴克兜售过期苹果汁事件、味全食品旗下奶粉被查出致病菌事件；2008 年的三聚氰胺“毒奶粉”和鸡蛋等事件，四川广元柑橘蛆虫疫情事件；2009 年王老吉添加非食用物质事件；2010 年 3 月 18 日，针对“地沟油”问题，国家食品药品监督管理局办公室发布《关于严防“地沟油”流入餐饮服务环节的紧急通知》，还有 2010 年 3 月山西疫苗事件等。这些事件使消费者增加了对企业产品不安全感和不信任感，加之企业信息披露失真，无法保障消费者的知情权，使消费者陷入极度恐慌之中。

在开发需求方面，同样值得企业的管理者深思。人的需求有的是合理的，而有些是不合理的甚至是有害的。比如吸烟问题，吸烟有害健康已是人所皆知的常识，但仍有许多烟草公司为了扩大市场，在宣传上引诱人们，特别是青少年和妇女吸烟。这样创造出来的需求，宁可不要。随着人类自我保护意识及辨别能力的提高，这些所谓创造出来的危害人类健康安全甚至人类生存的需求，只会遭到谴责、抑制，而这样的企业最终只能走向灭亡。据报道，1999 年美国因吸烟受害的消费者向法院起诉烟草商，烟草商败诉，向消费者赔偿，造成了约达 4 000 亿美元的损失。如何开发人类合理、健康的需求已经成为一个摆在生产者面前的道德问题。

6. 如何处理与其他企业的关系问题

企业处在一个激烈竞争的环境中，为了自己的生存和发展，企业管理者绞尽脑汁，有的甚至采取非法或合法不合理的手段。从短期看，有时采用一些不公平的竞争手段会给企业带来一时的盈利，但随着法制的健全，以及社会对公平竞争的重视，这些手段会失去用武之地。即使在目前，使用不公平手段也未必有效。如果大家都参与了不公平竞争，到头来只会两败俱伤。如在工程招标中，投标方都向招标方负责人进行贿赂，使得中标值超过招标方的最终承受能力招标方只能放弃他们，从而使第三者得利。因此，从长远的角度看，企业应加强自身的竞争实力，努力提高向社会提供服务的水平，同时还要为建立一个公正公平的竞争环境作出自己的贡献。只有各个企业都这样做了，才能真正使社会处于一种良性的竞争状态。

7. 企业管理者自身存在的伦理道德问题

企业管理者作为企业中的决策者和行为带头人，其自身伦理道德问题不容忽视。在企业人员的招聘和内部人员的提拔问题上，有些管理者往往以个人情感为出发点，用人唯亲、优先照顾自己的亲人朋友等，完全不顾其能力是否与其所要从事的工作相当，结果造成企业中一些人员素质低下，身在其位而不能谋其政。这样不仅影响了企业的发展，也会影响到企业的形象以及管理者自身的形象。在企业管理中，有的管理者缺乏必要的责任感，处处为个人的私利着想，因此，贪污受贿、损公肥私、腐化堕落等现象在一些人身上屡见不鲜。管理者的个人作风会影响到企业风气，因此必须加以重视。

8. 企业员工的道德问题

企业员工是生产经营活动的主体，他们的道德状况对企业发展同样至关重要。缺乏职业道德、损害企业形象的行为是一个普遍存在于员工身上的问题。任何一个企业要想获得成功，必须要有良好的企业形象作保障。企业形象是全体企业成员共同塑造的，员工的职业道德是其中的重要因素。

目前一些企业形象不佳，正是由于个别员工缺乏最起码的职业道德造成的。对待消费者态度生硬、行为粗暴，甚至发生伤害消费者的行为，此外还有大量拒绝服务等现象，这些都是对消费者合法权益的侵犯和蔑视。由于这些人的职业道德素质低下，而最终损害的是企业的形象和利益。另外，现在许多员工对企业无感情，责任意识淡薄，更多关心的是自己的物质利益，对企业的发展不感兴趣，有的员工为个人私利的获得故意泄露企业的商业秘密，使企业在竞争中处于劣势，影响到正当利益的获得。

四、加强管理伦理道德建设的途径

在企业的经营管理中存在各种各样的伦理道德问题，这些问题的解决，需要通过加强企业的伦理道德建设来完成，而伦理道德建设要从企业的内部与外部同时着手考虑才能做到更全面，更彻底。企业内部，企业管理者在思想上要澄清一些模糊和错误的认识，充分认识到企业伦理道德建设与盈利之间的辩证关系，认真处理好关系到企业生存和发展的利益与道德的关系，同时企业加强对员工的道德教育，提高员工的道德境界。

1. 加强社会监督，约束企业的行为

企业作为社会的成员，其行为也处于社会的监督之下。对企业的监督应是一个全方位的监督，可以从法律监督、环境监督和自我监督三个方面来考虑。

（1）法律手段作为国家的一种强制性手段，具有至高无上的权威。

① 以法律监督为手段促进道德建设，首先可以提高道德的权威性。道德只是对人们行为（包括企业行为）的一种软约束，而将一些道德观念上升为法律，依靠国家强制力来执行，可以使其获得社会的普遍认同，提高权威性，成为全体社会成员公认不违的原则。

② 可以增强道德的规范性。道德具有明显的社会效力，不能只是抽象的原则，必须使其变为具体明确的行为准则，而法律条文的制定，将一些道德要求条文化、制度化，做到有章可循。通过法律形式对企业行为加以具体的限制，也可使其行为规范化。

③ 可以强化道德的监督性。道德固然以扬善为基本特征，但惩恶也是不可缺少的一个方面。法律监督以强制为特征，是更严厉的治恶性手段，以此来监督企业的行为，对各种非道德行为必定会起到震慑作用。法律监督手段可以强制性地为企业行为确定价值取向，有助于迅速扭转企业行为失范的状态。

（2）环境监督是检验企业是否履行道德义务必一种不可少的手段。如果道德环境过于宽松，没有约束力，会有损道德行为的施行，严格的环境监督则能够防患于未然，时时监督企业弃恶扬善，加速道德风气的改善。环境监督包括三种方式。

① 传播监督，即大众传播媒体对企业善行的褒扬和恶性行的谴责。这种监督无疑会产生巨大的社会舆论效力，使善行者受到社会的尊重，恶性行者受到鄙视，从而提醒企业时时检查自己的行为。

② 人际监督。在道德环境空间增大，变动增加的情况下，企业的人际关系流动性与陌生性也相应增加，此时更须加强人际监督。现在，企业的竞争者、合作者、服务对象的范围越来越广，企业行为更加社会化，通过彼此的监督，才可以使各企业的行为进一步符合道德规范，这样有利于企业间扩大交往，维护社会生活的正常秩序。

③ 组织监督。通过建立一定的组织（官方的、行业的、民间的）对企业行为进行全方位的监督，使企业的非道德行为无处藏身，从而能有效促进企业日常行为的改善。

（3）道德行业最终要靠具体的行为个体来完成，如果个体的道德行为是在监督和强迫之下完成的，就算不上真正的道德行为。“道德的基础是人类精神的自律”。每个道德主体需要将社会的道德要求变为内在的道德义务，用健全的道德性来指导其社会行为，从而达到随心所欲而不逾矩的境界，其中道德认识的提高、道德情感的培养、道德意志的磨炼、道德修养的积累都是非常重要的，而自我监督是贯穿于其中的不可必少的环节。企业只有在自我不断地对照、反省、提示、监督下道德境界才可能不断提高，成为一个有高度道德觉悟的个体。

2. 企业管理者提高认识，处理好各种关系

（1）处理好“义”与“利”的关系。企业追求经济利益，既符合市场经济原则，也是发展国民经济之需。如果一个国家大部分企业都亏损，那么，整个国民经济就会陷入困境。因此，企业追求经济利益是正当、符合道德的。然而问题的关键不在企业是否追求经济利益，而在于如何“追求”。如果把企业追求经济利益看做是企业活动的最终目的，那么在企业利益实现的过程中，企业所采取的方式、方法和途径就是实现目的的手段。企业追求经济利益，必须坚持目的与手段在道德上的统一性，即善的目的必须要用善的手段来实现，对利益的获取必须“取之有道”“以义取利”。这是企业生产经营活动中应该遵循的一条重要道德原则。

（2）处理好国家利益与企业自身利益、长远利益与当前利益的关系。企业是社会经济的细胞，它既是独立核算、自负盈亏、自主经营的独立实体，又是社会国民经济整体中的一部分。因此，每个企业时刻都面临着国家利益与企业自身利益的矛盾。企业在生产经营过程中是否兼顾国家利益，以及在多大程度上兼顾国家利益是判定企业形象的客观标准。我国企业应该以社会主义集体主义原则为指导，自觉维护和兼顾国家利益，处理好社会发展的辩证关系。另外，在企业生产经营行为中，还必须处理好企业长远利益与当前利益的关系。一些企业为了当前的蝇头小利，不顾国家法律、法规，不讲社会公德，损人利已，唯利是图，这些行为最终必定会葬送企业自己的发展前程。作为企业管理者，如果没有长远眼光，只顾眼前利益，利欲熏心，不顾企业长远利益，实质上是对企业生存和发展的极不负责。这种得不偿失的企业短期行为，是每个企业在生产经营活动中应该杜绝的。

（3）处理好竞争与合作的关系。竞争是市场经济的一个显著特征。竞争给每个企业以压力，又给每个企业以动力，促使企业在激烈的市场竞争面前不断努力奋斗，积极进取；不断地在生产、经营和管理等各方面完善自身，增强实力，以求在竞争中不败，在竞争中取胜。

企业与企业相互之间的竞争，客观上要求每个企业都要处理好企业与企业之间的关系问题。首先，企业在市场中是地位平等的竞争对手，因此，企业之间竞争必须坚持“公平竞争”的道德原则；其次，企业之间作为竞争对手不是战场上的敌手，因此市场竞争反对尔虞我诈，不择手段；最后，市场中企业与企业之间又是相互依存的，这就要求企业在竞争中要讲协作，要处理好竞争能力与协作的关系。“遵德守法、公平竞争、团结协作、实力求胜”是在市场经济条件下，企业伦理道德建设的重要内容，是规范市场秩序，保证市场有序进行的保障。

（4）处理好企业行为与企业行为责任的关系。任何一个正常人在社会生活中都要对自己的行为及其后果负责，这是个体道德行为中的一条重要伦理法则。如果把一个企业看作一个独立的行为主体，那么这条法则同样适用于企业的生产经营活动。企业的行为若触犯法律，企业就要承担法律责任；企业的行为若违背社会道德，企业就应承担其社会责任，因此，企业在经营管理中，必须正确处理自身的行为与责任的关系，不能只顾赚钱、不顾行为后果。企业只有明确了自身行为及其行为责任的关系，才能认识到哪些事情该做，可以做，哪些事情不能做，从而极大提高企业遵德守法经营的自觉性。同时，加强企业自身行为责任的认识，还有利于企业培养产品的质量意识。另一方面，对于那些制造假冒伪劣产品的企业，那些采用违法乱纪手段进行经营活动的企业，那些靠欺诈哄骗获得暴利的企业，要加大打击力度，追究其行为责任，依法严惩。加强企业伦理道德建设就是要从企业的行为责任意识入手，才能最终达到实效。

3. 加强企业道德教育，提高员工道德境界

企业道德教育是企业道德得以转化为员工的内在品质，对企业管理实践发生作用的必备环节。在日本企业界，员工的道德教育始终是和企业命运紧密结合在一起的。许多企业悬挂着“伦理进入企业，心灵进入工作场所”，“在企业中要有伦理，职业上要有心”的口号，他们以“明朗、爱和、喜劳”为中心内容普遍开展伦理道德教育，启迪和培养员工的心灵。可以说，企业的发展取决于员工的业务素质，更取决于其道德潜力。企业道德教育的内容包括人生观、责任观和良心观的教育。通过对员工在这方面的综合教育，使员工树立起积极进取的人生态度，把服务大众、服务社会作为人生价值的体现；陶冶员工的道德情感、营造以情待人的道德风尚，培养员工的同情心和仁爱心；增强员工的责任心，培养员工爱岗敬业的精神，使员工全心全意地为企业服务、作贡献，促进企业的发展。

【经典实例】

毒胶囊事件

随着社会的发展，时代的变迁，社会问题突出，人们越来越重视企业的社会责任和管理道德，而企业为了获得社会公众的广泛支持，在进行组织行为决策时也主动承担一些社会责任，但是，并不是每一个企业都是这么想的。药物本该替人解毒，但没想到它本身成了祸害身体的帮凶。“毒胶囊”事件引发大家对药物质量的担忧。2012 年 4 月 15 日，央视《每周质量报告》节目播出了《胶囊里的秘密》，对“非法厂商用皮革下脚料生产药用胶囊”进行了曝光。河北一些企业，用生石灰处理皮革废料，熬制成工业明胶，卖给绍兴新昌一些企业制成药用胶囊，最终流入药品企业，进入患者腹中。由于皮革在工业加工时，要使用含铬的鞣制剂，因此这样制成的胶囊，往往重金属铬超标。经检测，修正药业等 9 家药厂 13 个批次药品，所用胶囊重金属铬含量超标。药品安全，人命关天，党中央国务院一直高度重视药品质量安全，2012 年 1 月国务院印发了《国家药品安全“十二五”规划》，要求医药企业必须坚持安全第一、科学监管的原则，落实药品安全责任，确保药品质量，降低药品安全风险，并且要求有关部门依法严厉打击制售假劣药品的违法犯罪行为。

第二节　企业社会责任

在现代，社会对企业的预期发生了变化，企业要想获得长期的发展壮大，在追求利润的过程中应该考虑对社会有利的长期效益。因此，企业在经营过程中不仅要承担法律责任、经济责任，还要承担社会责任。

一、企业社会责任定义

美国管理学家斯蒂芬·罗宾斯（Stephen P. Robbins）认为，社会责任是工商企业追求有利于社会长远目标的义务，而不是法律和经济所要求的义务。因此，可将企业的社会责任定义为：企业在承担法律义务（企业遵守所在国和地区的有关法律法规）和经济义务（为投资者实现保值增值的义务）之外，还应承担追求对社会有利的长期目标的义务。社会责任虽然没有法律的直接规定，但道德伦理要求企业承担对社会的责任。

企业社会责任是企业对外部加诸于企业的道德期望的内部认知与自觉。作为市场经济条件下的现代企业不仅是独立的经济实体，而且是具有法人人格的伦理实体。“企业”是国民经济的细胞，“责任”是伦理学的重要关注对象。

二、两种社会责任观和利润取向

企业作为市场经济的主体，企业是“经济人”和“道德人”的统一，具有经济和伦理的“双重人格”，除了应承担法律责任外，更应承担经济伦理道德责任。因此必须对企业的经济活动进行伦理评价。站在企业社会功能角度看企业的社会责任，是指企业在赚取合理利润的同时，必须承担起保护和改善其他相关群体利益的责任。企业作为一种盈利性社会经济组织，盈利性是其内在的本质特征。同时企业不能离开社会而独立存在和发展，社会性是企业外在的重要特征。企业在实现自身经济利益的过程中，必须协调好与其他社会组织和个人利益的关系。在市场经济条件下，企业在从事生产和经营活动中始终面临着既互相对立又相互统一的行为变量——求利与求德的矛盾，即企业是否需要承担社会责任。但在这一问题上，管理学界有两种截然不同的观点。

1. 古典观（或纯经济观）

米尔顿·弗里德曼（Milton Friedman）是这种观点的代表人物，他最著名的格言是：“企业的社会责任是增加利润”。弗里德曼支持组织承担社会责任，但这种社会责任仅限于为股东实现组织利润最大化。他认为当今大多数的管理者是职业经理，这意味着他们并不拥有他们所经营的企业。他们只是员工，仅向股东负责，从而他们的主要责任就是最大限度地满足股东利益。那么，股东的利益是什么呢？弗里德曼认为股东只关心一件事，那就是财务收益。

在弗里德曼看来，当管理者把企业资源用于社会目的时，他们是在削弱市场机制的作用。当然有人要为此买单。具体来说，如果企业承担社会责任的行为使利润和股利下降，则它损害了股东的利益；如果履行社会责任使员工的工资和福利下降，则它损害了员工的利益；如果用提价来补偿社会责任的行为，则损害了消费者的利益；如果顾客不愿意或支付不起较高的价格，销售额就会下降，那么企业的生存就会受到威胁，这时企业的所有利益相关者都会遭受或多或少的损失。此外，弗里德曼还认为，职业经理追求利润以外的其他社会目标，其实他们是在扮演社会公共管理者的责任，而这方面的责任应由公民选举的行政官员来承担。至于“社会应该怎样”，他怀疑企业管理者不具有这方面的专长。

这种从纯经济角度看待企业社会责任的主要观点包含三方面的内容。

（1）违反了利润最大化原则。这些人认为，企业追求社会目标会冲淡企业的基本使命——提高生产率。而且，许多社会性活动不能自负盈亏，企业参加这些活动必将提高企业的经营成本，最终必将有人为此付出代价。因此，他们认为企业应只参加那些能带来经济利益的活动，而其余活动让给其他机构去做。

（2）应各司其职。在当今社会，企业拥有的权力已经很大了，如果让它追求社会目标，企业的权力会更大。况且，追求社会目标是政治相关代表组织的责任，企业与公众之间在社会责任方面没有直接的联系，对企业管理者来说，就不应该承担社会责任。另外，承担社会责任需要相关专门技能，企业管理者分析问题和解决问题的视角和能力基本是经济方面的。就能力而言，他们难以胜任社会问题的角色。

（3）缺乏大众支持。公众对企业承担社会责任的意见不一、争论较大，社会对企业处理社会问题的呼声也不是很高。如此，在缺乏一致支持的情况下采取行动，很可能会失败。

2. 社会经济观

持这种观点的人认为，随着时代的变化，社会对企业的期望发生了变化，追求利润最大化不再是企业的唯一目标，企业同时应承担社会责任。因此，一个真正对社会负责任的企业，不仅要使股东利益最大化，而且还要考虑其决策和行为对所有利益相关者的影响。社会经济观认为，古典观的主要缺陷在于目光短浅，只看到眼前利益。管理者应该关心资本的长期收益最大化，为此，必须承担一些必要的社会义务及相应的成本。如以不污染、不歧视、不发布欺骗性广告等方式来维护社会利益。他们还必须在增进社会利益方面发挥积极的作用，如参与所在社区的一些活动和捐钱给慈善组织等。

这种从社会经济观的角度赞成企业承担社会责任的主要观点包含三方面的内容。

（1）满足公众期望，塑造良好形象。20 世纪 60 年代以来，社会对企业的期望越来越多，公众对企业追求经济和社会双重目标的呼声日益高涨。同时，企业承担社会责任可以塑造良好的公众形象。企业在公众中的形象如同企业的生命，其好坏直接关系到它是否能获得更多的顾客、更好的员工，能否较容易地筹集资本，能否使销售额得到提升等。由于公众通常认为社会目标是重要的，因此企业通过承担社会责任，实现社会目标，能够产生良好的公众形象。

（2）创造良好的经营环境。企业承担社会责任有助于解决社会难以统一解决的问题，改善所在社区的状况，提高企业的公众形象，从而有利于吸引和留住人才，提高企业的核心竞争力。

同时，企业履行社会责任可以降低由政府管制而引起的社会经济成本，增强企业的自主性和灵活性。

（3）增加长期利润。在股票市场上，有社会责任的企业通常被看做是风险较低、透明度较高的公司。因此，社会责任会使企业的股票价格上涨，从而使股东获得较高收益。企业的生存离不开社会，其应该具有社会意识。况且承担社会责任不仅是道德上的要求，还符合企业自身的利益，它会给企业带来良好的社区关系和企业形象，从而使企业能可靠地获取较多的长期利润。

除此之外，企业拥有财力、物力、技术和管理等能力，它有能力帮助那些需要援助的公共项目和支持慈善机构开展活动。企业在社会中拥有很多权力，根据权责对等的原则，也必须承担相应的责任，这样企业才不会违背公众利益，从事不负责任的活动。企业承担社会责任，预防相关社会问题的产生也是必要的。社会性问题发展到相当严重而得不到处理时，往往需付出比预防行动大得多的代价，并分散了企业管理在经营方面的精力。

古典观与社会经济观的对比如表 2-1 所示。

表 2-1　古典观与社会经济观的对比

	古典观	社会经济观
利润	一些社会活动白白消耗企业的资源；目标的多元化会冲淡企业的基本目标——提高生产率而减少利润	企业参与社会活动会使①自身的社会形象得到提升；②与社区、政府的关系更加融洽因而增加利润，特别是增加长期利润
股东利益	不符合股东利益。企业参与社会活动实际上是管理者拿股东的钱为自己捞取名声等方面的好处	符合股东利益。承担社会责任的企业通常被认为其风险低且透明度高，其股票因而受到广大投资者的欢迎
权力	企业承担社会责任会使其本已十分强大的权力更加强大	企业在社会中的地位与所拥有的权力均是有限的，企业必须遵守法律、接受社会舆论的监督
责任	从事社会活动是政治家的责任，不是企业家的责任	企业在社会上有一定的权力，根据权责对等的原则，它应承担相应的社会责任
社会基础	公众在社会责任问题上意见不统一，企业承担社会责任缺乏一定的社会基础	企业承担社会责任并不缺乏社会基础，近年来舆论对企业追求社会目标的呼声很高
资源	企业不具备拥有承担社会责任所需的资源，如企业领导人的视角和能力基本上是经济方面的，不适合处理社会问题	企业拥有承担社会责任所需的资源，如企业拥有财力资源、技术专家和管理才能，可以为那些需要援助的公共工程和慈善事业提供支持

3. 企业承担社会责任与经营业绩之关系

企业承担社会责任是否会有损于企业的经营业绩呢？纯经济观和社会经济观各有说辞，其根本原因在于二者从不同的角度、用不同的方法来研究社会责任。纯经济观认为，企业承担社会责任会淡化企业使命，影响其生产率的提高。许多社会性活动不能自负盈亏，企业参加这些活动必将提高企业的经营成本，违背企业追求利润最大化原则。最终必将有人为此付出代价，或以更高的价格转嫁给消费者，或由投资者获得较低的边际利润来补偿。而社会经济观认为企业承担社会责任不仅履行了应尽的道德义务，满足了公众期望，还帮助企业同所在社区建立良好关系，改善企业在公众心目中的形象，从而为企业稳定地获得长期利润提供有效保证，这也足以弥补企业在承担社会责任之初所支付的成本。从这种意义上来讲，企业的社会责任行为是利大于弊的。

利润最大化无疑是摆在每个企业面前的目标。在生存和力求取得发展的前提下，企业必须考虑自己的社会价值。作为企业，利润不仅是其追逐的目标，也是它发展的动力和基础。但极其自私者未必能实现自利。这是因为企业作为整个社会分工体系中的一环，作为依赖社会发展和社会环境而生存的细胞组织，事实上必须承担“社会人”的角色。它必须重视其社会职能，仰仗社会群体、社会舆论的支持，并尽到自己的社会责任。不尽社会责任的企业，将失去经营有效性和合法性，在目前阶段也必然失去社会的关注甚至受到谴责与排斥。随着公众意识的提高，人们对企业那种违背道德却不违背法律的行为不会再坐视不理。

社会责任的承担和利润的追求之间是否存在矛盾呢？以盈利为目标建立的企业是否能多考虑下社会人文方面的因素，除了在社会物质财富方面做出贡献外，能力之余为社会福利事业做出一定的贡献，承担一定的社会责任。调查研究已证明，企业承担社会责任与其经营绩效之间呈正相关关系。企业参与社会活动不仅可以获得良好的社会效益，还可以获得长远的商业效益。比如，2008 年中国慈善排行榜中最具号召力的陈光标先生，就是企业家中承担社会责任的表率。他不仅自己热衷于慈善事业，而且试图用自己的行动感召其他的企业家，唤起大家的社会责任感。他带领的企业具有良好的社会形象，拥有高素质的员工队伍，也获得了更多的政府支持，企业经营业绩蒸蒸日上。同时，没有足够的证据证明，企业的社会责任行为会明显损害其长期经营业绩。正是因为如此，人们怀疑企业参与社会活动的动机。有的企业是真正的从道德的角度办事，也有些企业是在利益的驱使下开展社会活动，把社会责任作为营销的诱饵。企业把承担社会责任当成是实现利润最大化的工具，而不是真正的想去承担社会责任。尽管企业的动机不纯，但它不仅实现了企业利润最大化的目标，同时也履行了社会责任，实际上这是一种双赢的行为。

在此值得一提的是，只有当企业树立起自觉的社会责任意识时，才会意识到企业不仅要对投资者负责，还要对所有的利益相关者负责，企业才能从真正严格意义上履行社会责任，从而促进社会公正，增加社会福利，最终实现企业真正意义上的利润最大化。

所以，社会责任和利润取向之间并不存在绝对的矛盾。从短期来看，企业如果追求实现社会责任，似乎让一些钱石沉大海了，但从长远来看，企业或许可以得到更多的利益。比如，企业在一次次慈善活动中逐渐树立起其在社会大众中的形象。试想一下，一个富有爱心富有同情心的老总带领的企业，生产出来的产品应该很大程度上符合消费者的需求！应该不用担心出现“缺斤少两”的现象吧！在消费者的心中成了信任品牌，还愁没有利润吗，还愁利润低吗？况且，为社会福利事业作贡献，是要在企业自己力所能及的基础之上，并不是说一个企业为了社会福利而要承受破产关门的压力；并不是要像 20 世纪 70～80 年代的某些国有企业那样，无节制地兼并落后企业直至自己被拖垮。

所以说，企业是可以做到实现利润和社会责任并存的。并且今后企业的生存和发展，在一定程度上与其所承担的社会责任密不可分。

三、企业的社会责任

企业社会责任就是企业在创造利润、对股东利益负责的同时，还要承担对员工、对消费者、对政府和社会的社会责任，包括遵守商业道德、保障生产安全、保护职业健康、保护劳动者的合法权益、保护环境、支持慈善事业、捐助社会公益、保护弱势群体等。

企业应当承担的社会责任主要有以下六种情况。

1. 对投资者的社会责任

投资者是企业的资金来源，是企业财产的最终所有者。股东利益是企业最基本的，也是最直接的基础责任。企业管理者受投资者的委托经营企业，提高企业经济活动的效率，谋求利润最大化，实现投资者的投资回报，是企业的基本任务。公司本质是追求营利，要为股东创造最大利益，就是要为投资者提供较高的利润和企业资产的保值与增值，以确保投资者在企业中的利益。而那种只想从投资者手中获取资金，却不愿或无力给投资者以合理回报的企业，是对投资者不负责任的表现。投资者最终会解聘管理者、抛弃企业。因此，企业有责任与投资者进行及时的沟通，将其财务状况及时、准确地报告给投资者，假报或误报是对投资者的欺骗和不负责任的表现。

2. 对消费者的社会责任

顾客是企业产品和服务的最终使用者，顾客的忠诚程度及数量往往决定着企业的成败得失。要对消费者履行在产品质量或服务质量方面的承诺，不得对消费者有欺诈行为。企业对顾客的责任主要表现在：尊重顾客，为顾客提供真正需要的、安全的产品或服务；赢得顾客信赖，提高回头客的购买次数；做好售后服务工作，及时解决顾客在使用企业产品时遇到的困难。要明白一个道理："水能载舟，亦能覆舟"，顾客是水，企业是舟。企业的这个社会责任关乎人们的生命和健康，也关乎整个社会的生活质量和经济生活的正常运转，因而要求它必须符合《产品质量法》的要求，保质保量地为市场提供优良产品和优质服务，绝对不能搞伪劣产品和虚假服务。那些为市场提供劣质产品的企业，实际上是在践踏自己应有的法定的社会责任，是违法行为。

3. 对企业员工的社会责任

员工是企业最宝贵的财富。雇员利益是企业社会责任中的最直接和最主要的内容。这就要求企业对员工利益承担义务。为了使员工满意，企业在经营管理中应做到如下几点。

（1）不歧视员工。随着社会发展的多元化，现代企业员工队伍也趋于多元化。为了调动各方面的积极性，企业要同等对待所有员工，保证员工拥有平等待遇和机会，避免在性别、年龄、宗教信仰、户籍、国籍等方面的歧视行为。

（2）营造一个良好的工作环境。工作环境的好坏直接影响员工的工作效率和身心健康。企业要为员工营造一个健康、安全、关系融洽、压力适中的工作环境。如推行民主管理，认真听取员工建议。重视员工的利益，按时足额支付工资，按当地政府规定为员工缴纳"五险一金"。赏罚分明、奖惩得当。必要时根据单位的实际情况为员工配备必要的设施，努力改善员工工作条件和物质条件。

（3）定期或不定期培训员工。能否在企业中得到锻炼和发展的机会是决定员工（特别是高素质的员工）去留的一个关键因素。有社会责任的企业不仅会根据员工的综合素质，为其提供合适的工作岗位和相对公正的报酬，而且在工作的过程中根据情况的需要对他进行培训，经过培训后的员工能胜任更具挑战性的工作。这样做既满足了员工自身的需要，也满足了企业的需要。

4. 对竞争者的社会责任

在市场经济条件下，竞争无处不在，无时不有，但在此条件下的竞争是良性、有序的竞争。有社会责任的企业不会为了一时之利、逞一时之勇，通过不正当手段恶意挤垮对手，争个“鱼死网破”、“两败俱伤”。市场上没有永远的敌人，只有永远的利益。因此，企业要处理好与竞争对手的关系，在竞争中合作，在合作中竞争。

5. 对政府的社会责任

企业可以合理合法地避税，但绝不能偷逃税收，因为前者是企业的合法权益，而后者则是企业不承担社会责任的不法行为。企业必须依据税法的规定纳税，所有企业都应该充分认识到纳税是自己应该履行的法定的社会责任。要求企业按照政府有关法律、政策的规定承担政府规定的其他责任义务，并接受政府的依法干预和监督。

6. 对社会的责任

主要是指企业对社会慈善事业、社会公益事业以及社会环境的可持续发展方面所应承担的责任与义务。企业的社会责任实际上也就是对这些利益相关者承担责任。企业的管理者应积极了解不同利益相关者的要求，并利用组织资源，尽可能地满足各个利益相关者的愿望和要求。

现阶段构建和谐社会的一个重要任务是要大力发展社会事业，教育、医疗卫生、社会保障等事业的发展直接关系人民的利益，也直接决定着社会安定与否，和谐与否。很多地方在发展社会事业上投资不足或无力投资，这就需要调动一切可以调动的资本，企业应充分发挥资本优势，为发展社会事业，为成为一个好的企业公民而对外捐助。支援社区教育、健康、文化与艺术、城市建设等项目的发展，帮助社区改善公共环境，自愿为社区工作。

企业环境责任属于企业社会责任的一个重要组成部分，是指企业在谋求自身及股东经济利益最大化的同时，还应当履行保护环境的社会义务，应当对政府代表的环境公共利益负一定的责任。我国大量环境违法案件中，企事业单位向陆域、海域和大气空间排放有毒害物质酿成的恶性环境事故屡见不鲜，公司的行为成为造成环境危害的主要来源。要看到人类、环境系统是相互作用和相互制约的关系。经济活动和改造自然的活动必须不超过两个界限：从自然界取出的各种资源，不应超过自然界的再生能力；向自然环境中排放的废弃物，不应超过环境的自净能力。企业不应以耗竭资源、破坏生态和污染环境的方式来追求发展，当代人不应为了自己的发展而对后代人的发展和需要能力构成危害。企业必须承担保护环境合理使用资源的社会责任。企业履行保护环境的社会责任，可归纳为三个方面。第一，充分利用已开采资源，减少对资源的采掘，保护生态平衡。第二，控制各种有毒物质及致病因子进入环境，以免对人类及其他生物造成损害。第三，保护和改善企业所在地区的环境质量，防止由于环境质量下降而使该地区生存条件恶化。

综上所述，从本质上来看，企业承担社会责任是经济全球化背景下对企业经济行为的道德约束，既反映企业的宗旨和经营理念，又用来约束企业内部包括供应商在内的生产经营行为的一套管理和评估体系。企业社会责任超越了过去企业只对股东利益负责的范畴，强调对包括股东、员工、消费者、社区、公众、政府等利益相关者的社会责任。企业社会责任是企业对外部加诸的道德期望的内部认知与自觉，其中涉及从道德他律到道德自律的转化。只有当社会对企业的道德预期转化为企业的伦理目标或道德理想时，才是真正意义上的企业社会责任。企业的社会责任是包括经济责任、政治责任、法律责任、文化责任和道德责任的综合责任。作为经济组织的企业，其生存和发展与国家和社会同步，只有在社会发展中积极承担不可推卸的社会责任，才能为自身赢得更为广阔和良性的生存空间，推动社会与自身的可持续发展。

综合练习

一、单项选择题

1. 管理道德的出发点是（　　）。

A. 管理者的责任意识　　B. 管理活动的职业特殊性

C. 管理系统的整体利益　　D. 社会一般道德原则

2. 管理道德是一种（　　）的规范和制约力量。

A. 内在于管理者　　B. 外在于管理者

C. 由相关的法律制度确定下来　　D. 适用于一切组织成员的、普遍

3. 道德的本质是（　　）。

A. 方法　　B. 手段　　C. 技术　　D. 规则或原则

4. 在社会主义国家中，（　　）是一切管理道德行为的最高准则。

A. 国家利益　　B. 集体利益　　C. 经济效益　　D. 社会效益

5. 决定管理秩序和管理效益的根本因素是（　　）。

A. 管理者的素质　　B. 管理者的人格

C. 管理者的活动　　D. 管理者的道德品质

6. 管理道德教育的最高目的是（　　）。

A. 提高管理者的素质　　B. 造就管理者的管理人格

C. 促进管理者的自我完善　　D. 增强管理者的责任感

7. 在管理活动中，管理职能的实现过程，总是表现为（　　）。

A. 管理效率的提高　　B. 管理制度的完善

C. 人际冲突的缓解　　D. 人际关系的展开和有序化

8. 一个造纸厂的企业精神是：团结、守纪、高效、创新，严格管理和团队协作是该厂两大特色。该厂规定：迟到一次罚款 20 元。一天，全市普降历史上少有的大雪，公交车像牛车一样爬行，结果当天全厂有 85%的职工迟到。遇到这种情况，你认为下列 4 种方案中哪一种对企业最有利？（　　）

A. 一律扣罚 20 元，以维持厂纪的严肃性

B. 一律免罚 20 元，以体现工厂对职工的关心

C. 一律免罚 20 元，并宣布当天早下班 2 小时，以方便职工

D. 考虑情况特殊，每人少扣 10 元，即迟到者每人扣罚 10 元

9. 一民办企业，主要产品是吹风机、电动剃须刀等小家电，职工 300 人，技术人员 80 人。由于该公司产品无新意，效益不好，职工工资偏低，技术人员情绪低落，人员流失严重，在岗技术人员也不主动开展新产品研究。为解决此问题，人事部门提出 4 种解决办法，如果你是厂长，你选择哪个方案？（　　）

A. 规定每个技术人员 2 年内必须开发出至少一个新产品，做不到者降一级工资

B. 设立新产品开发奖，从新产品上市第一年的利润中提取 2%作为奖金，发给有关人员

C. 全面提高技术人员工资，根据过去开发新产品的业绩，工资增幅 10%～30%不等

D. 每个技术人员每月只发 70%工资，其余 30%在年终视每人开发新产品的业绩如何而决定发不发、发多少

10. 河南省某烟厂连年亏损，原因之一是 80%以上职工有偷拿成品烟的现象，这已成为一种不良的风气。新上任的王厂长开会研究解决偷烟问题的办法，大家提出了 4 种方案，请你选择认为效果最好的一种方案。（　　）

A. 严格治厂，规定凡偷拿成品烟者，一律下岗

B. 加大罚款力度，规定偷 1 包烟，罚 10 包烟的钱，即偷一罚十

C. 大造舆论，抨击偷烟行为，提倡“敬业爱厂”精神，党员、干部带头“不拿厂里一支烟”。随着偷烟人数的减少，逐步加大对偷烟者的惩罚力度

D. 设立举报箱，对举报者给予重奖，将偷烟者罚款的大部分奖给举报者

11. 在社会责任上，存在两种截然相反的观点——古典观和（　　）。

A. 公平观　　B. 现代观　　C. 社会经济观　　D. 利益观

12. 大多数实践已经表明，企业的伦理经营和长期效益之间有（　　）关系。

A. 正相关　　B. 负相关　　C. 正比　　D. 反比

13. 溢美电器厂专门生产电子消毒碗柜，它通过 8 个驻外办事处的 300 名销售人员推销该厂产品。近半年来，发现一个月内的回款率由过去的 90%下降为 60%。究其原因，一是有些销售员为了取得额外回扣，对客户延迟回款睁一眼闭一眼；二是竞争激化，销售人员怕得罪客户，不敢催款；三是办事处经理人员怕影响销售人员积极性，不敢在回款上严格要求，没有严格考核。市场部讨论出以下 4 种解决办法，请你选择一个见效较快而代价较小的方案。（　　）

A. 实行先交款后发货制度

B. 对销售人员进行职业道德教育

C. 按回款百分比提取一部分奖金给销售人员

D. 加强考核，只有当回款90%以上时，才兑现销售人员的销售额提成工资

14. 新建企业的经理往往陷进决策的误区。在企业高速发展的阶段，最重要的经营要素是什么？人们一般有四种看法，你认为哪种看法更有道理？（ ）

A. 利润高于一切　　B. 产品质量高于一切

C. 广告高于一切　　D. 现金流高于一切

15. 据传，美国有一家报社曾慷慨地给某球队俱乐部提供 2 500 万美金的资助，与此同时，该报社属下的一个部门想操纵该球队有关比赛的商业广告业务，并欲从此广告中每年获取 600 万美金的收入。该报社之所以给球队巨额“捐款”是因为（ ）。

A. 该报社是非营利性组织，捐款是其履行社会责任的一种表现

B. 该报社是一个营利性组织，履行社会责任是其义务并举的一种高姿态表现

C. 该报社是一营利性组织，此项捐款不过是其实现经营目标的一种手段

D. 该报社给球队提供资金，是为了开展多元化经营

二、判断题

1. 最有可能产生高道德标准的组织文化是那种有较强的控制能力以及风险和冲突承受能力的组织文化。（ ）

2. 道德准则是表明组织的基本价值观和组织期望员工遵守的道德规则的正式文件。（ ）

3. 大量的证据证明，企业的社会责任与其长期利润之间有着负相关关系。（ ）

4. 组织的道德标准与社会的道德标准不兼容，这个组织也是能为社会所容纳的。（ ）

5. 接受公平理论的管理者可能会决定向新来的员工支付比最低工资高的工资，因为他认为最低工资不足于维持他们的生活。（ ）

三、名词解释

1. 管理道德　2. 管理道德评价　3. 社会责任

四、简答题

1. 简述古典责任观和社会经济责任观的主要内容。

2. 企业社会责任的具体体现。

五、案例分析

向科的困惑

苏北某市是江苏最贫困的市之一。该市只有极个别的具有高技术含量的企业，科创公司就是其中之一。它原是一家国有企业，主要生产变压器。但经营不佳，亏损严重。为了加快经济发展，市政府决定以比较低的价格将科创让民营企业家买断产权，组建股份有限公司。买断的条件是在原有的 400 多个工人中，只保留 100 多人。向科是一位十分精明能干且素质优秀的企业家，受过高等教育，在特区搞过经营。接手后，他进行了两项改革：一是提高科技开发的投入比重；二是

提高销售成本比例。前者由 1%提高到 5%，后者由 3%提高到 12%。两项措施都比较有力地推动了企业的经营。不过，这些高比例的销售费用中相当一部分被产品推销人员用来作为回扣或向有关人员送礼以打开市场。向科认为，现在该企业的产品虽然在同行业中市场占有率不算最高，但前景很乐观。另外，在改制后的第 2 年，他解雇了原企业留下的部分工人。估计不需要多长时间，保留的 100 多个工人中相当多的人都要被解雇。

向科认为，他已陷入经济与道德、企业自身发展与履行社会责任的困境中。首先，作为本地的窗口企业，它的发展必将推动地域经济的发展，然而，提高销售成本会滋长企业经营中的一些不道德现象，形成不正当的竞争。其次，低价买断产权时，承诺接受 100 多名工人，实践证明，他们中相当一部分难以达到他的管理要求。于是，要么花大量经费培训这些工人，要么解雇他们。这样做，一方面不能履行改制时的承诺，另一方面会导致新的社会问题。为了本企业的发展，向科选择了后者。

【问题】

1. 你认为，在这种困境中，经营者应当如何抉择？

2. 能否存在两全其美的措施？如果没有，选择解决问题的侧重点应放在哪里？

六、技能训练

1. 训练目标

提高学生价值判断力，实际分析能力。

2. 训练内容

文献或企业调查：通过网络或企业调研等手段，选择当地企业，了解该企业在履行社会责任方面的情况，并进行分析。

3. 训练方式

全班分几个小组，以小组为单位，形成各自的分析报告，在全班进行演讲。

第三章　管理思想的演进

学习目标

知识目标

1. 掌握古典理论与人际关系论的主要思想；
2. 理解科学管理理论的贡献和局限；
3. 掌握现代管理理论的主要思想及最新管理趋势；
4. 掌握“管理理论丛林”的由来和意义；
5. 理解各种管理学派的观点；
6. 理解学习管理史的价值；
7. 了解我国古代管理实践和管理思想。

能力目标

1. 初步具有应用现代理念和理论分析与处理实际管理问题的能力；
2. 能够从管理思想的高度认识与分析我国现代化企业管理的实质。

导入案例

什么是“有所不为”

万科的老总王石在刚开始授权给自己的总经理时，感觉很不对劲，因为发现公司的很多事情他不知道了，有一些害怕。在与总经理沟通工作时，发现他的工作热情没有以前那么高了，后来王石发现，原来是自己过多地干涉了总经理的工作，很多细节也不放过，这如何让下属放手去干呢？决心“有所不为”的王石下定决心，将权力逐渐下放，经过一年的反复磨合，他发现一切都海阔天空了，很多事他不用管，下面一样干得很好。

【分析与思考】

（1）依据你现有的认识，如何理解“有所不为”？

（2）结合你所掌握的知识，谈谈为什么要“有所不为”，怎样才能做到“有所不为”？

第一节 中国古代管理思想

在早期历史上，人们从事管理活动时，并没有科学的管理理论的指导。伴随着人们对“事情应该怎么做，如何才能干得好”的不断思索，管理思想才开始萌芽。随着人们对管理活动从规律性的认识上升为系统化、条理化的归纳、总结，管理理论逐渐形成，管理才作为一门科学诞生了。

从古埃及建造的金字塔、威尼斯的兵工厂，到中国古代修建的万里长城；从古巴比伦的汉谟拉比法典、18～19 世纪的经济学家的专著，到中国古代儒家、道家、法家的管理思想，我们可以看出古代管理实践的巨大成就，并探索管理思想的发展轨迹。了解早期的管理实践和管理思想，有助于我们通过追溯现代管理思想的起源，更好地掌握现代的管理理论。

一、中国古代管理实践

在中华民族悠久灿烂的文化中，历代圣贤之士对如何进行有效的管理，都做出了各自的回答。在我们面前展现出一幅丰富多彩、深邃睿智的画卷。从这幅画卷上，我们能够看到以下五条主线。

1. 国家社会治理

中国古人很早就显现出杰出的治国智慧。《史记·越王勾践世家》记载，公元前 494 年，吴越夫椒之战，越王勾践一败涂地，在危急存亡关头，勾践听取了文种、范蠡的意见，卑辞向吴国求和，等待时机再图大业。在此后的十年时间里，越王勾践卧薪尝胆、以身作则，践行了从修身做起而到平天下的“大学”之道；发展生产、增殖人口、轻徭薄赋，践行了以德治国；重修政制、颁布法令，践行了以法治国；入吴为奴，用各种办法麻痹对方；践行了以智治国。这些，从一个侧面表明中国古代治国思想的成熟。

此外，在实践上，“文景之治”、“贞观之治”、“康乾盛世”等都是德法兼用的最佳案例，显示了中国人高超的治国智慧。

2. 竞争斗争谋略

古代中国，以军事谋略为代表的竞争斗争谋略达到了十分高超的水平。如著名的军事家孙膑，面对实力强大的魏国，利用“围魏救赵”的策略，采取迂回战术，迫使敌人分散兵力，然后抓住敌人的薄弱环节发动攻击，制敌于死地。它的精彩之处在于以逆向思维的方式，以表面看来舍近求远的方法，绕开问题的表面现象，从事物的本源上去解决问题，从而取得一招致胜的神奇效果。

《六韬》、《孙子》、《司马法》、《吴子兵法》和《李卫公问对》等的诞生，标志着中国竞争斗争谋略思想的成熟，其理论水平至今无法被超越。此外，《鬼谷子》、《战国策》等纵横家的著作中也包含了大量的谋略思想。

3. 生产经营管理

中国古代的社会生产力发展水平长期处于世界的顶峰，因而在生产经营管理方面也留下了大量宝贵的遗产。2 300 年前，白圭经商就是一个突出的事例。

白圭在《汉书》中被称为“天下言治生者祖”，即生产经营的理论鼻祖，是一位公认的经营谋略家和理财家。《史记》记载，白圭喜欢观察市场行情和年景丰歉的变化，所以当货物过剩低价抛售时，他就收购；当货物不足高价索求时，他就出售。谷物成熟时，他买进粮食，出售丝、漆；蚕茧结成时，他买进绢帛棉絮，出售粮食。他不讲究吃喝，控制嗜好，穿戴朴素，与奴仆同甘共苦，捕捉赚钱的时机就像猛兽捕捉食物那样迅捷。白圭总结自己的经商之道：“我干经商致富之事，就像伊尹、吕尚筹划谋略，孙子、吴起用兵打仗，商鞅推行变法那样。所以，如果一个人的智慧够不上随机应变的水平，勇气够不上果敢决断的水平，仁德不能够做到正确取舍的水平，意志的坚强程度达不到有所坚守的水平，即使他想学习我的经商致富之术，我终究不会教给他的。”在白圭看来，企业家素质、竞争谋略和生产经营知识是成功的关键因素。这些加在一起，显然是一套相当完备和深刻的经营理论。

4. 组织管理

始建于两千多年前的春秋战国时代的万里长城，服役者 40 多万人，当时全长 6 700 千米，蜿蜒于崇山峻岭和荒漠的戈壁滩上。在当时的建造条件下，如此浩大的工程，体现了当时的管理组织工作水平的能力。又如被誉为世界五大宫之一的北京故宫，建成于明代永乐 18 年（1420 年），是明、清两代的皇宫，占地 72 万多平方米，有楼宇 8 000 余间，建筑面积 15 万平方米。它是汉族宫殿建筑之精华，无与伦比的古代建筑杰作，是世界现存最大、最完整的木质结构的古建筑群。

5. 人事管理

在用人方面，我国古代人民就注意到选贤任能，要用人所长，要论功行赏、奖赏分明，要尽人之才。例如唐太宗李世民坐上皇位后，任用贤能，励精图治，出现了“商旅野次，无复盗贼，囹圄常空，马牛布野，外户不闭”的大好局面。他认为“致安之本，唯在得人”，“能安天下者，唯在用得贤才”。

研讨

除了以上列举的中国古代管理实践的五个方面，还有没有其他方面？

二、中国古代名家管理思想

中国的传统管理思想主要是以儒家、道家和佛家文化为主线，以法家、墨家、农家、名家、纵横家、阴阳学派文化为复线的管理思想。本书主要描述从儒家、道家、法家和佛家四大家论述中国古代名家的管理思想。

1. 儒家思想

纵观中国古代管理思想的发展，孔孟的管理思想是中国古代管理思想变化的核心内容。儒家思想的创始人是孔子，然后依次有孟子、荀子、朱熹、王阳明等大家出现。虽然都为儒家大师，但是因为时代背景的不同，各自的管理思想不同，但始终围绕一个“仁”字进行阐述与理解。

儒家管理思想的人性假设。儒家十分重视人在管理过程中的地位，可以说对人的管理和施行管理的人是儒家理论的核心。有了人才有管理，这种观点和儒家的哲学是分不开的。一切管理活动都是围绕着治人而展开的。形成性善论和性恶论两种人性的假设。

儒家对组织的独到见解。在中国几千年之前就明白了整体大于部分之和，人和动物的根本区别是人能“群”和“分”和“义”，“群”是建立组织结构，“分”是实行分工，而人之所能建立组织结构和实行分工合作的根本原因是人与人之间存着“义”。

儒家在管理上偏重于礼和义，认为这是达到管理目的的重要手段。在儒学理论中有很多关于礼和义的论述，当群体建立起来后利用分来进行分工，再用礼来规范，用义来协调，使组织高效运行。

儒家的管理思想。对于如何管理，儒家采取的是“仁”、“德”和“礼”。“仁”是儒家理论的核心，“德”、“为政以德”是儒家的重要的管理思想。“礼”是外在的管理规则。

2. 道家思想

道家思想的代表人物有老子、列子、庄子等。

道家思想中隐含的管理规律。由阴阳相互作用而形成了对立统一的矛盾规律，即循环律、成长律、得失律、时间律、调节律、容忍律。这些规律对管理实践有着重要的意义。

老子的柔性管理和无为管理。老子是我国古代与孔子齐名的智者，他认为，天地万物的根源都具备永恒不变的原理，在这个原理下，道是万物的根源，当深刻地体悟到道以后，一个人就能学会道中所蕴涵的“德”。老子的“无为而治”的理念，并非无所作为，而是一种人生的更高智慧，他描述的是一种主动接受的状态，一种灵活的态度，有所为而又有所不为。这就意味着顺其自然，遵守事物发展的客观规律，在承认困难和问题的前提下，充分发挥主观能动性，冷静客观的寻找解决问题的方法，这在现代管理学中便是被借鉴的人生智慧之一。一个优秀的企业管理者不仅仅需要才能，还更要有智慧。

在道学中最为精练的也是最为重要的是“无为”。道家的无为而治是管理上的一个高境界。老子的无为是积极的，是动态的。这里可以把这一原理根据辩证法分成三个阶段：有为——无为——无不为。

3. 法家思想

法家的主要代表人物有申不害、商鞅、韩非等。

法家的经济管理思想重法而不重德，重利而不重义。韩非认为只有规章制度确定下来不再变动，人们的利益划分才能明确，权责才能清晰，监督才会有效，人们才会有更高的热情去创造经济效益。只有人民百姓富裕了国家才会富强。

早在韩非子之前商鞅就提出"以法治国、以术统臣、以势驭民"的治国方案。所谓"法"就是管理中的各项规章制度；所谓"术"就是权术，也就是管理者的管理技巧；所谓"势"就是管理者所拥有的权力。韩非子认为，作为一名管理者必须将法、术、势三者相结合，管理者要依靠自身所拥有的权力制定规章制度，如果没有背后的权力，规章制度就不会真正生效。在规章制度颁布以后，还要运用一定的管理技巧去引导被管理者遵照规章制度办事，只有如此才能实现迅捷高效的管理。

法家思想认为人都是不自觉的，这就要求用客观的、具体的铁定的法律法规，通过铁面无私的奖惩制度来达到对人们的管理和约束，以达到最终和最大限度的功罪效率，同时对那些没有达到预订目标、怠慢、腐败、浪费等现象的人进行严厉的惩罚。这样的管理方式在短期内能达到较好的目的，但是如果长期使用会使员工对企业缺乏归属感和安全感，把人都看做是经济人，而忽视了人所在的社会因素以及心理因素的影响，不利于企业的长期发展。谈起法家思想就不得不提及2011年中国富豪排行榜的首富——三一重工的总裁梁稳根的法家思想，他说只要员工做得好有技术上的突破，就立马当场兑现他的奖励以激励员工的创造性。

4. 佛家思想

佛教于两汉之际传入中国，经历了 2 000 多年漫长的岁月，并在中国封建社会各阶层中曾起过广泛影响。佛家思想强调自身的修行，忘却贪婪和欲望，当自已达到物我两忘的虚空境界时，自已已经成佛了。

因势利导，善于沟通。禅宗的修行方法是静坐默念，即坐禅。坐禅的目的是想要成佛。由于全心坐禅，能使自已认清世界和自我，得到觉悟而成佛。坐禅只是成佛的一种途径，是一种外在的表现。一味地想要成佛而拘泥于这种表面化现象，就会偏离禅的本质。由此可见，形成一个人的观念很容易，但是要改变一个人的观念却非易事。而通过禅意智慧地以譬喻可使固执已见的对方心服。因此，在现代管理中，对于下属不正确的行为和思想，通过譬喻表达出来，比起简单的斥责、说教更有说服力，更能起到和谐沟通的效果，即起到激励而不伤害下属自尊心的双重效果。

大智在于看清事物本质。禅所追求的是一些内在的、本质的东西，而不仅仅是那些表面的肤浅的东西。禅所要求的灵活性，体现在社会、企业以及方方面面，灵运变通，这也是禅的智慧所在。能够认清事物的本质方能显示大智若愚之度。中国自古就有"大智若愚"一说，在企业管理中，管理者认清事物的能力是其管理态度的一个基础，所谓胸有成竹，处变不惊。而这种能力的培养，逆向思维则是一种有助于能力提升的工具，即来回都能通的路才是真正的通路。如对于企业运营管理中出现的诸如人员士气低下、管理流程缓慢、市场的问题症结、广告及促销效果低等问题的本质源头是什么？发现本质才能真正从根本上解决。

保持一颗平常心。俗话说，心态决定成败。在商业竞争中，管理者要让自已处于不败之地，就要忘记在此过程中的利益得失，用一平常心去对待。管理者只有自已处变不惊才能稳定并鼓舞团队士气。因为，有一颗平常心才能够达到静观其变，看清事物的过程本质，才有助于下一步的决策。

研讨

讨论四大家管理思想的精髓。

三、中国古代管理思想的基本特征

1. 礼治

“礼治”的根本含义为“异”，即使贵贱、尊卑、长幼各有其特殊的行为规范。只有贵贱、尊卑、长幼、亲疏各有其礼，才能达到儒家心目中君君、臣臣、父父、子子、兄兄、弟弟、夫夫、妇妇的理想社会。国家的治乱，取决于等级秩序的稳定与否。

2. 德治

“德治”就是主张以道德去感化教育人。儒家认为，无论人性善恶，都可以用道德去感化教育人。这种教化方式，是一种心理上的改造，使人心良善，知道耻辱而无奸邪之心。这是最彻底、根本和积极的办法，绝非法律制裁所能办到。

3. 人治

“人治”就是重视人的特殊化，重视人可能的道德发展，重视人的同情心，把人当作可以变化并可以有很复杂的选择主动性和有伦理天性的“人”来管理统治的思想。从这一角度看，“德治”主义和“人治”主义有很大的联系。“治”强调教化的程序，而“人治”则偏重德化本身，是一种贤人政治。

4. 法治

“法治”主张干涉而反对放任，反对宗法等级制和世袭制，要求平等守法，并且主张制订和公布成文法，凡是不别亲疏，不殊贵贱，一断于法。“法治”把握住了历史进化的法则，并且顺应历史进化的法则来创造，反对保守和空想。它的“实践精神”和“功用主义”都由此而产生。

除此之外，中国古代管理思想还表现为，顺“道”、重人、人和、守信、利器、求实、对策、节俭等特征。

研讨

请结合实际案例，谈谈如何理解“利器”和“对策”？

【经典实例】

礼仪的力量——儒表法里帝王之心

汉武帝登基之后，不甘心继续“无为”，而要做一个有为之主。同时，汉帝国所处的情况比汉初有了很大的变化。

（1）经济增长，国力增强。在经历了半个多世纪的休养生息之后，汉帝国的经济得到了空前的发展。武帝初年，仅仅登录在册的官马就有40多万匹，一改高祖时期无马可用的窘境。人口增加到3 500多万，较汉初，膨胀近6倍。汉帝国的实力大大增强。

（2）汉匈之间矛盾激化。一方面，武帝不甘心继续以和亲进贡的方式来和匈奴换取短期的和平；另一方面，匈奴的人口增多，对汉帝国的索取越来越多。以汉武帝之自负，不能忍受匈奴日甚一日的贪欲，汉匈之间的矛盾被激化。汉武帝决定用战争彻底解决北疆问题。

（3）吕氏（高祖刘邦的皇后吕雉的家族）专政虽然在文帝登基前就被打倒，但是在景帝和武帝初年时期，外戚窦婴（文帝皇后、景帝母窦氏的侄子）和田蚡（武帝母王氏的异父弟）先后封侯并担任丞相，操持国家权柄。同时，虽然景帝时期镇压了吴楚七国之乱，但是各同姓诸侯国对中央政权的威胁还是很大。而武帝要加强皇帝对中央，中央对地方的管理，就与外戚和同姓诸侯国产生了矛盾。

（4）由于汉初的宽松治理，导致兼并日剧，财产特别是土地大量集中于地方豪强手中，这些豪强凭借自己的力量隐蔽人口，逃避税收，甚至干预地方政治。同时一些富商也囤积居奇，牟取暴利，扰乱物价，对国家政治经济已经带来的严重的损害。

（5）随着汉帝国长时间的和平安定和轻徭薄赋，人民对刘氏皇族的统治产生了较强的认同感，大一统的意识形态已经形成。而边疆与中央的差距逐步缩小，也使得边疆对于中央的向心力增强，中央加强对地方控制的时机已经成熟。

（6）汉武帝个人，权力欲极强。他的大臣汲黯曾经评论他“内多欲而外施仁义”。

加强君主对朝臣，中央对地方的管理，本来是法家的核心思想，同时要君主以严刑峻法来树立个人权威，以恐怖来震慑天下，使得各种社会力量为君主所用，这种做法已经在灭秦过程中，为中国社会所扬弃，那么汉武帝靠什么来强化自己的权力呢？

武帝本人首先通过一系列措施来神化皇权。

（1）重用董仲舒等一批儒生，而后设立经学研究，规定选拔人才，必须是儒生，而道家、法家等学派的思想必须依附于儒学，才能进入官场，发挥治国作用。这样就可以以儒家所倡导的“三纲五常”的伦理道德来约束官吏甚至所有知识分子的思想和言论。

（2）利用诸多繁杂的儒家礼仪来神化皇权。其实这种做法在汉初就有，当时汉高祖刘邦宴请群臣，而手下的武将多是粗人，酒醉之后，言行不禁，甚至有拔剑砍柱，当堂骂人的事情出现，刘邦为此十分苦恼。一个叫叔孙通的儒生为刘邦设计了一套简而易行的礼仪，这样大臣不会喝醉胡行，皇帝的尊严也能得到尊重，而且同样不伤及酒宴作为君臣交流沟通或庆吊礼仪的作用。刘邦在长乐宫亲临施行了这样一套礼仪，得到大臣恭敬有礼的祝酒之后，说：“朕今日方知皇帝之尊贵！”

汉武帝时期，除宫廷礼仪更加复杂之外，在其他方面也进行了神化皇权的礼仪活动，如:

（1）汉武帝元封元年三月，封禅泰山，祝告天地，表示自己受命于天；

（2）公元前140年，汉武帝开始使用年号，表示皇帝个人与国家休戚相关；

（3）颁布由国家制定的历法来指导全国进行农业生产。

与此同时，汉武帝又采取了一系列措施来把权力集中于自身。

（1）接受主父偃的建议，实行“推恩”、“酌金”策略，逐步削弱和翦除诸侯国；

（2）设置“内相”，夺取丞相的权力；

（3）接受桑弘羊的建议，实行“平准”、“均输”等政策，打击囤积居奇的富商；

（4）在数个郡之上设置州，其长官只有报告权、无决策权和固定治所且官阶低于郡守，这样中央加强了对地方的监控，又不会形成地方做大，反抗中央；

（5）将盐、铁、酒收归官营，也不容许诸侯国私铸钱币；

（6）增收财产税，一方面增加政府收入，一方面打击巨富豪强。

在对朝廷和地方的统治权和全国的经济权分别集中之后，汉武帝开始增加赋税，随后组建强大的军队，进行了三次对匈奴的大规模反击战，最终把匈奴赶入了大漠深处。

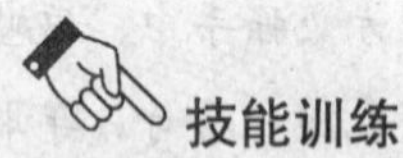

技能训练

调查现代企业管理中，对儒家、道家、法家、佛家的管理思想的实际应用。

第二节　西方管理理论的演进

一、古典管理理论

古典管理理论的产生与发展时期为 19 世纪末至 20 世纪初。古典管理理论时期又被称为科学管理思想发展阶段，是系统管理理论正式形成的时期。这一时期的管理理论，在内容上主要包括三个方面：以泰勒为代表的科学管理理论、以法约尔为代表的一般管理理论和韦伯的行政组织体系理论。

1. 泰勒的科学管理理论

（1）人物简介。弗雷德里克·温斯洛·泰勒（Frederick Winslow Taylor，1856—1915），美国古典管理学家，科学管理理论的主要倡导者，被后人尊称为“科学管理之父”。主要完成了著名的搬运生铁实验和铁铲实验，这为科学管理理论的创立提供了坚实的实践基础。1911 年他发表了《科学管理原理》一书，较为全面地阐述了科学管理理论的内容，奠定了科学管理理论的基础，标志着科学管理思想的正式形成。

（2）“科学管理”理论的主要内容。

① 提高劳动生产率是科学管理的中心。泰勒提出：提高生产率是实现“以高工资和低成本作为最良好的管理制度的基础”的唯一途径。因此，科学管理主要是围绕提高生产率进行研究的。

② 工时研究与工作定额。泰勒认为，要制定出科学依据的工人“合理的工作量”就必须进行工时和动作研究。方法是选择技术熟练工人，把他们的每一项动作、每一道工序使用的时间记录

下来，加上必要的休息时间和其他延误时间，就得出完成该项工作所需要的总时间，据此定出一个工人“合理的日工作量”，这就是所谓工作定额原理。

③ 采用科学方法管理、训练人员和挑选第一流的工人。泰勒认为，为了提高劳动生产率，必须使工人的能力同工作相配合，管理当局的责任在于为找雇员找到最合适的工作，培训他成为第一流工人，激励他尽最大努力来工作，这就是挑选“第一流的工人”。

④ 实施标准化管理。泰勒认为，必须用科学的方法对工人的操作方法、工具、劳动和休息时间的搭配，机器的安排和作业环境的布置进行分析，结合各种有利因素，形成一种最好的方法。

⑤ 实行差别计件工资制。泰勒创立并推行有差别的计件工资制，即按照工人实际完成的工作量而采用不同的工资率，从而最大限度地刺激和激励工人的劳动积极性，提高劳动生产率。

⑥ 彻底的“革命精神”。泰勒主张劳资合作，通过实行科学管理，提高劳动生产率，使劳资双方均能从中获益。

⑦ 计划职能同执行职能分离。泰勒提出，管理人员与工作人员要适度分工，去除权责不清的弊病，前者负责计划，后者负责执行。

⑧ 职能工长制。泰勒指出，在传统的组织机构中，为了完满地履行职责，一个工长必须具备全面的素质，包括职能、教养、专门的技术性的知识、机智老练、充沛的精力、坚韧刚毅、正直、判断力或常识以及良好的健康状况等。但是，一般人很难完全具备这些素质，而只能具备其中的少数几种。这样，为了使工长有效地履行他的职责，就必须把管理工作细分，使所有的工长只承担一种管理职能。这样一来，同只接受一个上级领导的军队式组织不同，工长就要从几个承担不同职能的上级那里接受命令了。

⑨ 实行例外原则。泰勒认为高层管理人员应把例行的一般事务授权给下级管理人员处理，而自己只保留对例外事项的决策权，如重大的企业战略问题和重要的人员更替问题等。这样，既能保证稳定性的正常管理工作，又能应付特殊性的例外管理工作。

（3）“科学管理”理论的主要贡献。

① 将科学化、标准化引入管理，它所倡导的精神革命，是实施科学管理的核心问题。

② 采用了科学的管理方法和操作程序，使生产效率提高了二三倍，推动了生产的发展。

③ 管理职能与执行职能的分离，造就了专门从事管理工作的管理人员，为管理理论的创立和发展奠定了基础。

（4）“科学管理”理论的局限性。

① 泰勒对工人的看法是错误的。他认为工人的主要动机是经济的，工人最关心的是提高自己的金钱收入，即坚持“经济人”的假设。他还认为工人只有单独劳动才能好好干，集体的鼓励通常是无效的。

②“泰勒制”仅解决了个别具体工作的作业效率问题，而没有解决企业作为一个整体如何经营和管理的问题。泰勒的科学管理仅重视技术的因素，不重视人群社会的因素。

③“泰勒制”仅解决了个别具体工作的作业效率问题，而没有解决企业作为一个整体如何经

营和管理的问题。

研讨

谈谈铲铁实验和搬铁块实验的原理。

2. 法约尔的一般管理理论

（1）人物简介。亨利·法约尔（Henry Fayol，1841—1925），西方古典管理理论在法国的最杰出代表，法国科学管理专家，管理学先驱之一，被誉为管理过程之父。1916 年《工业管理与一般管理》问世，该书是他一生管理经验与管理思想的总结。

（2）“一般管理理论”的主要内容。

① 企业的基本活动与管理的职能：法约尔的管理功能理论认为管理功能包括计划、组织、命令、协调和控制五项职能。同时，他指出任何企业都存在六种基本的活动，即技术活动、商业活动、财务活动、安全活动、会计活动和管理活动。

② 管理中具有普遍意义的 14 条原则：法约尔在实践基础上总结出 14 条管理原则，即劳动分工、权力与责任、纪律、统一指挥、统一领导、个人利益服从集体利益、人员的报酬、集中、等级系列、秩序、公平、人员的稳定、首创精神和团结精神。

③ 进行管理教育和建立管理理论。法约尔认为，人的管理能力可以通过教育来获得，因此，提出了一套比较全面的管理理论，首次指出管理理论具有普遍性，可以用于各个组织之中。

（3）“一般管理理论”的主要贡献。

① 揭示了管理的本质，即企业的基本活动与管理的职能。

② 提出了管理的 14 条原则。

③ 阐述了进行管理教育和建立管理理论的必要性。

（4）“一般管理理论”的局限性。法约尔的一般管理理论的局限性主要在于他的管理原则缺乏弹性，以至于有时实际管理工作者无法完全遵守。

以统一指挥原则为例，法约尔认为，不论什么工作，一个下属只能接受唯一一个上级的命令，并把这一原则当成一条定律。这和劳动分工原则可能发生矛盾。因为根据劳动分工原则，应将各种工作按专业化进行分工，才有助于提高效率，当某一层次的管理人员制定决策的时候，他就要考虑来自各个专业部门的意见或指示，但这是统一指挥原则所不允许的。例如，某一分厂的会计人员，在组织上隶属于这个分厂，按照统一指挥原则，总厂财务部门必然无法指挥分厂的会计人员。

3. 韦伯的行政组织体系理论

（1）人物简介。马克斯·韦伯（Max Weber，1864—1920），德国著名的政治经济学家和社会学家，他被公认为现代社会学和公共行政学最重要的创始人之一。

（2）行政组织体系理论的主要内容。

① 将组织活动细分给不同的人；

② 给每个职务以明确的权利和义务；

③ 根据职务要求进行培训；

④ 管理者有明确的工资和升迁机会；

⑤ 管理者严格执行规则与纪律；

⑥ 管理以理性为指导，不带个人情感目标。

（3）行政组织体系理论的主要贡献。韦伯在管理理论上的研究主要集中在组织理论方面，主要贡献是提出了所谓理想的行政组织体系理论。这一理论的核心是组织活动要通过职务或职位而不是通过个人或世袭地位来管理。同时，他也认识到个人魅力对领导作用的重要性。

（4）行政组织体系理论的局限性。随着生产力的发展，行政组织体系理论所强调的以“工作为中心”的管理理论在提高生产率方面也表现出一定的局限性。

二、人际关系理论

古典管理理论对管理思想和管理理论的发展做出了卓越的贡献，并对管理实践产生了深刻影响，他们共同的特点是，着重强调管理的科学性、合理性、纪律性，而未给管理中人的因素和作用以足够重视。到了 20 世纪 20 年代，西方的资产阶级感觉单纯用古典管理理论和方法已不能有效控制工人以达到提高生产率和利润的目的。这使得对新的管理思想、管理理论和管理方法的寻求和探索成为必要，这就是梅奥的人际关系理论产生的时代背景。

1. 人物简介

乔治·埃尔顿·梅奥（George Elton Meyao，1880—1949），美国行为科学家，人际关系理论的创始人，美国艺术与科学院院士，进行了著名的霍桑试验，主要代表著作有《组织中的人》和《管理和士气》。他总结了亲身参与并指导的霍桑实验及其其他几个实验的成果，并阐述了他的人际关系理论的主要思想，为提高生产效率开辟了新途径。

2. 人际关系理论的主要内容

（1）工人是“社会人”而不是“经济人”。梅奥认为，人们的行为并不单纯出自追求金钱的动机，还有社会方面的、心理方面的需要，即追求人与人之间的友情、安全感、归属感和受人尊敬等，而后者更为重要。因此，不能单纯从技术和物质条件着眼，而必须首先从社会心理方面考虑合理的组织与管理。

（2）企业中存在着非正式组织。梅奥指出，非正式组织与正式组织有重大差别。在正式组织中，以效率逻辑为其行为规范；而在非正式组织中，则以感情逻辑为其行为规范。如果管理人员只是根据效率逻辑来管理，而忽略工人的感情逻辑，必然会引起冲突，影响企业生产率的提高和目标的实现。因此，管理当局必须重视非正式组织的作用，注意在正式组织的效率逻辑与非正式组织的感情逻辑之间保持平衡，以便管理人员与工人之间能够充分协作。

（3）新的领导能力在于提高工人的满意度。在决定劳动生产率的诸因素中，置于首位的因素是工人的满意度，而生产条件、工资报酬只是第二位的。职工的满意度越高，其士气就越高，从而产生效率就越高。高的满意度来源于工人个人需求的有效满足，不仅包括物质需求，还包括精神需求。

3. 人际关系理论的主要贡献

（1）梅奥的人际关系理论把管理研究的重点从物的因素转移到人的因素，突出了人的因素和对人的研究。人际关系论贯彻了以人为本的思想，高度重视对人力资源的开发和利用，提倡以人道主义的态度对待工人，通过改善劳动条件，提高劳动者生活质量，调动人的积极性，进而提高劳动生产率。

（2）吸收和借鉴相关学科成果形成了完善的学科体系。人际关系论吸收了心理学、社会学、人类学等学科的知识，应用社会调查、观测测验、典型试验、案例研究等科学方法对人的行为，特别是职工在生产中的行为进行研究，提出了一些调动人的积极性的学说和方法。

（3）提出了非正式组织的作用。这种非正式组织对工人起着两种作用：一是保护工人免受内部成员所造成的损失，如生产过多以致提高生产定额，或生产过少引起管理当局的不满，并加重同伴的负担；二是保护工人免受非正式组织以外的管理人员干涉所形成的损失，如降低工资或提高生产定额。

4. 人际关系理论的局限性

（1）过于强调其社会需要，否认经济需求对人的激励作用。

（2）过分关注职工的情绪和安全，归属的满足问题，较片面。

（3）过分强调非正式组织的作用而忽视正式组织。

研讨

谈谈霍桑实验的原理。

三、现代管理理论

现代管理理论是继科学管理理论、人际关系理论之后，西方管理理论和思想发展的第三阶段，特指第二次世界大战以后出现的一系列学派。与前阶段相比，这一阶段最大的特点就是出现了一种被称为“管理理论丛林”的现象，新的管理理论、思想、方法不断涌现，各种管理理论学派同时并存。

1. 现代管理理论形成和发展的根本原因

（1）战后资源积累的完成又提出了高效率的要求。进入 20 世纪 50 年代后，资本主义市场的性质由卖方市场变了买方市场，使得资本主义市场的竞争十分激烈，要求企业根据消费者的需求来生产产品。它要求企业不能单纯考虑企业内部的管理问题，更重要的是要考虑企业与外部市场的关系。资本主义世界经济的这种发展变化要求管理理论必须把企业看成是一个属于环境系统的子系统。正是反映这种经济发展的要求，现代管理理论侧重于从系统的观点出发研究企业与外部环境之间的关系，探讨企业在与外部环境的相互关系中如何才能提高生产效率，促进企业的生存和发展。

（2）科学技术的发展对管理提出了新的问题，同时也为管理理论的发展提供了新的思想、方法和手段。

第二次世界大战结束以后，世界科学技术得到了迅速的发展，如电子技术、通信技术和计算机技术得到了迅速的发展。同时还产生和发展了许多新的学科，如控制论、信息论和系统论三论的形成，数学与运筹学的发展。现代社会科学技术的发展极大地促进了社会的发展和进步，也对管理提出了许多新的问题。

（3）人们对“人”的本性认识的不断深化促进了管理理论的发展。任何一种管理理论，都是基于对人的本性的某种认识而提出的。科学管理理论是基于对人的“经纪人”的认识而提出的，而对人的“社会人”的认识促使了人际关系学说的产生。第二次世界大战以后，随着社会的进步和人们生活水平的提高，人类本身的需求结构也在发生变化，人类在从事社会活动过程中也在不断地完善自己。因此人类在社会活动过程中会不断地产生新的需求，在完善自身的过程中也要求不断地认识自己。

2. 现代管理理论各学派的主要观点

1961 年 12 月，孔茨的论文《管理学会杂志》将管理理论分为六种：管理过程学派、社会系统学派、经验或案例学派、行为学派、决策学派和数学学派。

（1）管理过程学派。管理过程学派是以法约尔开创的理论为基础，把管理学说与管理人员的职能，也就是管理人员从事工作的过程联系起来，因此，管理过程学派又被称为管理职能学派、经营管理学派。这个学派认为，不论组织的性质多么不同，所处的环境多么不同，但管理人员的职能是共同的。因此，他们首先确定管理人员的职能，作为理论的概念结构。法约尔把管理职能划分为五项，厄威克划分为三项，古利克则提出了有名的 POSDCRB 职能，即计划、组织、用人、指挥、协调、报告和预算七种职能。

（2）社会系统学派。社会系统学派的创始人是美国的巴纳德。他认为组织是由人组成的，而人的活动是相互协调的，因此成为一个协作系统。企业组织的协作系统，是整个社会系统的一部分。协作系统又有正式组织和非正式组织。正式组织包含三个要素：协作的意愿、共同的目标和信息联系。非正式组织与正式组织相互联系，在某些方面能对正式组织产生积极影响。管理人员的作用，就是在协作系统中，作为相互联系的中心，对成员的协作进行协调，使组织正常运转，实现共同目标。

（3）经验学派。经验学派是以研究一个组织或管理人员的实际经验来分析管理的。其特点是，通过分析一大批组织或管理人员的成功或失败的实例，研究在类似的情况下如何采用有效的策略和技能来达到管理的目标。这一学派的主张者认为，通过访问、书面调查、审阅报表和直接参观的办法，把某个组织或某个管理人员的实际经验、管理情况加以记述和综合是有益的。通过对一大批这样的实例进行分析，就能对管理工作的任务、问题、错误、机会等有一个总的认识，根据这种认识就能建立起一套完整的理论和技术。

（4）行为学派。行为学派强调要从社会学、人类学、心理学的角度研究管理，重视人的相互关系，重视社会环境对提高功效的影响。该学派还提出了以群体为对象的研究“组织行为”的新理论。这个学派是行为科学的继续和发展。

（5）决策学派。决策学派的代表人物是诺贝尔奖获得者赫伯特·西蒙。决策学派的特点是把决策作为管理的中心，并认为管理就是在研究各种各样的方案中，选择并作出合理决策和付诸行动的过程。

（6）数学学派。数理学派的主要代表人物有美国的伯法等人。他们认为“管理”就是用数学模型及其符号表示计划、组织、控制、决策等合乎逻辑的程序，求出最优解，以达到企业目标。

四、管理理论新发展

管理是组织实现目标的关键因素，是社会进步的重要力量，随着时间的推移和社会的发展进步，在资源环境、技术环境和市场环境不断变化的条件下，其本身也在不断地变化和发展。归纳起来，现代管理出现以下一些发展趋势。

1. 战略化管理

随着社会化大生产的发展，社会生产日趋复杂，社会环境变幻莫测，组织与环境联系的日益紧密，管理所涉及到的因素日益增多、日趋复杂，组织（尤其是企业）间竞争日趋激烈，组织能否制定和实现正确的战略构想，关系到组织的兴亡。

就企业而言，过去企业家往往追求企业战略的稳定性、长期性，期望对企业的发展施以长远的影响。但事实证明，多变的技术革新浪潮，意想不到的环境变化，往往使追求“稳定性”的企业措手不及。企业要适应全球市场的激烈竞争，必须对自己的发展有一个战略规划，要在彻底了解和准确把握企业内部条件和外部环境变化的同时，结合本企业的特点，制订出最佳的企业战略。企业如果没有科学的战略目标、长远打算，只顾眼前和一时的成就，便不可能持续发展，更不可能在竞争中取胜，企业唯有运筹帷幄，深谋远虑，才能战略制胜，才能不断壮大发展。

现代中国企业已进入了由面向计划的传统管理到面向市场的战略经营时代，制定战略已在企业的经营管理中越来越显示出其突出的地位和作用。战略经营要求管理者必须审时度势，及时做出反映。因此，具有迅速适应新变化的能力比周密的计划更加重要。而战略研究的成功与否，则取决于对客观事实的实际了解，分析能力和预测技术的发展使战略计划研究成为左右组织或企业成败的关键因素，因此从实际出发注重对长期计划和战略的研究，必将成为管理中突出的热门课题。

2. 管理信息化

随着以微型电脑、激光技术、新型材料、生物工程和新能源开发为中心的新科技革命的兴起与发展，生产技术、社会需求以及市场竞争等日新月异、瞬息万变，在这种情况下，信息进入重要资源的行列。丰富而准确的信息，是正确而迅速决策的前提，一个企业能否在激烈的竞争中得以生存和发展，它的产品和服务能否跟上时代的要求，首先在于该企业能否及时掌握必要和准确的信息，能否正确地加工和处理信息，能否迅速地在员工之间传递和分享信息，特别是能否把信息融合到产品和生产服务过程之中，融合到企业的整个经营与管理工作之中。各级管理者在这个瞬息万变的时代，越来越重视信息的作用，把如何获取有效的信息作为自己的首要任务。企业管理者发挥各种职能作用，都要以掌握大量真实、准确、及时的信息为前提。在这种情况下，传统的企业管理已经不能适应现代的信息处理要求，也不能满足企业经营管理对信息的要求，企业管理面临着信息化的挑战，信息管理成为企业竞争制胜的重要法宝。

组织对信息管理的能力，将集中表现在不仅需要有强大的信息网络和信息收集能力，更为重要的是要有出色的信息分析、传递和利用的能力。对信息的管理就成了现代管理的一个突出特点。随着信息技术的推广应用和信息资源的不断开发利用，管理信息化正在往广度和深度发展，这导致信息管理在整个管理中地位的提升。信息管理渗透和体现在各种管理中，包括政府管理和企业管理的一切方面和全部过程。可以说，现代企业和组织若无信息管理，也就谈不上任何管理了。

3. 人本管理

在传统管理中，大生产以机器为中心，工人只是机器系统的配件，人被当作是物，管理的中心是物。但是，随着信息时代的到来，组织中最缺乏的不是资金和机器，而是高素质的人才。组织中人的作用，越来越显出其重要性。这就促使管理部门日益重视人的因素，管理工作的中心也从物转向人。传统管理和现代管理的一个重要区别，就是管理中心从物本管理到人本管理。

在任何管理中，人是决定的因素。管理的这一特征，要求管理理论研究也要坚持以人为中心，把对人的研究作为管理理论研究的重要内容。事实上，在管理理论的研究中，差不多所有的管理理论都建立在人性的假设理论基础上。许多学派管理理论的不同，主要是出于对人的本性认识不同。20 世纪之初泰勒的科学管理是基于“经济人”这一假设的；20 世纪 30 年代梅奥等人的行为管理是基于“社会人”这一假设的；20 世纪 50 年代又有了基于“自我实现的人”假设的马斯洛的人性管理，到了 20 世纪 80 年代又出现的文化管理，强调实现自我的企业文化和企业现象。管理研究发展史表明，管理学理论明显地存在着以人为本的管理思想。

为此，管理都要以人为中心，把提高人的素质、处理人际关系、满足人的需求、调动人的主动性、积极作和创造性的工作放在首位。在管理方式上，现代管理更强调用柔的方法，尊重个人的价值和能力，通过激励、鼓励人，以感情调动职工积极性、主动性和创造性，最充分地调动所有员工的工作积极性，以实现人力资源的优化及合理配置。

4. 弹性管理

随着社会的发展，管理从固定的组织系统向富有弹性的组织系统发展。这是社会管理发展又一个重要趋势。过去在组织管理中，建立起一套完整的组织系统，长期固定不变，显得僵硬。但现在，由于社会环境的不断变化，要求组织机构应该趋于灵活而富有弹性，以求信息畅通并行动敏捷，能够具有很强的对环境的适应能力。为了简化发号施令和相互沟通的渠道，组织管理者将缩小机构，减少层次。在企业各下属机构变小的同时，将赋予它们更大的自主权，实行经营权和管理权下放。这既有利于发挥下属人员的专长和创造精神，又有利于使企业领导把主要精力集中在高层战略决策问题上。

20 世纪 80 年代初，日本和美国的一些管理学者对日美几家著名企业的组织机构进行比较后指出，美国企业规模过大，组织机构过于复杂，企业内部各部门之间划分很细，部门间沟通少，管理集权程度高，灵活性差。而日本企业的组织结构相对简单，部门之间的横向联系多，各部门在经营上有很大的灵活性，许多企业可以根据生产和经营的需要，及时扩充或收缩某些业务部门，适应现代化的生产。这种组织具有较强的应变能力，机动灵活而不僵化，形式多种多样，有较高的工作效率。这种富有弹性的组织是柔性组织。

社会正在发展的这种柔性组织是组织机构的一种发展趋势。虚拟公司就是其中的一种。这种正在发展中的新型公司由许多独立的公司、供给者、主顾、甚至是从前的竞争对手，通过信息技术联系起来的临时性网络。他们分享技术、分摊成本，互相进入共同的市场。它既没有组织机构，也没有领导层级，而是一种为利用某种特定的机遇而迅速联合起来的协作集团。一旦机遇来临，就采取行动；而一旦机遇不存在了，就解体。在一个虚拟公司内，取众家之长，各公司分摊费用、分享技术，共同占领全球市场。

随着信息技术的不断进步，网络经济的不断发展，组织机构必然会越来趋于随意和多样，相应的组织管理，也必将日趋弹性化。

5. 建立“学习型组织”

“学习型组织”理论是美国麻省理工学院教授彼得·圣吉在其著作《第五项修炼》中提出来的。这一理论的提出，受到了全世界管理学界的高度重视，许多现代化大企业，乃至其他组织，包括城市，纷纷采用这一理论，努力建成“学习型企业”、“学习型城市”等。

学习型组织由一些学习团队组成，有崇高而正确的核心价值、信心和使命，具有强韧的生命力与实现共同目标的动力，能够设法使各阶层人员全心投入，并有能力不断学习和创新，从而保持长久的竞争优势。

6. 企业再造

1993 年，企业再造理论的创始人原美国麻省理工学院教授迈克尔·哈默（M·Hammer）博士与詹姆斯·钱皮（J·Champy）合著了《再造企业——管理革命的宣言书》一书，正式提出了企业再造理论。按照哈默与钱皮所下的定义，企业再造理论是指“为了飞越地改善成本、质量、服务、速度等重大的现代企业的运营基准，对工作流程（business process）做根本的重新思考与彻底翻新”。简单地说就是以工作流程为中心，重新设计企业的经营、管理及运作方式。因此企业再造也译为“公司再造“或“再造工程”。

在具体实施过程中，企业再造主要包含以下程序。

① 对原有流程进行全面的功能和效率分析，发现其存在的问题；

② 设计新的流程改进方案，并进行评估；

③ 制定与流程改进方案相配套的组织结构、人力资源配置和业务规范等方面的改进规划，形成系统的企业再造方案；

④ 组织实施与持续改善。

研讨

企业再造的原理是什么？

【经典实例】

联想——中国第一个学习型组织

早期，联想从与惠普（HP）的合作中学习到了市场运作、渠道建设与管理方法，学到了企业管理经验，对于联想成功地跨越成长中的管理障碍大有裨益；现在，联想积极开展国际、国内技术合作，与计算机界众多知名公司，如英特尔（Intel）、微软、惠普、东芝等，保持着良好的合作关系，并从与众多国际大公司的合作中受益匪浅。联想是一个非常善于从合作中学习的公司。

对于别人的失败，联想不是幸灾乐祸，而是从中品味其失败的原委，力求达到“别人摔跟头，我们长见识”的目的。正如柳传志所说：“联想今天能与国外厂商竞争到这种程度，确实反复研究过人家的管理方法。”

善于向不同行业的企业学习，例如，联想电脑公司在向著名家电企业海尔集团学习的基础上，提出了“五心服务”的口号，极大地拓宽了服务范围，改善了服务质量，在计算机界刮起了一股“服务热”。

联想电脑公司于 1997 年 10 月首家推出对方付费电话热线咨询服务，它能够解决联想电脑售前的机型、售价以及售后服务内容等用户常见的问题。联想热线开通了一个联想与用户相连的窗口，每天都有上万位用户打进热线，咨询有关电脑售前、售后的各种问题。

柳传志有句名言：“要想着打，不能蒙着打。”这句话的意思是说，要善于总结，善于思考，不能光干不总结。实际上，联想是一个非常善于从自己过去的经验中学习的公司。

联想人善于总结，不仅总结“联想是什么”（指的是过去做的工作和取得的成功），而且总结“联想为什么”（主要是总结出规律性的管理经验，用以指导以后的工作，为今后的发展打下基础）。在 2014 年的发展过程中，联想成功地总结出了“贸、工、技三级跳”的发展道路，总结出了一个目标、三步走、五条战略路线、六大事业等经验，总结出了建班子、带队伍、定战略的“管理三要素”的理论。

综合练习

一、单项选择题

1. 对古典管理理论进行较为全面总结的研究者是（　　）。

   A. 泰勒和巴思　B. 厄威克和古利克　C. 吉尔布雷斯夫妇　D. 埃默森和库克

2. 科学管理理论的实践目的是（　　）。

   A. 提高工人生产效率　B. 建立完善的激励性报酬制度

   C. 解决劳资矛盾　D. 训练工人，提高工人素质

3. 被称为“组织理论之父”的管理学家是（　　）。

   A. 马克斯·韦伯　B. 泰勒　C. 吉尔布雷斯　D. 法约尔

4. 以下哪一项不属于法约尔的管理职能？（　　）

A. 协调　　B. 指挥　　C. 组织　　D. 人事

5. 下列不属于泰勒著作的是（　　）。

A. 《科学管理原理》　　B. 《计件工资》

C. 《工厂管理》　　D. 《工业管理和一般管理》

二、多项选择题

1. 以下关于泰勒和法约尔的论述正确的有（　　）。

A. 泰勒和法约尔都是美国人

B. 泰勒的职业生涯的最高职位是总工程师，而法约尔是总经理

C. 泰勒提出的“职能工长制”与法约尔的“统一指挥原则”是对立的

D. 泰勒是从生产角度提出科学管理理论，而法约尔则从组织角度提出一般管理理论

E. 泰勒的代表作有《工厂管理》，法约尔的代表作有《公共精神的觉醒》

2. 欧洲著名的管理学家法约尔所论述的管理要素包括（　　）。

A. 计划　　B. 组织　　C. 指挥　　D. 协调　　E. 控制

3. 下列表述中属于古典理论历史贡献的有（　　）。

A. 古典管理理论是现代管理理论的基础　　B. 对如今的企业管理有巨大的指导作用

C. 古典管理理论适应了当时的生产力发展水平

D. 对提高产量，提高生产和工作效率方面具有不可替代作用

E. 古典管理理论是当时生产力发展的产物

4. 韦伯的理想行政组织的主要特点有（　　）。

A. 组织目标的实现必须实行劳动务工　　B. 组织中应该统一领导

C. 合理的法定的权力是行政组织的基础　　D. 按等级制度形成一个指挥链

E. 管理者不是企业的所有者

5. 弗雷德里克·泰勒的实验包括（　　）。

A. 搬运铁块实验　　B. 车间照明实验　　C. 继电器装配实验

D. 铁砂和煤炭的产掘实验　　E. 金属切削实验

三、名词解释

1. 人际关系论　2. 分散化与集中化　3. 学习型组织理论　4. 甘特图　5. 企业再造理论

四、简答题

1. 中国古代有哪些重要的管理思想?

2. 阐述早期管理思想的主要代表及其观点。

3. 泰勒科学管理的主要思想与贡献有哪些?

4. 法约尔的一般管理理论的主要思想与贡献有哪些?

5. 阐述现代管理理论的主要学派和各学派理论的主要内容。

五、案例分析

廉洁利的"洋"经理

廉洁利公司是一家中外合资的高科技专业涂料生产企业，总投资594万美元，其中固定资产324万美元，中方占有60%的股份，外方占有40%的股份，生产马博伦多彩花纹涂料等11个系列的高档涂料产品。这些高档产品不含苯、铅等有害物质，无毒无味，在中国有广阔的潜在市场。

开业在即，谁出任公司总经理呢？外方认为，廉洁利公司引进的20世纪90年代先进的技术、设备和原材料均来自美国，中国人没有能力进行管理。要使公司迅速发展壮大，必须由美国人来管理这个高新技术企业。中方也认为，由美国人来管理，可以学习借鉴国外企业的管理方法和经验，有利于消化吸收引进技术和提高工作效率。因此，董事会形成决议：从美国聘请米勒先生任总经理，中方推荐两名副总经理参与管理。

米勒先生年近花甲，但身心健康，充满自信。他有18年管理涂料生产企业的经验，自称"血管里流淌的都是涂料"，对振兴廉洁利公司胸有成竹。公司职工也都为有这样一位洋经理而庆幸，想憋足劲大干一场，好好地赚钱。

谁料事与愿违，公司开业9个月不但没有赚到一分钱，反而亏损70多万元。当一年的签证到期时，米勒先生被总公司的董事会正式辞退了。1994年3月26日，米勒先生失望地返美。来自太平洋那边的洋经理被"炒鱿鱼"的消息在廉洁利公司内外引起了强烈的反响，这位曾经在日本、荷兰主持建立并成功地管理过涂料工厂的洋经理何以在中国败走麦城呢？这自然成了议论的焦点。

多数人认为，米勒先生是个好人，工作认真，技术管理上是内行，对搞好廉洁利公司怀有良好的愿望，同时，在吸收和消化先进技术方面做了许多工作。他失败的主要原因是不了解中国的实际情况，完全照搬他过去惯用的企业管理模式，对中国的许多东西不能接受，在经营管理方面缺乏应有的弹性和适应性，中方管理人员曾建议根据中国国情，参照我国有关"三资"企业现成的成功管理模式，结合国外先进的管理经验，制定一套切实可行的管理制度，并严格监督执行。对此，米勒先生不以为然。他的想法是"要让廉洁利公司变成一个纯美国式的企业"。他对计划不信任，甚至忧虑，以致对正常的工作计划都持抵触态度，害怕别人会用计划经济的一套做法去干预他的管理工作。米勒先生煞费苦心地完全按照美国的模式设计了公司的组织结构，并建立了一整套规章制度，但最终还是使一个生产高新技术产品且有相当实力的企业缺乏活力，在起跑线上停滞不前，陷入十分被动的局面。

也有人认为，米勒先生到任后学会的第一个中文词就是"关系"，而他最终还是因搞不好关系而离华返美。

对于中国的市场，特别是中国"别具一格"的市场情况和推销方式，米勒先生也不甚了解。他将所有有关市场营销的事情都交给一位中方副总经理，但他和那位副总经理的关系并没有"铁"到使副总经理为他玩命地去干的程度。

在管理体制下，米勒先生试图建立一套分层管理制度：总经理只管两个副总经理，下面再一层管一层。但他不知道，这套制度在中国，如果没有上下级间的心灵沟通与相互间的了解和信任，会出现什么样的状况和局面。最后的结果是管理混乱，人心涣散，员工普遍缺乏主动性，工作效率尤为低下。

米勒先生临走时扔下一句话："如果这个企业出现奇迹的话，肯定是上帝帮忙的结果。"虽然，上帝并未伸出援助之手，但奇迹却出现了。廉洁利公司在米勒先生走后，中方合资厂家选派了一位懂经营管理、富有开拓精神的年轻副厂长刘思才任总经理，并随之组成了平均年龄只有33岁的领导班子。新班子迅速制定了新的规章制度，调整了机构，调动了全体职工积极性。在销售方面，基于这样一个现实，即自己的产品虽好但尚未被人认识，因而采取了多种促销手段，并确定在1994年零利润的状态下，主动向消费者让利销售，这使企业进入了良性循环。1994年5月，廉洁利首次赢利3万元，宣告扭亏为盈。

【问题】

1. 试运用管理的有关原理分析廉洁利公司起落的原因。
2. 试分析总结米勒先生的管理思想及管理哲学。
3. 从廉洁利公司的起落中能得到什么启示？

六、技能训练

文献或企业调查：通过网络或企业调研等手段，选择你身边一个熟悉的企业或单位，了解该企业类型和学习方式等，并进行概括。

第二篇　管理职能

对于管理的所有职能来说，平衡原则是普遍适用的。

——哈罗德·孔茨、西里尔·奥唐奈

管理是一种客观职能，它取决于任务，也取决于文化条件，从属于一定社会的价值观念和生活习惯。

——彼得·德鲁克

高层管理者做正确的事，中层管理者正确地做事，执行层人员把事做正确。

——佚名

如果将我所有的工厂、设备、市场、资金全部夺去，但只要保留我的组织人员，四年之后，我仍将是一个钢铁大王。

——[美] 安德鲁·卡内基

第四章　计划职能

学习目标

知识目标

1. 了解计划的类型，理解计划工作的程序；
2. 掌握编制计划的方法；
3. 了解预测的含义及类型，理解预测的程序和方法；
4. 掌握决策的作用及原则、程序、方法；
5. 了解目标的含义和特征，掌握确定目标的原则。

能力目标

1. 分析和界定管理问题的能力；
2. 创新与运筹的能力；
3. 决策能力；
4. 编制计划书的能力。

导入案例

什么是计划

一个商人刚下飞机，出了机场立即冲上计程车，并且上气不接下气地说："快，快，拜托开快一点。"司机照办，开了几分钟后，商人忽然问道："司机先生，我们差不多快到了吧？"司机回答道："我不知道呀，先生。你根本就没告诉我要去什么地方啊。"

【分析与思考】

依据你现有的认识，你能告诉他什么是计划吗？

第一节　计划

一、计划的概念及基本特征

1. 计划的概念

在管理学中，计划具有两重含义，其一是计划工作，指根据对组织外部环境与内部条件的分析，提出在未来一定时期内要达到的组织目标以及实现目标的方案途径；其二是计划形式，指用文字和指标等形式所表述的组织以及组织内不同部门和不同成员，在未来一定时期内关于行动方向、内容和方式安排的管理事件。

无论是计划工作还是计划形式，计划都是根据社会的需要以及组织的自身能力，通过计划的编制、执行和检查，确定组织在一定时期内的奋斗目标，有效地利用组织的人力、物力、财力等资源，协调安排好组织的各项活动，取得最佳的经济效益和社会效益。

研讨

对照计划的定义，谈自己对计划的看法。

2. 计划的基本特征

管理具有两重性：管理的自然属性和管理的社会属性。

目的性，即计划工作旨在有效地达到某种目标。

主导性，即管理过程中的其他职能只有在计划工作确定了目标后才能进行，计划职能在管理职能中居首要地位。

普遍性，即计划工作在各级管理人员的工作中是普遍存在的。

效率性，即某项计划以合理的代价实现目标。

二、计划的种类

根据划分标准的不同，计划可以区分为各种不同的类别。

1. 战略计划和战术计划

（1）划分依据：根据计划对企业经营影响范围和影响程度的不同。

① 战略计划是关于企业活动总体目标和战略方案的计划。

② 战术计划是有关组织活动具体如何运作的计划。

（2）基本特点。

① 战略计划包含的时间跨度长，涉及范围宽广；计划内容抽象、概括，不要求直接的可操作

性；不具有既定的目标框架作为计划的着眼点和依据，因而设立目标本身成为计划工作的一项主要任务；计划方案往往是一次性的，很少能在将来得到再次或重复的使用；计划的前提条件多是不确定的，计划执行结果也往往带有高度不确定性，因此，战略计划的制订者必须有较高的风险意识，能在不确定性中选定企业未来的行动目标和经营方向。

② 战术计划所涉及的时间跨度比较短，覆盖的范围也较窄；计划内容具体、明确，并通常要求具有可操作性；计划的任务主要是规定如何在已知条件下实现根据企业总体目标分解而提出的具体行动目标，这样计划制定的依据就比较明确；另外，战术计划的风险程度也远比战略计划低。

研讨

战略计划和作业计划有什么区别？

战略计划是关于企业整体在未来的行动计划，它试图规定企业未来的总体目标以及企业在环境中的地位。作业计划则主要用于规定企业总体目标的实施细节。它们的区别在于：

① 时间上：作业计划只涉及较短的时期，而战略计划则涉及较长的时间范围；

② 依据上：作业计划主要研究如何在已知条件下实现企业总体目标，战略计划则需要分析如何在不确定的环境中选择企业未来的行动目标，规定企业经营活动的任务。

2. 长期计划和短期计划

（1）划分依据：根据计划跨越的时间间隔长短。

（2）基本特点。

① 长期计划描绘了组织在一段较长时期（通常为三年或五年以上）的发展蓝图，它规定在这段较长时间内组织以及组织的各部分从事的活动应该达到什么样的状态和目标；

② 短期计划具体规定了组织总体和各部分在目前到未来的各个时间间隔相对较短的时段（如一年、半年以至更短的时间）特别是最近的时段中所应该从事的各种活动及从事该种活动所应达到的水平。

研讨

一项计划宜覆盖多长时间间隔，应该从那些方面去考虑呢？

应考虑以下两方面的因素。

① 计划前提条件在这段时期内的明确程度能否与计划内容所要求的详尽程度相吻合；

② 当前计划影响到组织对未来许诺的程度。

3. 综合性计划和专业性计划

（1）划分依据：空间划分。

（2）基本特点。

① 综合性计划是对业务经营过程各方面所做的全面的规划和安排；

② 专业性计划是对某一专业领域职能工作所做的计划，它通常是对综合性计划某一方面内容的分解和落实。

4. **指向性计划和具体计划**

（1）划分依据：计划内容的详尽程度。

（2）基本特点。

① 指向计划也可称为指导性计划，一般只规定一些指导性的目标、方向、方针和政策等，并由高层决策部门制定，适用于战略规划、中长期计划等。

② 具体计划具有非常明确的目标和措施，具有很强的可操作性，一般由基层制定，适用于总计划下的专业计划或具体的项目计划，如新产品开发计划、技术改造计划等。

5. **程序性计划与非程序性计划**

（1）划分依据：程序化程度。

（2）基本特点。

① 例行活动，指一些重复出现的工作，如订货、材料的出入库等。有关这类活动的决策是经常反复的，而且具有一定的结构，因此可以建立一定的决策程序。每当出现这类工作或问题时，就利用既定的程序来解决，而不需要重新研究。这类决策为程序化决策，与此对应的计划是程序性计划。

② 非例行活动，指不重复出现，比如新产品的开发、生产规模的扩大、品种结构的调整、工资制度的改变等。处理这类问题没有一成不变的方法和程序，因为这类问题在过去尚未发生过，或其性质和结构捉摸不定或极为复杂，再或因为这类问题十分重要而需用个别方法加以处理。解决这类问题的决策叫做非程序化决策，与此对应的计划是非程序性计划。

某种计划的形式的有效性不会是固定不变的；相对不变的可能只有管理中的“权变”原则。这一原则就是指，管理工作包括计划工作在内，都必须随机应变、因地制宜，而不能够僵化、教条。

6. **职能计划**

（1）划分依据：职能空间。

（2）基本特点。

① 组织计划是为了完成组织目标所进行的组织设计。它包括为完成管理目标所做的组织机构的安排和人事的聘任、选择与培养，是完成管理目标的基本保证。

② 生产计划是为了完成生产目标，从原材料到产品的转换所作出的程序安排。它包括原材料采购计划、库存计划、产品加工计划、产品验收计划等。如果是综合生产计划还应包括产品销售计划。产品销售计划是和市场环境紧密联系的，它推动了整个生产计划的制订和执行。

③ 财务计划是关于如何筹资和资本如何使用，以便有效地促进组织的业务活动的计划，换言之，它是关于组织系统货币流的控制规划。财务计划的收支平衡，保证了组织系统的稳定性。当财务收支不平衡时，将会带来两种结果：货币流减少，表示组织的管理功能在衰退；货币流增加（积累），预示着组织的管理功能在扩大、发展。为了保证组织的生存和发展，首先要保持财务平衡，其次要求财务的良性循环和货币的增值，所以财务计划对于企业而言非常重要，它对组织的

各种活动起到了保证和监督作用。预算是财务计划的一个基本表现形式。

④ 市场开拓计划是企业为了扩大市场份额、增加销售量的计划。这种计划可以使企业变被动为主动，有效地创造市场环境，促进企业的发展。如果说企业的组织计划和生产计划主要是基于企业自身功能而制定的，那么市场开拓计划则是根据市场环境和自身功能两方面因素综合制定的。对企业的内部功能，管理者是可以控制和操纵的，但对于企业外部环境，管理者一般难于控制和施加影响。高水平的管理者、实力雄厚的企业，往往会通过实施市场开拓计划，积极地参与市场竞争，通过自身的企业行为主动地去影响市场、改造市场，在竞争中使自己不断壮大和发展。

三、计划工作的程序

（1）估量机会。

① 我们的优势。

② 我们的不足。

③ 面临的机会。

④ 面临的威胁（SWOT 分析法）。

（2）确定目标。

① 我们要向哪里发展?

② 打算实现什么目标?

③ 什么时候实现?

（3）确定前提条件。

① 外部前提与内部前提。

② 可控前提、部分可控与不可控前提。

（4）拟定可行方案。为了实现目标有哪些最有希望的方案?

（5）评价备选方案。根据评价标准评价备选方案。

（6）选择可行方案。选择一个较为满意的方案。

（7）拟定派生计划。为各个部门编制各个时段的行动计划。

（8）编制计划预算。把计划转变为预算，使计划数字化。

四、编制计划的方法

1. PDCA 计划循环法（戴明循环管理法）

指任何一项工作均要先有个计划（Plan），然后按照计划的规定去执行（Do）、检查（Check）和总结（Action）这个过程周而复始，不断循环前进，并进一步地提高水平，如图 4-1 所示。

2. 滚动计划法

这是一种将短期计划、中期计划和长期计划有机结合起来，根据近期计划的执行情况和环境变化情况，定期修订未来计划并逐期向前推移的方法，如图 4-2 所示。

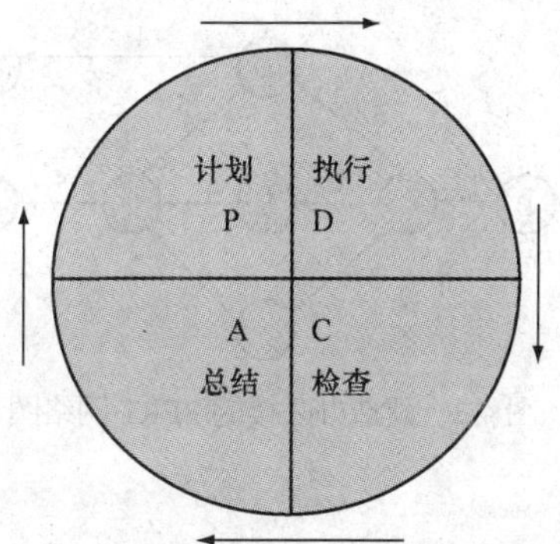

图 4-1 PDCA 计划循环法

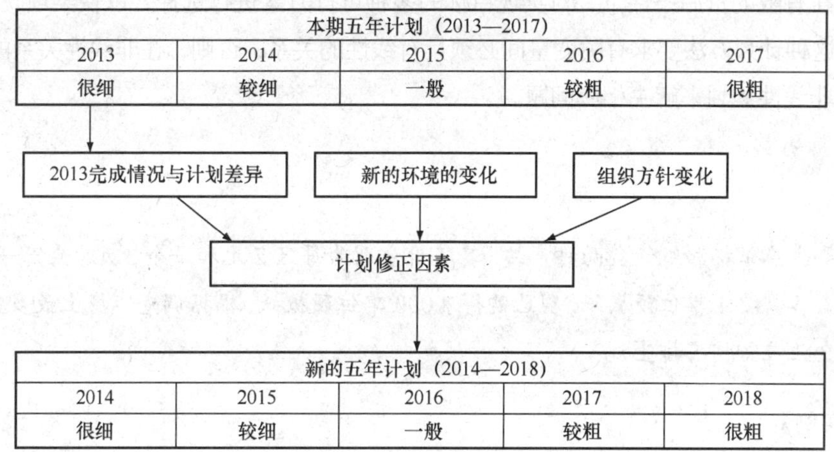

图 4-2 滚动计划法示例

3. PERT 网络计划技术法

PERT 网络是一种类似流程图的网络图，它标出了各项活动间的先后次序和完成时间，从而可使管理者借助 PERT 网络图找出完成计划目标活动的关键路径，以便比较各种不同方案在进度和成本方面的效果，如表 4-1、图 4-3 所示。

表 4-1 建造办公楼事件描述表

建筑房屋事件描述	期望时间	紧前事件
A. 审查设计和批准动工	10	—
B. 挖地基	6	A
C. 立屋架和砌墙	14	B
D. 建筑楼板	6	C
E. 安装窗户	3	C
F. 搭屋顶	3	C
G. 室内布线	5	DEF
H. 安装电梯	5	G
I. 铺地板和嵌墙板	4	D
J. 安装门和内部装饰	3	IH
K. 验收和交接	1	J

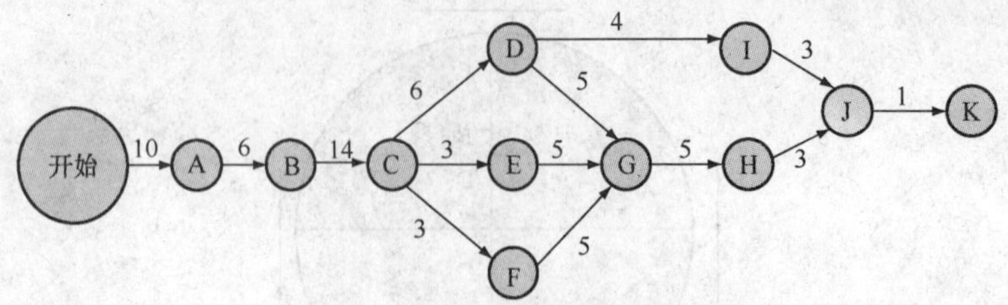

图 4-3　建造办公楼的 PERT 网络图

4. 线性规划法

1939 年，苏联经济学家康脱诺维奇首先提出用线性规划的方法进行经济计划工作。该方法主要解决如何在有限的资源条件下，对实现目标的多种可行方案进行选择，以使某项既定的目标达到最优化。这种计划方法要求有关变量间必须具有线性的关系，否则，在非线性关系的情况之下，就需要借助非线性规划来解决相应问题。

研讨

某厂主要生产纸杯和纸饭盒两种产品，其售价分别为每只 2 元和每个 3 元。生产一只纸杯或一个纸饭盒各需要 1 单位硬板纸，现已购得 4 000 单位硬板纸，根据调查市场上最多需要 2 000 只纸杯。企业应如何安排生产？

【经典实例】

从头起步——耐克公司的发展计划

耐克公司的创意产生于 1962 年菲利普·耐特在斯坦福大学攻读工商管理硕士时写的一篇论文。1964 年，耐特和他的来自俄勒冈大学的田径教练比尔·鲍尔曼创立了蓝带运动鞋商品公司，用来树立优胜者的形象。当年他们用小车后备箱拉着货在当地的运动会上售出了 1 300 双跑鞋。但他决定全心全意致力于发展蓝带运动服公司时，耐特还以注册会计师为业，并于 1969 年成为会计学教授。1972 年为蓝带运动公司按照神话中胜利女神的名字改为耐克。

耐克公司是快速成长的典型，1972 年耐克公司成立一年时的销售额是 320 万美元，在其后的几年里，耐克公司每年以一倍的增度增长。据资料显示，耐克在 2000 年全球名牌运动鞋的市场规模达到 164.39 亿美元，比 1999 年增长 2.1%，是全球运动鞋销售总额的 90.5%，远远超过了老的竞争对手锐步和阿迪达斯，耐克 2000 年的销售额大约是 1972 年的 500 倍。

耐克公司的全方位计划如下。

1. 明星造势

耐克公司研究把握顾客的需求偏好及心理特点。通过顾客调查，发现了最重要却不被人重视的问题。明星代言对大学以下的青年最有魅力，拓展市场的首要突破口是青少年市场。这一市场上的消费者有一些共同的特征：热爱运动，崇敬英雄人物，追星意识强烈，希望受人重视，思维活跃，想象力丰富并充满梦想。针对青少年消费者的这一特征，耐克公司拿出“明星攻势”的法宝，相继与一些大名鼎鼎、受人喜爱的体育明星签约，作为其形象代表人，如乔丹、巴克利、阿加西等，他们成为耐克广告片中光彩照人的沟通"主角"。有人说，耐克与其说是个全球化的企业，不如说是由"乔丹、耐克鞋和广告组合而成的一个企业实体。

2. 建立"耐克镇"

耐克公司的另外一个促销手段称为"耐克镇"。"耐克镇"由体育用品博物馆、体育用品商店和游乐场组成，目的就是树立耐克公司"精力充沛，富有生命力"的产品形象。耐克镇里还有三维广告，巨型鱼缸和篮球场。起初，耐克公司在俄勒冈州的波特兰和伊利诺斯州的芝加哥各建一座"耐克镇"，还计划将"耐克镇"遍布全球。为索尼公司建造类似商店的大为•曼费雷迪说："这只是树立公司形象的一部分，它决定公司在世界面前的形象。"这个计划强调的是形象，而不是销售，所以这里的商品不打折。当芝加哥的耐克镇开业后，每周吸引大约 5 000 名顾客，每人平均消费 50 美元。

3. 攻关营销

耐克认为品牌策略一旦确立，只可坚持，绝不可半途而废。

耐克为了进入特定的市场，开展业务经营，在策略上协调地运用了经济的、心理的、政治的等公共关系手段，博得各方面的合作和支持，从而达到预期的目的。

4. 提高品牌的文化附加值

品牌文化是以名牌产品为载体的高层次营销文化，是人格化的质量文化。

耐克品牌文化的核心价值是"Just do it"（尽管去做），表达了人们对前途和命运操纵在自己手中的乐观情绪。耐克品牌个性承载着美国文化中"乐观奔放、积极向上、勇于面对困难"的精神内涵与价值观。实际上耐克已经成为物化了的体育精神或人类征服自然和超越自我的象征。耐克深深影响了大众文化，改变了人们日常生活的视觉、听觉和感觉经验，甚至创造了恒久不息的梦想。

第二节　预测

一、预测的含义、类型及程序

1. 预测的含义

预测是指根据过去和现在的已知因素，运用人们的知识、经验和科学方法，对未来进行预先估计，并推测事物未来的发展趋势的活动过程。

预测是计划工作的基础环节，为计划提供科学依据。预测是一门科学，也是一门艺术。

2. 预测的类型

（1）按预测时间跨度大小划分。

① 长期预测：时间一般在 5 年以上。

② 中期预测：时间为 1～5 年的预测。

③ 短期预测：在一年以内的预测。

研讨

为什么预测时间跨度大小与预测结果的准确性有密切关系？

（2）按预测范围的不同划分。

① 宏观预测：对世界范围或整个国家发展变化趋势所做的预测。包括社会未来预测、科学技术预测、经济预测等。

② 微观预测：对影响组织运行的直接环境发展变化趋势所作的预测。包括市场需求预测、市场占有率预测、价格预测等。

（3）按预测性质的不同划分。

① 定性预测：依靠人的知识、经验和综合分析能力，对未来发展对象的发展状况做出推断和估计。一般在预测资料不完整或较少的情况下，采用定性预测效果较好。

② 定量预测：运用数学模型对事物未来的发展趋势作出定量、具体的描述。采用这种方法，要有充分的、有效的数据资料作支持。

研讨

定性预测与定量预测的区别是什么？

（4）按预测内容的不同划分。

① 市场预测：是对企业销售收入及其变化趋势的预测。

② 技术预测：准确地预测技术的发展趋势对企业发展至关重要，它有助于企业发现技术机会，正确选择研究与开发方向、确定研究课题和规划研究项目，进而提高技术创新的成功率和效果。

③ 经营绩效预测：通过对企业产品（或服务）销售收入、劳动生产率、成本费用、利润等指标及其影响因素的分析，预测企业利润率的变化趋势。

④ 经济形势预测：准确预测本国乃至世界经济形势，对企业管理层来说也是非常重要的。

3. 预测的程序

预测过程包括六个步骤：确定预测目标、收集和整理资料、选择预测方法并建立预测模型、进行预测、分析、评价预测结果、写出预测报告、提交决策者。

二、预测的方法

预测方法有很多种，20 世纪 60 年代以来已研究出 150 多种，常用的有十几种。每一种方法都有它的适用范围，有时可以用几种方法来预测同一个对象，以提高精确度。

按方法本身的性质划分，可以将预测方法分为以下几种。

1. 定性方法

定性方法主要运用个人的经验和知识进行判断，这类方法一般适用于缺乏或难以获取足够数据资料的场合。

（1）专家调查法（德尔菲法）。德尔菲是古希腊地名，相传太阳神阿波罗（Apollo）在德尔菲杀死了一条巨蟒，成了德尔菲主人。阿波罗不仅年轻英俊，而且对未来有很高的预见能力。在德尔菲有座阿波罗神殿，是一个预卜未来的神谕之地，于是人们就借用此名，作为这种方法的名字。

德尔菲法最早出现于20世纪50年代末，是当时美国为了预测在其“遭受原子弹轰炸后，可能出现的结果”而发明的一种方法。1964年美国兰德（RAND）公司的赫尔默（Helmer）和戈登（Gordon）发表了“长远预测研究报告”，首次将德尔菲法用于技术预测中，以后这种方法便迅速地应用于美国和其他国家。

除了科技领域之外，还几乎可以用于任何领域的预测，如军事预测、人口预测、医疗保健预测、经营和需求预测、教育预测等。此外，还用来进行评价、决策和规划工作，并且在长远规划者和决策者心目中享有很高的威望。专家调查法的具体步骤如图4-4所示。

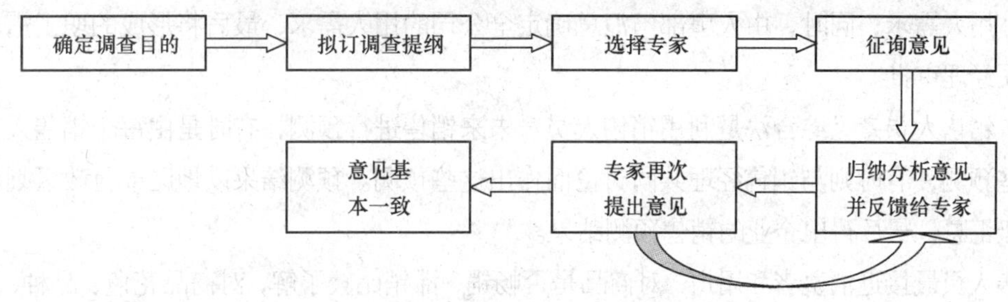

图4-4 专家调查法的具体步骤

德尔菲法的基本特征如下。

① 匿名性。匿名是德尔菲法的极其重要的特点，从事预测的专家彼此互不知道其他有哪些人参加预测，他们是在完全匿名的情况下交流思想的。

② 多次有控制的反馈。小组成员的交流是通过回答组织者的问题来实现的，它一般要经过若干反馈才能完成预测。

③ 小组的统计回答。一个小组的最典型的预测结果是反映多数人的观点，少数派的观点至多概括地提及一下。

研讨

什么是专家，怎样选专家，如何进行选择，专家的人数如何确定？

（2）头脑风暴法又称脑力激荡法、智力激荡术、会商思维法，是一种通过小型会议的组织形式，让所有参加者在自由愉快、畅所欲言的气氛中，自由交换想法或点子，并以此激发与会者的创意及灵感，使各种设想在相互碰撞中激起脑海的创造性“风暴”。它由美国心理学家兼BBDO广告公司负责人奥斯本于1938年首创。头脑风暴法的具体步骤如图4-5所示。

（3）管理人员判断预测法又称“管理估计法”、“经验预测法”，是职工需求预测的基本方法，是指组织内的管理人员凭借个人的经验和直觉，对组织未来的人力资源需求进行预测。

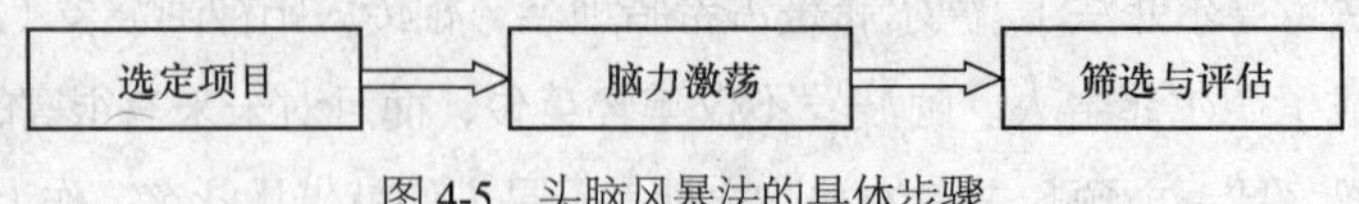

图 4-5　头脑风暴法的具体步骤

管理人员判断法分为“自下而上”和“自上而下”两种方式。

① 自下而上就是由直线部门的经理向自己的上级主管提出用人要求和建议，征得上级主管的同意。适用于短期预测和组织的生产（服务）比较稳定的情况。

② 自上而下由公司经理先拟定出公司总体的用人目标和建议，然后由各级部门自行确定用人计划。适用于短期预测，在组织作总体调整和变化时尤其方便。

最好是将“自下而上”与“自上而下”两种方式结合起来运用。先由公司提出职工需求的指导性建议，再由各部门按公司指导性建议的要求，会同人事部门、工艺技术部门、职工培训部门确定具体用人需求；同时，由人事部门汇总确定全公司的用人需求，最后将形成的职工需求预测交由公司经理审批。

（4）销售人员意见综合法是利用销售人员对未来销售进行预测，有时是由每个销售人员单独作出这些预测，有时则与销售经理共同讨论而作出这些预测。预测结果以地区或行政区划汇总，一级一级汇总，最后得出企业的销售预测结果。

销售人员最接近消费者和用户，对商品是否畅销、滞销比较了解，对商品花色、品种、规格、式样的需求等都比较了解。所以，许多企业都通过听取销售人员的意见来预测市场需求。销售人员的预测如表 4-2 所示。

表 4-2　销售人员预测结果

推销员	预测项目	销售量	出现概率	销售量×概率
甲	最高销售量	1 000	0.3	300
	最可能销售量	800	0.5	400
	最低销售量	500	0.2	100
	期望值			800
乙	最高销售量	1 000	0.2	200
	最可能销售量	700	0.5	350
	最低销售量	400	0.3	120
	期望值			670
丙	最高销售量	900	0.2	180
	最可能销售量	600	0.6	360
	最低销售量	400	0.2	80
	期望值			620

如果企业对三位销售人员意见的信赖程度是一样的，那么平均预测值为（800+670+620）

/3=696.7。

研讨

销售人员意见法的优缺点有哪些？

2. 定量方法

定量方法是指运用数学模型预测未来的方法。当能够收集到足够可靠的数据资料时，定量预测是更可取的。常见的定量预测方法有时间序列法、回归分析法等。

包括简单平均法、移动平均法和指数平滑法。

（1）简单平均法是依据简单平均数的原理，将预测对象过去各个时期的数据平均，以这个平均数作为预测值。这个方法只适用于没有明显波动或较大增减变化的事件的预测。

简单平均法的计算公式：$\dfrac{Y_1+Y_2+Y_3+\cdots+Y_n}{n}$

其中：Y_n+1 为预测值，Y_i 为第 i 期的数值，n 为期数

研讨

某企业生产经营一种商品，1～6 月销售资料如表 4-3 所示，要求预测 7 月份的销售额。

表 4-3　某企业 1～6 月销售数据表

月份	实际销售额（万元）	月份	实际销售额（万元）
1 月	18	4 月	24
2 月	20	5 月	22
3 月	22	6 月	26

（2）移动平均法是不断向前移动的 n 个数据的平均的方法，它通过引进越来越近的新数据，不断修改平均值作为预测值，这样就可以反映数值的变化趋势。移动平均法可分为：简单移动、加权移动；一次移动、二次移动。

一次移动平均法的计算公式：$Y_{t+1}=\dfrac{\sum Y_i}{n}$

其中：Y_{t+1} 为预测值，Y_i 为移动跨期内第 i 期的数值，n 为移动跨期。

研讨

某单位 2013 年粮食上半年需求量如表 4-4 所示，用一次移动平均法预测 5 月份的需求量（n=3）。

表 4-4　　某单位 1～6 月份需求量数据表

月份	1	2	3	4	5	6
需求量	195	220	200	195	185	180
移动平均预测值（n=3）	\	\	$\frac{Y_1+Y_2+Y_3+\cdots+Y_n}{\backslash n}$			

（3）指数平滑法是根据本期的实际值和过去对本期的预测值，预测下一期数值，它反映了最近时期事件的数值对预测值的影响。这是一种在移动平均法的基础上发展起来的特殊的加权平均法。

指数平滑法的计算公式：

$$Y_t = Y_{t-1} + \alpha(S_{t-1} - Y_{t-1}) = \alpha S_{t-1} + (1-\alpha)Y_{t-1}$$

其中：Y_t 为预测值；S_{t-1} 为上一期的实际值；Y_{t-1} 为上一期的预测值；α 为加权系数或平滑系数（$0 \leqslant \alpha \leqslant 1$），它取值的大小，表示不同时期的数据在预测中的作用。α 值越大，下一期预测值越是接近本期实际值；α=1，下一期预测值=本期实际值；α 值越小，下一期预测值越是偏离本期实际值。

（4）回归预测法（因果预测法）是利用预测对象与影响因素之间的因果关系，通过建立回归方程来进行预测的方法。因果关系普遍存在，比如，收入对商品销售的影响，降雨量对农产品生产的影响等。

一元回归分析法的公式：$Y=a+bx$。

其中，X 为自变量；Y 为应变量（要预测的变量）；a、b 为回归系数，其计算公式是：

$$b=\frac{\sum X_iY_i - \bar{X}\sum Y_i}{\sum X_i^2 - \bar{X}\sum X_i};\quad a=\bar{Y}-b\bar{X}$$

其中，X_i 为自变量第 i 期的实际值；Y_i 为因变量第 i 期的实际值；$\bar{X}$、$\bar{Y}$ 分别是 X、Y 的平均数。

研讨

选择预测方法应考虑哪些因素？

【经典实例】

头脑风暴法案例

有一年，美国北方格外严寒，大雪纷飞，电线上积满冰雪，大跨度的电线常被积雪压断，严重影响通信。过去，许多人试图解决这一问题，但都未能如愿以偿。后来，电信公司经理应用奥斯本发明的头脑风暴法，尝试解决这一难题。他召开了一种能让头脑卷起风暴的座谈会，参加会议的是不同专业的技术人员，要求他们必须遵守以下原则。

第一，自由思考。即要求与会者尽可能解放思想，无拘无束地思考问题并畅所欲言，不必顾虑自己的想法或说法是否“离经叛道”或“荒唐可笑”。

第二，延迟评判。即要求与会者在会上不要对他人的设想评头论足，不要发表“这主意好极了！”“这种想法太离谱了！”之类的“捧杀句”或“扼杀句”。至于对设想的评判，留在会后组织专人考虑。

第三，以量求质。即鼓励与会者尽可能多而广地提出设想，以大量的设想来保证质量较高的设想的存在。

第四，结合改善。即鼓励与会者积极进行智力互补，在增加自己提出设想的同时，注意思考如何把两个或更多的设想结合成另一个更完善的设想。

按照这种会议规则，大家七嘴八舌地议论开来。有人提出设计一种专用的电线清雪机；有人想到用电热来化解冰雪；也有人建议用振荡技术来清除积雪；还有人提出能否带上几把大扫帚，乘坐直升机去扫电线上的积雪。对于这种“坐飞机扫雪”的设想，大家心里尽管觉得滑稽可笑，但在会上也无人提出批评。相反，有一工程师在百思不得其解时，听到用飞机扫雪的想法后，大脑突然受到冲击，一种简单可行且高效率的清雪方法冒了出来。他想，每当大雪过后，出动直升机沿积雪严重的电线飞行，依靠高速旋转的螺旋桨即可将电线上的积雪迅速扇落。他马上提出“用直升机扇雪”的新设想，顿时又引起其他与会者的联想，有关用飞机除雪的主意一下子又多了七八条。不到一小时，与会的10名技术人员共提出90多条新设想。

会后，公司组织专家对设想进行分类论证。专家们认为设计专用清雪机，采用电热或电磁振荡等方法清除电线上的积雪，在技术上虽然可行，但研制费用大，周期长，一时难以见效。那种因“坐飞机扫雪”激发出来的几种设想，倒是一种大胆的新方案，如果可行，将是一种既简单又高效的好办法。经过现场试验，发现用直升机扇雪真能奏效，一个久悬未决的难题，终于在头脑风暴会中得到了巧妙地解决。

第三节　决策

一、决策的作用及原则

1. 决策的概念

决策是指人们为了达到预定目标从两个或两个以上的备选方案中通过比较分析，选择一个最优的行动方案的过程。

经济决策是指在任何组织内为了实现预定目标（如目标利润、目标销售量或销售额、目标成本等），需要在科学预测的基础上，结合本单位的内部条件和外部条件环境，对未来经济活动的各种备选方案，通过缜密的调查研究和分析评价，最终作出抉择和判断的过程。

2. 决策的作用

（1）决策规定了发展的道路，是组织兴衰成败的关键。

（2）正确的决策是提高组织经济效益的保证。

（3）决策是组织管理人员的重要工作。

（4）正确的决策是统一组织内所有成员行动的指导，是调动人们积极性的动力。

3. 决策的原则

决策的原则就是对决策的一般要求，在常规情况下，按照这些原则去进行决策，可以大大减少决策的失误。

（1）经济效益与社会效益相结合。在市场经济条件下，企业是独立的商品生产经营者，因此必须谋求企业的盈利。以盈利为标准衡量决策是否可行应该成为企业决策的首要标准。但一个企业的生存和发展与整个社会的发展是相互联系的，在作经营决策时必须兼顾社会的整体利益，使企业的盈利和社会利益尽可能完美地结合起来。

（2）可能性和现实性相结合。事物是在不断发展变化的过程之中的。尽管企业的经营思想、目标和方针是根据企业内外部条件的基础上确定的，但是在使之实施时，又会遇到一系列新情况、新问题，需要在决策时加以考虑。为此，一方面应该把原先已经确定的经营思想、目标和方针进一步与不断变化着的实际情况结合起来；另一方面又应该把企业内部的条件，例如企业的产品开发能力，资金筹措能力等，与企业外部的条件，例如市场供求状况，竞争对手的状况相结合起来。

（3）定量分析与定性分析相结合。现代决策必须尽可能地在决策中运用各种数学方法进行定量分析，使决策更精确、更可信，也更便于今后的操作。但是社会经济现象是十分复杂的，数学方法很难完全渗透于经营决策之中，仍有大量的决策需要利用人们的主观判断，为此仍然必须重视人们的传统经验，并把人们的传统经验与社会学。心理学等现代科学结合起来，使人们的主观判断更科学、更符合实际。

（4）领导者与专家相结合。有关业务性的决策，涉及面窄，且有惯例可循，一般由个人决策即可。但凡有关企业的战略方面的重大决策，由于对企业的生死存亡至关重要，且此类决策涉及面广，影响因素极多，仅靠个人的知识和经验决策就难以胜任，因此需要由各方面专家集体决策，这样可以集思广益，作出的决策会更正确、更易被人接受。

（5）局部和全局相结合。一个决策往往影响到企业的方方面面，但决策的制定和执行往往又是某一部门或层次的工作。因此，决策必须处理好全局和局部的关系，站得高，看得远、想得全，以全局的眼光战略地把握工作的主次和轻重缓急；从全局着想，从局部着手，全局指导局部，局部服从全局，保证全局。

（6）近期利益和远期利益结合。这也是考验领导战略思想的原则，每一次决策都对以后的经营带来正面和负面的影响，因此决策就必须考虑这些影响，保证企业经营的一致性、连贯性、继承性和可持续性。不能鼠目寸光，也不能舍近求远。远期是近期的指导，近期是远期的保证。

（7）决策工作的规范性和灵活性相结合。制定决策，一般会有许多制度规定、程序、方法，这是正确决策的保证，领导要充分遵循这些规范；另一方面，管理工作永远是灵活、创新、开拓的，因此要做好这两个方面的结合。

二、决策的分类及程序

1. 决策的分类

（1）按决策时期长短进行分类。

① 短期决策（短期经营决策）：通常是指只涉及一年以内的一次性专门业务，并仅对该时期内的收支盈亏产生影响的问题而进行的决策。如零部件自制还是外购。

② 长期决策（长期投资决策）：通常是指那些产生报酬的期间超过一年，并对较长期间内的收支盈亏产生影响的问题所进行的决策。

（2）按决策范围广狭进行分类。

① 微观经济决策：通常是指在一个企业或事业范围内所进行的决策。如企业的生产决策、定价决策。

② 宏观经济决策：通常是指一个或几个省区或经济部门或在整个国民经济范围内所进行的决策，如建立长江三角洲经济开发区的决策。

（3）按决策者掌握信息的不同情况进行分类。

① 确定型决策：通常是指决策者对未来情况所掌握的信息都是肯定的数据，没有不确定性因素，那么只要比较不同方案的计算后果就能作出决策。

② 不确定型决策：通常是指决策者对未来情况所掌握的信息并非肯定的数据，而是存在着几种可能的结果。在这类经济决策中，如有办法对各种可能出现的结果分别确定其概率的，称为“风险型经济决策”，可以通过采用概率论的方法来解决。对于那些可能出现的结果无法确定其概率的，则属于真正的不确定型决策，只能依靠决策者的实践经验和判断能力，或采用模糊数学的方法来解决。

（4）按决策本身的不同性质进行分类。

① 采纳与否决策：通常是指备选待定的方案只有一个而做出的决策。

② 互斥选择决策：通常是指在一定的决策条件下，存在着几个相互排斥的备选方案，通过调查研究和计算对比，最终选出最优方案而排斥其他方案的决策。

③ 最优组合决策：通常是有几个不同方案可以同时并举，但在其资源总量受到一定限制的情况下，如何将这些方案进行优化组合，使其综合经济效益达到最优的决策。

2. 决策的程序

在任何企业中，为了科学地进行决策分析，一般应按以下6个步骤进行。

（1）诊断问题（识别机会）。哪里需要行动？实际状况与预期状况的差异可以帮助管理者诊断问题或识别机会，但这必须依赖于信息的精确度。

（2）确定决策目标（解决什么问题）。明确问题是应有和实有之间的差异。

（3）拟定可行的备选方案。可行方案应同时满足三个条件：能保证决策目标的实现；企业外部环境和内部条件能保证方案的实施；方案间具有相互排斥性。

（4）筛选方案。确定所拟定的各种方案的价值或恰当性，并确定最满意的方案。同时需要注意确定合理的评价标准及采用经验判断法、数学分析法以及实验法等科学性的评选方法。

（5）执行方案。方案的有效执行需要足够数量和种类的资源作保障，不可避免地会对各方造成不同程度的影响，一些人的既得利益可能会受到损害。方案的实施需要得到广大员工的支持，需要调动他们的积极性。

（6）评估决策的执行情况和信息反馈。将方案实际的执行效果与管理者当初所设立的目标进行比较，看是否出现偏差。如果存在偏差，则要找出偏差产生的原因，并采取相应的措施，确保已经出现的偏差不扩大甚至有所缩小，从而使方案取得预期的效果。

三、决策的方法

1. 定性决策法

定性决策法是指一种在管理过程中充分发挥人们的主观能动性的方法。常用的定性决策方法主要有以下几种。

（1）头脑风暴法。一种定性化的方法。具体做法是请一定数量的专家，对预测对象的未来发展趋势及状况做出判断。通过专家面对面的信息交流，引起思维共振，产生组合效应，进行创造性思维，在较短的时间内取得较为明显的成果。头脑风暴法也有不足之处，如专家人数有限，代表性可能不充分；受个人语言表达能力的限制；受群体思维的影响，随大流，为权威所左右等。所以，对专家的选择和对会议的精心组织至关重要。专家小组规模以 10～15 人为宜，会议时间 40～60 分钟为佳。

（2）德尔菲法。依靠专家背靠背地发表意见，各抒已见，管理小组对专家们的意见进行统计处理和信息反馈，经过几轮循环，使分散的意见逐步收敛，最后达到较高的预测精度。该法的不足之处是时间较长，费用较高。

（3）强迫联系法。在无关的观点和目标之间建立关系是这种方法的基础。一个目标是固定的，其他的目标则可完全随机地或从名单上进行选择，然后参加者要找出尽可能多的方法将固定目标和随机选择的目标联系起来。这种联系的强迫性将会促使许多新的和有创意的方法产生。

2. 定量决策法

定量决策法是指应用数学方法和计量工具，对决策问题中的变量、目标、环境条件及其相互关系，用数学关系式（数学模型）表示出来，通过计算得出结果，比较、择优的决策方法。由于决策所依据的条件不同，与此相对应的决策分析方法也有所不同。通常有确定型决策法、风险型决策法以及不确定型决策法。

（1）确定型决策法是指各个备选方案都只有一种确定的结果的决策。对确定型决策问题，制定决策的关键环节是判断什么样的行动方案能最好地实现既定的决策目标。

（2）风险型决策法是指决策者对即将出现的自然状态究竟是哪一个还不能确定的情况下的决策。决策者通常根据过去经验、调查结果以及对历史资料的分析，对各种自然状态出现的可能性做出估计，确定各自然状态出现的概率，从而计算不同方案在各状态下的期望损益值，并做出决策。

在风险型决策时，决策者主要是根据每种方案期望值的大小进行选择。由于期望值是以概率为权数而计算的一个加权平均数，因此在实际执行最佳方案时，未来能否实现该期望值仍具有一定的风险。风险型决策法所采用的主要方法是决策树法——借助类似于树的图形来辅助决策的方法。

构成符号：

□——表示决策点，由它引出方案枝；

○——表示状态点，由它引出自然状态枝。

决策树法的程序：

第一，绘制决策树；

第二，计算期望收益值（E）= 概率×收益值×年限-投资；

第三，剪枝——选择满意方案。

【例 4-1】某企业为增加某产品的产量而设计了三个可行方案：一是投资 100 万元新建生产车间；二是投资 50 万元，扩建旧车间；三是转包给其他厂生产，使用期为 5 年。自然状态如表 4-5 所示。

表 4-5　　某企业投资方案　　单位：万元

方案 \ 自然状态	市场需求	
	好（0.6）	差（0.4）
新建	70	-20
扩建	50	20
转包	30	10

解：画出决策树的结构图，如图 4-6 所示。

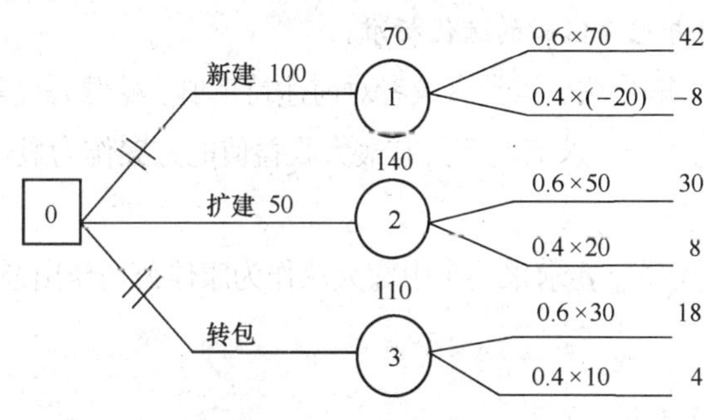

图 4-6　决策树结构图

$$E_1=(70\times0.6-20\times0.4)\times5-100=70\text{（万元）}$$

$$E_2=(50\times0.6+20\times0.4)\times5-50=140\text{（万元）}$$

$$E_3=(30\times0.6+10\times0.4)\times5=110\text{（万元）}$$

因为　　$E_2>E_3>E_1$

所以选取扩建方案。

（3）不确定型决策法。如果决策问题涉及的条件中有些是未知的，对一些随机变量，连它们的概率分布也不知道，这类决策问题被称为不确定型决策。

在这种情况下，只能由决策者根据自己的知识、主观判断能力及经验对决策问题做出判断分析（主观概率），并进行决策。不确定型决策具有更大的风险性。

① 乐观准则又称大中取大法。该类决策者属于乐观派，十分大胆，极富冒险精神，认为事物往往是向好的方向发展，万事皆随我愿。所以总是从最好的打算来决策，总是在最好的情况下选择最好的方案。具体做法是先从每个方案中选出最大值，它所代表的方案即为最优方案。

【例 4-2】假定康佳公司在计划年度决定开发新产品甲，根据销售部门的市场调查，提出三种产量的不同方案，即 40 000 件、45 000 和 50 000 件。在市场销路好、一般、滞销三种不同情况下，三种产量方案估计可能获得的边际贡献总额的不同数据，如表 4-6 所示。

表 4-6　　康佳公司产量方案表 1　　单位：元

产量方案 \ 边际贡献总额 \ 销售情况	畅销	一般	滞销
40 000 件	80 000	58 000	34 000
45 000 件	88 000	50 000	39 000
50 000 件	98 000	56 000	31 000

要求：为康佳公司作出最优产量方案的决策分析。

解：由于三个备选方案的最大收益都集中在“畅销”栏，而最大收益值中最大的是 50 000 件的产量，其边际贡献总额为 98 000 元，即以此作为开发新产品的最优方案。

大中取大法的基本点是选择最有利情况下（畅销）的最大收益值作为最优方案，一般说来，是决策者对前途非常乐观并充满信心的选优标准。

② 悲观准则又称小中取大法。该类决策者对前途持审慎、稳健态度。它是在几种不确定的随机事件中，选择最不利的市场需求情况下具有最大收益值的方案作为最优方案的决策方法。亦称“最大的最小收益值法”。

以【例 4-2】的资料为依据，要求采用小中取大法为康佳公司作出最优产量方案的决策分析，比较情况如表 4-7 所示。

表 4-7　　康佳公司产量方案表 2　　单位：元

产量方案	畅销	一般	滞销	最小收益值
40 000 件	80 000	58 000	34 000	34 000
45 000 件	88 000	50 000	39 000	39 000
50 000 件	98 000	56 000	31 000	31 000

小中取大法的基本点是选择最不利情况下的最大收益值作为最优方案，一般说来是比较审慎、

稳健的选优标准。

③ 最小最大后悔值准则又称大中取小法，也是一种决策者持审慎、稳健态度的选优标准。它是在几种不确定的随机事件中选择最不利情况下“损失额”最小的方案作为最优方案的决策方法（这里的“损失额”是指“后悔值”，即当出现随机事件时，各种情况的最大收益值超过本方案收益值的差额，就叫做“后悔值”。它表示如果错选方案将会受到的损失额）。

很明显，当出现几种随机事件时，每个方案就会相应的出现几个后悔值。然后把各个方案的最大后悔值集中起来进行比较，选取其中后悔值最小的方案作为最优方案。

【例 4-3】仍以【例 4-2】的资料为根据，要求采用大中取小法为康佳公司作出最优产量的决策分析。

解：（1）先根据例 4-2 的资料，就市场销售的三种不同情况分别确定其最大的收益值：

畅销情况下的最大收益值为 98 000 元

一般情况下的最大收益值为 58 000 元

滞销情况下的最大收益值为 39 000 元

（2）分别计算不同销售情况下的后悔值：

① 畅销情况下的后悔值：

40 000 件产量的后悔值= 98 000−80 000 =18 000（元）

45 000 件产量的后悔值= 98 000−88 000=10 000（元）

50 000 件产量的后悔值= 98 000−98 000=0（元）

② 一般情况下的后悔值：

40 000 件产量的后悔值=58 000−58 000=0（元）

45 000 件产量的后悔值=58 000−50 000=8 000（元）

50 000 件产量的后悔值=58 000−56 000=2 000（元）

③ 滞销情况下的后悔值：

40 000 件产量的后悔值=39 000−34 000=5 000（元）

45 000 件产量的后悔值=39 000−39 000=0（元）

50 000 件产量的后悔值=39 000−31 000=8 000（元）

（3）将上述不同销售情况的产量方案的后悔值排列成如表 4-8 所示。

表 4-8　　康佳公司产量方案表 3　　单位：元

产量方案	畅销	一般	滞销	最大后悔值
40 000 件	18 000	0	5 000	18 000
45 000 件	10 000	8 000	0	10 000
50 000 件	0	2 000	8 000	8 000

大中取小法的基本点也是以各个方案的最不利情况为基础，即在总体上以几种不同方案的最大损失额中选择其最小的为最优方案，故仍不失为是一种比较审慎，稳健的选优标准。

④ 折中决策法指决策者对未来情况应持一定的乐观态度，不盲目乐观，而采取一种现实主义的折中标准。

具体做法是首先要求决策者根据实际情况和自己的实践经验确定一个乐观系数α（$0\leqslant a\leqslant 1$）。如α的值接近 1，则比较乐观，反之则比较悲观。其次为每个方案按下列公式计算出它们的“预期价值”。各方案的预期价值=最高收益值×α+最低收益值×（1-α）。最后，从各个备选方案的预期价值中选择最大的作为最优方案。

【例 4-4】仍以【例 4-2】的资料为根据，康佳公司决策者对开发新产品甲比较乐观，并把α值定为 0.7。现要求采用折中决策法为康佳公司作出最优产量的决策分析。

解：产量 40 000 件的预期价值=80 000×0.7+34 000×（1–0.7）=66 200（元）

产量 45 000 件的预期价值=88 000×0.7+39 000×（1–0.7）=73 300（元）

产量 50 000 件的预期价值=98 000×0.7+31 000×（1–0.7）=77 900（元）

从以上计算的结果可见，应以产量 50 000 件的方案作为最优方案。

⑤ 量本利分析法全称为产量成本利润分析，也叫保本分析或盈亏平衡分析，是通过分析生产成本、销售利润和产品数量这三者的关系，掌握盈亏变化的规律，指导出企业选择能够以最小的成本生产最多产品并可使企业获得最大利润的经营方案，如图 4-7 所示。

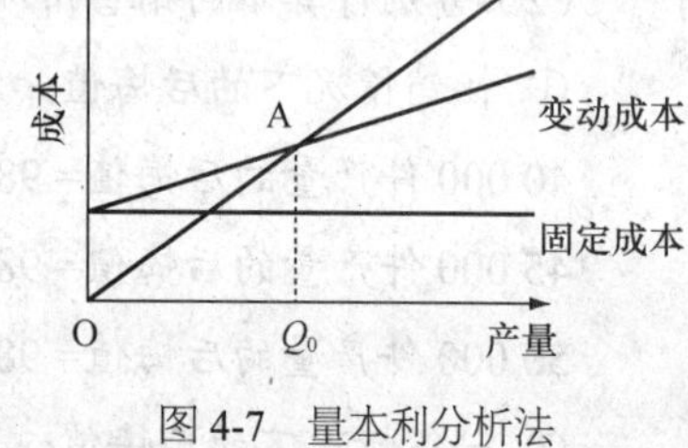

图 4-7 量本利分析法

盈亏平衡分析的基本公式：

$$Q_0 = \frac{F}{M - C_v'}$$

Q_0——保本点产量

F——固定成本

M——销售单价

C_v'——单位变动成本

量本利分析法主要用于解决以下问题。

第一，成本控制——求保本点产量（销量）；

第二，目标利润控制——求目标利润产量（销量）；

第三，成本因素变动——对利润造成的影响；

第四，判断企业经营安全率——安全还是危险。

【例 4-5】某企业生产某产品，上年销售量为 60 台，固定费用为 40 万元，变动费用为 60 万元。每台销售单价为 2 万元。求该企业保本点的产量应是多少台？

解：

$$Q_0 = \frac{F}{M - C_v'} = \frac{40}{2 - 60 \div 60} = 40\text{（台）}$$

研讨

某企业生产某产品，明年计划实现目标利润 20 万元。固定费用为 40 万元，单位变动费用为 1 万元，每台销售单价为 2 万元，该企业目标利润的产量应是多少台？

【经典实例】

“野马”的成功

1960 年，爱奥库卡升为美国福特公司副总裁兼总经理。他观察到 20 世纪 60 年代一股以青年人为代表的社会革新力量正式形成，并估计它将对美国社会、经济产生难以估量的影响。爱奥库卡认为，设计新车型时，应该把青年人的需求放在第一位。在他精心组织下，经过多次改进，1962 年底这种新车最后定型。它看起来像一部运动车，鼻子长、尾部短，满足了青年人喜欢运动和刺激的心理。更重要的是，这种车的售价相当便宜，只有 2 500 美元左右，一般青年人都能买得起。最后这种车还取了一个令青年人遐想的名字——“野马”。1964 年 4 月纽约世界博览会期间，“野马”正式在市场上露面，在此之前，福特公司为此大造了一番舆论，掀起了一股“野马”热。在头一年的销售活动中，顾客买走了 41.9 万辆“野马”，创下全美汽车制造业的最高纪录。“野马”的问世和巨大成功显示了爱奥库卡杰出的经营决策才能。从此，他便扬名美国企业界，并荣任福特汽车公司总裁。

此企业经营决策案例说明，决策成功，可以扩大销售额，降低成本，提高利润，进而占领市场。

“协和”的失宠

1962 年，英法航空公司开始合作研制“协和”式超音速民航客机，其特点是快速、豪华、舒适。经过 10 多年的研制，耗资上亿英镑，终于在 1975 年研制成功。十几年时间的流逝，情况发生了很大变化。能源危机、生态危机威胁着西方世界，乘客和许多航空公司都因此而改变了对在航客机的要求。乘客的要求是票价不要太贵，航空公司的要求是节省能源，多载乘客，噪声小。但“协和”式飞机却不能满足消费者的这些要求。首先是噪声大，飞行时会产生极大的声响，有时甚至会震碎建筑物上的玻璃。再就是由于燃料价格增长快，运行费用也相应大大提高。这些情况表明，消费者对这种飞机的需求量不会很大。因此，不应大批量投入生产。但是，由于公司没有决策运行控制计划，也没有重新进行评审，而且，飞机是由两国合作研制的，雇佣了大量人员参加这项工作，如果中途下马，就要大量解雇人员。上述情况使得飞机的研制生产决策不易中断。后来两国对是否要继续协作研制生产这种飞机发生了争论，但由于缺乏决策运行控制机制，只能勉强将决策继续实施下去。结果，飞机生产出来后卖不出去，原来的宠儿变成了弃儿。

此企业经营决策案例说明，企业决策运行控制与企业的命运息息相关。一项决策在确定后，能否最后取得成功，除了决策本身性质的优劣外，还要依靠对企业经营决策运行的控制与调整，包括在决策执行过程中的控制，以及在决策确定过程中各阶段的控制。

第四节 目标管理

一、目标的确立、特征及原则

1. 目标的含义

目标是一个组织各项管理活动所指向的终点，每一个组织都应有自己的目标。尽管不同的组织有不同的目标，但有一点共同的，那就是追求效率。如果一个组织不能始终做到这一点，就会逐渐丧失自己的存在价值。

2. 企业目标

企业目标是在分析企业外部环境和内部条件的基础上确定的企业各项活动的发展方向和奋斗目标，是企业经营思想或宗旨的具体化。企业目标为企业决策指明了方向，是企业计划的重要内容，也是衡量企业经营成效的标准。

3. 目标的特征

（1）目标是组织经营思想的集中体现。

（2）目标具有多重性。

（3）目标具有层次性。

（4）目标具有变动性。

4. 确定目标的原则

（1）现实性原则。

（2）关键性原则。

（3）定量化原则。

（4）协调性原则。

（5）权变原则。

二、目标管理的产生和发展

1. 目标管理的含义

目标管理（Management by Objective，MBO）是一个全面的管理系统。它用系统的方法，使许多关键管理活动结合起来，高效率地实现个人目标和企业目标。具体而言，它是一种通过科学地制定目标、实施目标，根据目标进行考核评价来实施组织管理任务的过程。

目标管理是通过目标体系的建立与对职工的充分授权，来保证一个企业拥有自我管理的工作环境。它通过激励职工去发现工作的兴趣和价值，在工作中自我发展、自我控制，在享受个人成就感的同时，保证企业的高效率，或者说，是高效率地实现个人目标和企业目标。

2. 目标管理的特点

（1）目标管理运用系统论的思想，通过目标体系进行管理。

（2）目标管理是一种民主的、强调职工自我管理的管理制度。

（3）目标管理强调成果，实行“能力至上”。

3. 目标管理的产生

20 世纪 50 年代，德鲁克在《管理的实践》一书中首先提出了目标管理思想，他强调在影响企业健康发展的所有方面都必须建立目标，在目标管理中要实行自我控制。德鲁克提出的目标管理思想，得到了理论界和企业界的强烈反响。目标管理在很多企业得到了推广。

目标管理的理论基础是科学管理理论和行为科学理论。科学管理理论重视工作的效率，而忽视人的主观能动性；行为科学则偏重于对职工思想和行为的研究。德鲁克提出的目标管理，是将“以工作为中心”和“以人为中心”这两种管理思想统一起来，把两者有机结合起来。他认为，任何企业都是一个协作体，要把个人的努力凝结成为集体共同的努力。企业的目的和任务，必须化为目标，企业的各级管理者必须通过这些目标对下级进行领导，以此来达到总目标。

4. 目标管理的发展

目标管理提出以后，便在美国迅速流传。时值第二次世界大战后西方经济由恢复转向迅速发展的时期，企业急需采用新的方法调动员工积极性以提高竞争能力，目标管理的出现可谓应运而生，遂被广泛应用，并很快为日本、西欧国家的企业所仿效，在世界管理界大行其道。

三、目标管理的实施过程

目标管理实施过程一般可以分为目标建立、目标分解、目标控制、目标评定与考核四个阶段。

1. 目标建立

目标管理实施的第一阶段，这一阶段要做的事情就是目标的建立和分解。建立企业目标首先要明确企业的使命宗旨，并结合企业内外环境决定一定期限内的工作具体目标。

传统的目标设定过程是单向的，由上级给下级设定目标，即由企业领导者设定，然后分解成各级目标，最后落实到个人目标。现代管理学提倡参与目标设定法，要求企业员工参与目标的设立。常用的有自上而下的目标制定法和自下而上的日标制定法。

目标设立过程中应注意以下问题。

（1）目标要略高于企业当前的生产经营能力。

（2）目标要保证质与量的有机结合，尽可能量化企业目标，确保目标考核的准确性。

（3）目标期限要适中。

（4）目标数量要适中。

2. 目标分解

把企业的总目标分解成各部门的分目标、个人目标，使企业所有员工都乐于接受企业的目标，并且在完成这一目标中承担自己应承担的责任。

目标分解要注意以下几点。

（1）目标体系的逻辑要严密，纵横成网络，体现出由上到下越来越具体的特点。

（2）目标要突出重点，与企业总目标无关的其他工作不必列入各级分目标。

（3）要鼓励职工积极参与目标分解，尽可能把目标分解中的“要我做”变成“我要做”。

（4）目标分解完毕，要进行严格的审批。

3. 目标控制

为保证企业目标的顺利实现，管理者必须进行目标控制，随时了解目标实施情况，及时发现问题并协助解决。必要时，也可以根据环境变化对目标进行一定的修正。积极的自我控制与有效的领导控制相结合是实现目标动态控制的关键。

目标控制管理中应注意以下几点。

（1）充分发挥职工自我控制能力，必须将领导的信任与完善的自检制度相结合，保证企业具有进行自我控制的积极性与制度保障。

（2）建立目标控制中心，结合企业均衡生产的特点保证企业生产的动态平衡。

（3）保证信息反馈渠道畅通，以便及时发现问题，进行目标的必要修正。

（4）创造良好的工作环境，形成团结互助的工作氛围。

4. 目标评定

目标管理注重结果，对部门及个人目标的完成情况必须进行自我评定、群众评议、领导评审。通过评价活动，肯定成绩、发现问题、及时总结目标执行过程中的成绩与不足，完善下一个目标管理过程。

目标评定要注意以下几点。

（1）首先进行自我评定。

（2）上级评定要全面、公正。

（3）目标评定与人事管理相结合。

（4）及时反馈信息是提高目标管理水平的重要保证。

四、目标管理的原则

在管理学中有一个非常重要的目标管理原则——SMART 原则，由分别表示确定目标的 5 个基本原则的英文字母的字首组成。

（1）Specific ——目标必须是具体的、明确的。所谓具体、明确就是要用具体、明确的语言清晰地说明要达成的结果。

研讨

“按时检查卫生，保持公司清洁”。您觉得这个目标合乎要求吗，这个目标存在什么问题呢？

实现要求：目标的设置要有项目、衡量标准、达成措施、完成期限以及资源要求，能够清晰地了解到部门或个人计划要做哪些事情，计划完成到什么样的程度。

（2）Measurable——目标必须是可以衡量的。“可衡量的”是指目标应该是可以量化或质化的，应该有一组明确的数据。如果设置的目标没有办法衡量，就没有办法达成。

研讨

“截止到12月末，各公司基本达成销售计划”。您觉得这个目标可以衡量吗，这个目标存在什么问题呢？

实现要求：目标的可衡量性可以从数量、质量、成本、时间、上级及顾客五个方面来进行，如果目标不能衡量，可将目标细化成分目标后再衡量，仍不能衡量的，可将实现目标的工作流程化，通过流程化使目标可衡量。

（3）Attainable——目标必须是可以达到的。“可达到的”是指目标是基于现实的并且具有一定的挑战性。目标设定时依照自身的能力条件、内外部可用资源、当前发展和未来可能发生的情势等情况，区分阶段按步骤实施。

研讨

“接到公司招聘方案的书面通知后，两日内确保30名基层员工通过面试、培训并到岗”。您觉得这个目标符合可达到原则吗，这个目标存在什么问题呢？

实现要求。设置本部门的目标时要考虑流程涉及的相关部门的工作要求，这样才能保证设定目标的可以达成，既要使工作内容饱满，也要具有挑战性。可以制定出跳起来“摘桃”的目标，不能制定出跳起来“摘星星”的目标。

（4）Relevant——目标必须是实际的且与其他目标具有相关性。个人目标与公司、部门目标相关；长、中、短期目标相关；目标与岗位职责相关；目标之间彼此不冲突。设定目标时要考虑实现目标所需要的相关条件，这些条件包括人力资源、硬件条件、技术条件、系统信息条件、团队环境因素等。

研讨

“实施全员职业素质的提升计划，要求各级员工于3月末前进行商务英语的培训，6月末各级员工须通过商务英语Ⅰ级的测试”。您觉得这个目标怎么样呢，是否符合要求呢，实现了这个目标对与部门、公司的整体运营有相关性吗？

实现要求。部门工作目标来源于公司整体目标，员工的工作目标来源于部门的整体目标。季度工作目标来源于年度工作目标，月度工作目标来源于季度工作目标。工作目标的分解要考虑部门职能、岗位职责的相关性。要制定出切实可行的目标，需要让目标相关成员参与到目标的制定中去，既要有由上到下的工作目标协调，也要有员工自下而上的工作目标的参与。

（5）Time-based ——目标必须具有明确的截止期限。目标的时限性就是指目标的达成是有时间限制的。根据工作任务的权重、紧急程度，拟定出实现目标项目的时间要求，定期检查目标的完成进度，及时掌握变化情况，以便及时进行工作指导。同时也要根据工作计划的异常情况变化及时地调整工作计划，实现目标。

研讨

"每周按时提报工作计划"。您觉得这个目标怎么样呢，是否符合要求呢？

实现要求。要设定目标达成的时间期限；在目标执行过程，设定中间检核点；强调行动速度与反应时间；依不同期间设定阶段性目标（年度、月份、周、每日目标）。

五、企业实施目标管理的作用

（1）目标管理能落实企业中、长期目标和发展规划。成功的企业发展都应该有中长期发展目标，发展规划和未来企业前景蓝图的描述。而要实现这些目的，就应当分阶段进行，即所谓的阶段目标，通常以年度目标为阶段性目标的基本单位。而年度目标实现状况直接影响企业是否顺利健康达到预期目标。而目标管理就是研究实现目标而进行的策划、协调、监督、评价所进行的活动实现的保障。目标管理强调上下协调以制定未来目标，可以促使高层主管注意到公司未来的成长情形，及早制定措施，使经营秩序化、系统化，促进公司的成长，并能因环境的变化而迅速变化。

（2）有利于改善公司的组织结构，促进各部门间关系，促使企业文化得到发展。通过建立目标，实施目标，进而增强公司的活力，提高整体竞争力。企业文化是企业发展的长期驱动因素，而核心价值观则是企业文化的核心，它要求企业必须有一套明确的做事规范和行为准则，明确什么是企业鼓励的，什么是企业禁止的，以确保企业不偏离方向；而目标管理则是依据目标进行的管理，是一种通过充分发挥每个人的主观能动性，科学地制定目标、实施目标、考核目标、依据目标进行考核评价的管理方法，它明确了企业为实现预期目标该如何去做。目标管理只有依托于企业深厚的文化底蕴才能确保企业目标最终实现。因此，企业把推行目标管理融入企业文化建设，将其当成管理中不可或缺的部分，培养一种上下关注目标的氛围，使公司的各个层面都关心如何设定目标，采取什么策略实现目标，并积极参与到沟通、反馈、评价的过程中来非常重要。假如企业仅仅是在口头上、形式上重视，做起来流于形式，长期下来不但会对企业文化造成侵蚀，而且也有悖目标管理的初衷，其结果只能是事倍功半。

（3）利用目标激励提高工作效率、增加生产力。企业效率高低，与其员工向组织总目标努力的程度有密切的关系。由于目标的确定，使企业组织系统统一协调向预定目标前进，减少企业内部人力、财力的无效消耗。目标管理有一系列的监督和激励措施，能动态地反映员工的努力状况和潜能，使高层管理者了解企业的人力资源状况，并清楚地知道何人有何专长。为了能充分激发员工的自身潜能，提高工作效率，目标管理有多种激励手段。

人是管理的核心和动力，能否调动人的积极性，发挥人的创造性的主动性，是管理活动成败的关键。正是从这个关键问题出发，需要强调目标的激励作用。理论研究和实践经验都表明，一个单位、一个人如果没有明确的目标，是不可能激励集体及其成员积极工作的。中国女排就是为了夺取世界冠军，为国争光（目标），才能够以顽强拼搏的精神战胜重重困难。因此，加强理想和目标教育，树立远大理想和很强的目标观念，对于提高和保证管理绩效是极其重要的。由于目标管理高度重视目标的设置，因而它在激励人的积极性方面，更能体现现代管理的特点。

（4）目标管理能够促进沟通，全员参与，增进团结。领导者在群众的积极性面前，要做的工作是，和大家一起商量，怎样通过一种科学的符合企业内外环境的计划，实现共同的理想。在共同奋斗的过程中，把事实的真相告诉大家，和大家一起克服困难，走向胜利。简言之，就是实现充分的沟通，做好组织工作。

实施目标细化的过程中，各部门都有自己的目标，这就要求要有相应的权限，只有责权统一，才能完成目标。而目标管理强调上司与部属间双向意见沟通，要求大家坦诚相见，团结合作，在交流与讨论的过程中，不但增加感情，信息交流，而且可能获得员工建设性意见和创造性的见解，还可以增强人员的自主意识，开拓性地开展工作。

（5）能做到“人尽其才，才尽其用”的管理效果。目标管理顺利贯彻实施的保障措施是绩效（业绩）考评制度的实施。绩效考评的结果可以为人力资源和其他管理决策提供大量的有用信息，尤其在招聘与选拔、员工培训、报酬方案的调整、处理员工关系、开发员工潜能等需要绩效考评结果。

六、目标管理在具体应用中应注意的问题

目标管理可能看起来简单，但要把它付诸实施，管理者必须对它有很好地领会和理解，并能够有效地改善存在的问题，其中有些问题是它本身存在的，有些问题是在实施过程中因工作没到位而引起的，只有正确地处理这些问题才能形成一个有效的管理方式。

（1）管理者必须知道什么是目标管理，为什么要实行目标管理。如果管理者本身不能很好地理解和掌握目标管理的原理，那么，由其来组织实施目标管理也是一件不可能的事。

（2）管理者必须知道总目标是什么，以及要如何适应这些目标。如果组织的一些目标含糊不清、不现实、不协调、不一致，那么主管人员想同这些目标协调一致，实际上也是不可能的。管理者应该将企业的目标清晰化明确化。有了目标，才有方向，才有一个共同的远景，这种共识能够大大减少管理和运作上的摩擦。

（3）目标管理所设置的目标必须是正确的、合理的。所谓正确，是指目标的设定应符合组织的长远利益，和组织的目的相一致，而不能是短期的。合理的，是指设置目标的数量和标准应当是科学的，因为过于强调工作成果会给人的行为带来压力，导致不择手段的行为产生。为了减少选择不道德手段去达到这些效果的可能性，管理者必须确定合理的目标，明确表示行为的期望，使得员工始终具有正常的“紧张”和“费力”程度。

（4）制定并尽量遵守既定的管理制度。必须强调人人都必须遵守，不能有特权，也不能朝令

夕改。当公司发展到一定的程度并具备一定实力时，就要意识到自身能力上的缺陷，尽可能聘请一些管理方面的专业人才来共图大业。

（5）所设目标必须具有可考核性，这也是目标管理成功的关键。任何目标都应该在数量上或质量上具有可考核性。有些目标，如“时刻注意顾客的需求并很好地为他们服务”，或“使信用损失达到最小”，或“改进提高人事部门的效率”等，都没多大意义，因为在将来某一特定时间没有人能准确地回答他们是否实现了这些目标。如果目标管理不可考核，就无益于对管理工作或工作效果进行评价。

（6）注意财务监控。研究表明，许多初创企业在一年内就倒闭的直接原因是因为财务管理不善，应收账款中的坏账太多，频频发生流动资金短缺问题。初创企业的财务部门常常是一个会计、一个出纳，完全不足以应付如此众多的挑战。创业者要特别注重财务监控问题，不能简单地把财务管理视作“记账”，要由有专业技能的专人负责，并且有相应的激励机制和评估体系。

（7）避免社会关系对工作关系的干扰。创业期企业里的员工多半有亲属关系或地缘、学缘关系，相互之间有着千丝万缕的社会关系，这些关系在一定程度上影响着企业内正常的工作关系。按规范行使企业管理往往比较困难，规范的制度体系缺乏必要的实施环境。

【经典实例】

戴尔的目标管理——步调一致

当戴尔日益扩大，基础构架也日益复杂，要维持戴尔公司一向标榜的创业家精神，并不是件容易的事情。而当戴尔向世界扩展之际，也很难维持一个团队的能量。戴尔一贯的目标就是要做到让戴尔公司的每个员工都觉得自己参与了一项很伟大，很特别的事，而此事的重要性也许已超过他们自身。戴尔如何发展足以显现绩效的优良团队呢？那便是目标管理，步调一致。

无论聘用的是新进人员，或是负责经营最大事业体的管理阶层，都必须完全与公司的哲学和目标一致。无论业务人员知识多么丰富，产品的送达速度多么快，或送给顾客后顾客多么开心，如果接电话时口气恶劣，则肯定不能雇用，因为戴尔公司的主要价值观之一是要提供更好的顾客体验。

戴尔把团队调整到共同的目标，并且，在全公司建立起同样的奖励系统。在戴尔的工厂现场，大家以两人一组的方式合作，负责接收订单、制作生产、装箱寄送给顾客。获利分享的奖励办法刺激他们发挥团队的最大产能。每小时的报表或数据，都会显示在现场的屏幕上，让所有小组知道公司的进度。负责制作的小组绩效越高，他们获利的机会就越大。而他们也知道，共同合作所产生的利益，比单打独斗大得多。

还有一种360度的评估方式，这种评估方式，并不是只直属主管个人主观的意见来评估每个员工个人的年度成长，而是整合了所有与该员工共事的人的意见。这种评估方法十分有效，可以明确指出那些地方需要进一步发展与改进，让大家把重心集中在以小组的方式实现目标。结果，有些能力较强的小组成员，会因为关系到个人权益，而愿意用多余的时间和精力来协助其他没有跟上进度的同事。他们的做法之一就是把360度评估的结果与其他人分享。这也可让公司的管理团队在个人的范畴内共同合作，追求进步。

由于戴尔采用了“内部”与“外部”配合的团队销售模式，避免了传统销售体系中“销售”与“售后服务”的脱节，这种方式保证了客户系统的顺利运营并降低了总体拥有成本。对大中型企业，戴尔采用的则是“单一联络人负责制”，较之传统的送修和上门服务，这种独特的服务模式颇受用户欢迎。

值得一提的是，戴尔的大部分员工都是公司的股东，因此，公司倡导每位员工都用老板的眼光来看待公司的各种事情，并用“投资资本回报法”帮员工确认哪些事业表现得最好，哪些没有表现出应有的成绩。以此保证得以实施的基础有一贯的策略。

可以看到，戴尔从里到外都非常注意企业目标步调的一致，并且已经形成了自己的管理观念，他的成功之处在于以下几个方面。

（1）通过所有环节的一致性，员工可以认同公司的价值观和信念，也了解公司目前的营运和努力的方向，那么他们不但会努力达到目前目标，也会关注组织的更大目标，于是就能相应地尽己所能对大目标有所贡献。

（2）团队共同目标的运作方式，是凝聚公司人员的一种方法。它不仅要求大家避免互相牵制，要大家产生良性的竞争而减少钩心斗角，而且要大家全心关注彼此的成长。这样便能形成团队内部良好的合作环境，团结一致自然能产生更大的力量。

（3）共同的目标策略让员工们觉得自己参与了一件真诚、特别而且重要的事件，也可因此激发真正的热情和忠诚度。一个人一旦将自己的人物神圣化，便能超越一些世俗的影响，发挥出每个人内在的潜力，并且有充分的信念支持。

（4）每位员工都不再以“小我”的方式思考，而能考虑到“大我”，考虑到集体的利益，这样的团队怎么会不进步神速呢？

（5）员工开始注意大方向的目标，荣誉感与强烈的个人投资并存，便会产生奇效，建立起更大的责任感。这样的投资，起到积极的作用，使外在的约束演变成了个人的自觉性。

运用目标管理的戴尔，将所有员工紧紧地团结在一起，走了一条成功的团队管理之路。

调查与访问：选择你身边一个熟悉的企业、单位，或一名管理者，也可在网上查找，了解其是否有应用目标管理的方法，是如何开展的。

综合练习

一、单项选择题

1. “凡事预则立，不预则废”是强调（　　）的重要性。

A. 预防　　B. 预测　　C. 组织　　D. 计划

2. 古人云："运筹于帷幄之中，决胜于千里之外"，这里的"运筹帷幄"反映了管理的哪一个职能？（ ）

A. 计划职能　B. 组织职能　C. 领导职能　D. 控制职能

3. 目标管理是由美国管理学家（ ）首先提出的。

A. 戴明　B. 孔茨　C. 彼得·德鲁克　D. 西蒙

4. 短期计划通常是指（ ）计划。

A. 专项　B. 基建　C. 五年　D. 年度

5. 计划工作的核心是（ ）。

A. 确定目标　B. 估量机会　C. 决策　D. 确立计划前提条件

6.（ ）假设事物在历史上各个时期的状况对未来的影响程度是相同的。

A. 简单平均法　B. 移动平均法　C. 指数平滑法　D. 因果关系分析法

7. 下列计划工作的前提条件中，组织可以控制的是（ ）。

A. 价格水平　B. 政治环境　C. 职工情绪　D. 组织内部政策

8.（ ）面对未来可能呈现的多种状态，决策者虽无法事先确定究竟呈现何种状态，但可判断各种状态出现的概率。

A. 确定型决策法　B. 风险型决策法　C. 非确定型决策法　D. 追踪决策法

9. 使计划数字化的工作被称为（ ）。

A. 规划　B. 决策　C. 预测　D. 预算

10. 我国习惯上称之为"专家预测法"的是（ ）。

A. 因果法　B. 外推法　C. 德尔菲法　D. 头脑风暴法

二、名词解释

1. 计划　2. 预测　3. 决策　4. 目标管理

三、简答题

1. 简述决策的程序。

2. 简述企业实施目标管理的作用。

3. 简述计划的程序。

四、计算题

1. 某厂准备投产一种新产品，对来年销售情况的前景预测不准，可能出现高需求、中需求、低需求三种自然状况。企业有三种方案可供选择：新建一个车间；扩建原有车间；对原生产线进行局部改造。三个方案在五年内的预测经济效益如下表所示。

状态 方案	高需求	中需求	低需求
新建	600	200	-160
扩建	400	250	0
改造	300	150	80

请分别用悲观准则、最小最大后悔值准则、折衷决策法（设乐观系数 α=0.7）预测并选出最优方案。

2. 某公司计划未来三年生产某种产品，需要确定产品批量。根据预测估计，这种产品的市场状况的概率是：畅销为 0.2，一般为 0.5，滞销为 0.3。现提出大、中、小三种批量的生产方案，有关数据如下表所示，试用决策树法求取得最大经济效益的方案。

单位：万元

损益值 / 方案 \ 自然状态及其概率	畅销（0.2）	一般（0.5）	滞销（0.3）
大批量	40	30	-10
中批量	30	20	8
小批量	20	18	14

3. 某种产品的单价为 8 元，单位变动费用为 5 元，年销售额为 8 000 元，问该企业的固定费用不能多于多少？

五、案例分析

乔森家具公司五年目标

乔森家具公司是林大森先生在 20 世纪 80 年代创建的，开始时主要经营卧室和会客室家具，取得了相当大的成功。随着规模的扩大，自 20 世纪 90 年代开始，公司又进一步经营餐桌和儿童家具。1995 年，林大森退休，他的儿子林小森继承父业，不断拓展卧室家具业务，扩大市场占有率，使得公司产品深受顾客欢迎。到 2003 年，公司卧室家具方面的销售量比 1995 年增长了近两倍。但公司在餐桌和儿童家具的经营方面一直不得利，面临着严重的困难。

1. 董事长提出的五年发展目标

乔森家具公司自创建之日起便规定，每年 12 月份召开一次公司中、高层管理人员会议，研究讨论战略和有关的政策。2003 年 12 月 14 日，公司又召开了每年一次的例会，会议由董事长兼总经理林小森先生主持。林小森先生在会上首先指出了公司存在的员工思想懒散、生产效率不高的问题，并对此进行了严厉的批评，要求迅速扭转这种局面。与此同时，他还为公司制定了今后 5 年的发展目标，具体如下。

（1）卧室和会客室家具销售量增加 20%；

（2）餐桌和儿童家具销售量增长 100%；

（3）总生产费用降低 10%；

（4）减少补缺职工人数 3%；

（5）建立一条庭院金属桌椅生产线，争取 5 年内达到年销售额 5 000 万。

这些目标主要是想增加公司收入，降低成本，获取更大的利润。但公司副总经理马一鸣跟随林大森先生工作多年，了解林小森董事长制定这些目标的真实意图。尽管林小森开始承接父业时，对家具经营还颇感兴趣。但后来，他的兴趣开始转移，试图经营房地产业。为此，他努力寻找机会想以一个好价钱将公司卖掉。为了能提高公司的声望和价值，他准备在近几年狠抓一下经营，改善公司的绩效。

马一鸣副总经理意识到自己历来与林小森董事长的意见不一致，因此在会议上没有发表什么意见。会议很快就结束了，大部分与会者都带着反应冷淡的表情离开了会场。马一鸣有些垂头丧气，但他仍想会后找董事长就公司发展目标问题谈谈自己的看法。

2. 副总经理对公司发展目标的质疑

公司副总经理马一鸣觉得，董事长根本就不了解公司的具体情况，不知道他所制定的目标意味着什么。这些目标听起来很好，但马一鸣认为并不适合本公司的情况。

他心里这样分析道：第一项目标太容易了，这是本公司最强的业务，用不着花什么力气就可以使销售量增加20%；第二项目标很不现实，在这领域的市场上，本公司就不如竞争对手，决不可能实现100%的增长；第三项目标亦难以实现，由于要扩大生产，又要降低成本，这无疑会对工人施加更大的压力，从而也就迫使更多的工人离开公司，这样空缺的岗位就越来越多，在这种情况下，怎么可能减少补缺职工人数3%呢；第五项目标倒有些意义，可改变本公司现有产品线都是以木材为主的经营格局，但未经市场调查和预测，怎么能确定5年内的年销售额就能达到5 000万呢？

经过这样的分析后，马一鸣认为他有足够的理由对董事长所制定的目标提出质问。

【问题】

（1）你认为林小森董事长为公司制定的发展目标合理吗，为什么？

（2）制定组织长期发展目标应该注意哪些？

六、技能训练

1. 训练目标

① 表明在决策（预测）过程中，结构化的方法对获得趋同观点的重要性；

② 了解德尔菲法在工作中的应用；

③ 培养团队合作意识。

2. 训练内容

在一个罐子里装上玉米（事先数好）。将罐子给大家看，并让大家估计玉米的数量。算出平均数、中间数和频数分布，并将结果告诉大家（有时也会告诉大家推导结论的基本原理）。将该过程重复三遍（或直到得出一个比较稳定的结果）。宣布正确答案，并请大家比较一下自己最初的估计和小组最后的结论，看哪个更准确。

讨论以下问题。

① 哪个更准确，个人原先的估计还是最终小组的决定？

② 为什么小组往往更准确？

③ 为什么大家的答案会趋同？

④ 这种方法在工作中有何应用？

第五章　组织职能

学习目标

知识目标

1. 了解组织的概念、组织的作用及组织的类型；
2. 了解组织结构设计的含义与目的，掌握组织结构设计的影响因素基本原则；
3. 掌握组织结构的几种形式以及各种类型分别适合什么样的组织；
4. 了解组织结构设计中的部门划分概念、原则和方法，理解管理幅度与管理层次，并且能够正确处理集权和分权；
5. 了解组织中人力资源和人力资源管理的概念，理解人员配备的概念、工作内容和原则；
6. 掌握管理人员的选聘方式以及选聘广告的编写；
7. 了解组织中人员的考评概念和考评的作用，重点掌握管理人员的考评内容、程序和方法；
8. 了解组织中人员的培训概念和目标，掌握管理人员的培训方法和内容。

能力目标

1. 理解并能解释说明组织工作应该遵循的原则；
2. 认知并能有意识培养自己的组织结构设计能力以及能够正确处理集权和分权的能力；
3. 理解并能运用组织人事分析与解决组织中遇到的实际问题。

导入案例

据说，欧洲有这样一则笑话。什么是天堂？天堂就是英国人当警察、法国人当厨师、与意大利人谈情说爱、由德国人来组织一切。什么是地狱？地狱就是法国人当警察、英国人当厨师、与德国人谈情说爱、而由意大利人来组织一切。同一群人的不同组合，会有“天堂”和“地狱”之别。

【分析与思考】

这说明了什么道理呢；在组织中，怎样才能创造“天堂”效应，避免“地狱”之灾？

第一节　组织概述

一、组织的含义及其作用

1. 组织的含义

（1）通常认为组织有两层含义。一种含义是一般意义上的组织含义，泛指各种各样的社团、机关、学校、企事业单位等，它是人们进行交流合作的必要条件。另一种是指管理学上的组织的含义，即根据一定的目的，按照正式的程序建立的一种权责结构。

（2）组织工作。它是组织的动态概念，被定义为一个组织结构的创设过程，其结果形成组织。可以理解为设计一种组织结构，并使之运行。

研讨

对照各种组织定义，谈自己对组织定义的理解。

2. 组织的作用

组织作为一种管理职能，是根据决策目标和计划方案的要求，再按照权利责任关系的原理，把工作人员组合成一个分工协作管理系统，以便实现人员、工作、资源条件和外部环境的优化组合，达到组织的既定目标。

组织的作用：组织是帮助人类社会超越自身个体发展能力的重要支撑，克服个人力量的局限性；能够在一定程度上实现个人目标，这是一个人之所以愿意留在一个组织中的根本原因。组织作用如图 5-1 所示。

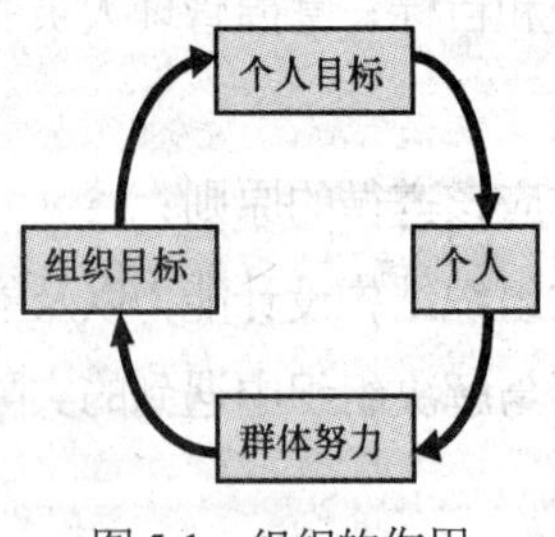

图 5-1　组织的作用

二、组织的类型及组织工作原则

1. 组织的类型

组织是执行管理职能的组织结构，由于受环境背景、行业特征、信息技术、企业规模等因素的影响，组织的形式呈多样化。

（1）帕森斯根据组织的目标和功能将组织分为四类。

① 经济生产组织：其功能不仅仅限于物质生产，还包括保证经济循环系统的正常运行，如实业公司、WTO 组织等。

② 政治目标组织：其功能是保证社会目标的实现以及社会权力的配置，如政府机关、银行、欧盟等。

③ 整合组织：其功能是调整社会体系各部分的关系，如政党、法庭等。

④ 模式维持组织：其功能是通过文化传播和教育普及来维系现存社会，如教会、学校、研究机构等。

（2）根据组织目标与受益者的关系将组织分为四类。

① 互利组织：其目标是使组织的成员都获得好处，如工会、俱乐部等。

② 工商组织：其目标是赚钱谋利，受益者是组织的所有者和经营者，如工厂、公司等。

③ 服务性组织：其目标是使组织的顾客得到良好的服务，如医院、学校等。

④ 公益组织：其目标是使社会大众都有利，如消防队、红十字会等。

（3）根据权威的基础划分将组织分为三类。

① 强制性组织：以暴力手段强迫成员服从组织目标，如监狱、军队等。

② 功利性组织：以物质和金钱手段，诱导其成员为得到某种物质利益而接受组织目标，如工商企业、农场等。

③ 规范性组织：以伦理道德或观念信仰使成员自觉自愿地接受组织目标，如教会、学校等。

2. 组织工作原则

组织是一个把许多人组合起来的有机系统，要让大家有条不紊地工作并不是一件容易的事情，需要遵循一系列基本的原则。从确保组织正常运转这一基本要求来看，组织工作实施过程中，一般要遵循以下几个原则。

（1）统一原则。目标统一原则，就是指组织中的各部门或个人的目标都要与组织的目标一致。组织不是一个松散的群体，组织成员必须要有共同的目标。共同的目标是维系组织成员的纽带，是组织管理工作的依据，只有这样的组织结构才是合理有效的。

（2）分工协作原则。分工协作是指组织中的各部门和个人都有明确的任务分工，并且要多方配合，以共同实现组织的目标。为了使组织成员能够有效配合，产生合力，组织设计时必须注重职务明确、控制幅度合理、专业分工明确、责任与权力相符、协作有序等一系列的组织设计原则。

（3）责权统一原则。责权统一原则是指在组织结构设计中，职位的职权和职责要对等一致。使每个组织成员都明确自己应该干什么，有哪些方面的权力，归属谁直接领导，这是保持组织的稳定性和增进组织运行效果的前提条件。

在实际中，若职权大于职责，则会使主管人员滥用自己的职权；其职责大于职权，则会挫伤主管人员的工作积极性。这些情况都不利于组织目标的实现。

（4）稳定性与适应性相结构的原则。稳定性与适应性相结构的原则是指一方面要保证组织结构的稳定，以顺利实现组织目标；另一方面又必须根据环境的变化对组织结构适时进行调整，以保证组织结构的适应性。

彼得·德鲁克提到：组织要稳定，反对僵化，以求在动乱中生存下来；组织要有适应性，以便从动乱中学到东西。稳定性并不是僵硬性，一个极其僵化的组织是不稳定的，而是脆弱的。只有一个组织结构能使自己适应新环境变化，它才能继续存在。

（5）信息畅通原则。组织各部门和组织成员的工作是靠信息的交流维持关系的。在一个组织中，信息交流包括自上而下、自下而上以及同级和企业之间的信息交流，这是组织成员进行有效协调、控制的基础。信息是组织的血液，有效的组织运作势必要保持组织内外部的信息交流畅通无阻。

研讨

为什么说组织要遵循分工协作的原则？

三、组织结构设计

1. 组织结构设计的含义及目的

组织结构设计是指以企业组织结构为核心的组织系统的整体设计工作，是对组织资源（如人力资源）的优化和整合。组织设计虽然是一项操作性较强的工作，核心问题是如何划分职权结构、部门结构和制定各项规章制度。

管理学家福克斯认为，组织设计的主要目的是建立有益于管理的组织。要做好正式组织结构的设计，必须符合下列六个要求：①符合组织目的的要求；②能使组织成员的能力在组织中发挥最大效用；③有利于使组织成员对组织作出贡献的欲望不断提高；④有利于形成和增长组织成员对组织的归属感；⑤应使组织不断持续地发展；⑥组织应当富有效率。

2. 组织结构设计的影响因素

一个组织选择什么组织结构，划分多少部门，受多种因素的影响，既有外部环境因素，也有自身战略、规模等因素的影响。

（1）规模因素。组织的规范化程度、集权化程度、复杂化程度和人员结构比率影响着组织结构。一般认为，组织规模越大，工作内容越复杂，工作量越大，组织结构就越复杂。据帕金森定律得知：在行政管理中，行政机构会像金字塔一样不断增多，行政人员会不断膨胀，每个人都很忙，但组织效率越来越低下。

（2）战略因素。一个组织的战略就是它的总目标，是一定时期内组织的全局设计、主要政策与任务的谋划，它决定着该组织在此时期内的发展方向和管理水平。

（3）环境因素。组织总是在一定的环境下开展活动，环境具有复杂性、变动性、不确定性和不可控性，因此不同的环境对组织结构的影响不一样，如表 5-1 所示。

表 5-1　　环境因素对组织结构的影响

战略	目标	环境	组织结构特征
防守型战略	追求稳定和效益	相对稳定的	严格控制，专业化分工程度高，规范化程度高，规章制度多，集权程度高
进攻性战略	追求快速，灵活反应	动荡而复杂的	松散型结构，劳动分工程度低，规范化程度低规章制度少，分权化
分析型战略	追求稳定活效益和灵活相结合	变化的	程度集权控制，对现有的活动实行严格控制，但对一部分部门让其分权或相对自主独立的方式；组织结构采用一部分有机式，一部分机械式

组织设计可通过下列方法提高组织对环境的应变性。

① 对传统的职位和职能部门进行相应调整；

② 根据不确定程度设计不同类型的组织结构；

③ 根据组织的差别性、整合程度设计不同类型的组织结构；

④ 通过加强计划和对环境的预测减少不确定性；

⑤ 通过组织间的合作减少组织自身要素对环境的过度依赖性。

（4）技术因素。技术不仅包括生产技术，而且包括管理技术。从技术发展得历程看，生产技术的变化曾经导致流水线的出现，而现代计算机和网络技术的飞速进步，一方面使敏捷制造和柔性制造成为可能，同时也使管理手段相应发生了变化，分权型、灵活型组织机构不断演进。

四、组织结构设计的原则

在长期的企业组织变革的实践活动中，西方管理学家曾提出过一些组织设计基本原则，如管理学家厄威克曾比较系统地归纳了古典管理学派泰勒、法约尔、马克斯・韦伯等人的观点，提出了八条指导原则：目标原则、相符原则、职责原则、组织阶层原则、管理幅度原则、专业化原则、协调原则和明确性原则。美国管理学家孔茨等人，在继承古典管理学派的基础上，提出了健全组织工作的 15 条基本原则：目标一致原则、效率原则、管理幅度原则、分级原则、授权原则、职责的绝对性原则、职权和职责对等原则、统一指挥原则、职权等级原则、分工原则、职能明确性原则、检查职务与业务部门分设原则、平衡原则、灵活性原则和便于领导原则。我国企业总结经验后也相应地提出了一些组织设计原则，可以归纳如下。

（1）有效实现目标与机构精简相结合原则。目标是一切管理活动的出发点和落脚点。根据目标进行组织结构设计，按各部门各岗位职务的职能要求确定管理人员的工作量及其应具备的素质，然后选择匹配的人员。这说明，满足目标需求的人员数量是一个变数，它与工作量大小和人员素质有关，同样的工作量，素质提高了，人员应及时精减；反之则需增加。

（2）专业分工与协作相结合原则。在合理分工的基础上，各专业部门只有加强协作与配合，才能加强企业面对多变竞争环境的适应能力，以保证各项专业管理的顺利开展，达到组织的整体目标。

（3）有效管理幅度与层次相结合原则。组织设计时必须着重考虑组织运行中的有效性，即管理层次与管理幅度的问题。这个问题将在后面章节阐述。

（4）统一指挥与分权管理相结合原则。统一指挥原则是组织管理的一个基本原则。它是建立在明确的权力系统之上的。权力系统就是上下级之间的联系，靠它来统一全体人员的思想和行动，为实现共同的管理目标而努力。组织设计时必须考虑总体协调，以保证统一指挥，即命令的统一性与有效性。

（5）责权利相结合原则。这是一项极为重要的原则，但实际中，权责分离的现象是屡见不鲜的，如有权无责、有责无权；权大责小、责大权小等。无论怎样，在组织运行过程中，要解决好授权问题，权责不对应对管理组织的效能损害极大。

（6）稳定性和适应性相结合原则。在组织设计时，不仅要保证组织在外部环境和企业任务发生变化时，能够继续有序地正常运转；还要保证组织在运转过程中，能够根据变化了的情况适时做调整。

（7）因事设职与因人设职相结合的原则。组织设计的根本目的是为了保证组织目标的实现，是使目标方案的每个内容都落实到具体的岗位和部门，即“事事有人做”，而非“人人有事做”。因此，组织设计中，要求先考虑工作的特点和需要，要求因事设职，因职用人，而非相反。但这并不意味着组织设计中可以忽视人的因素，忽视人的特点和人的能力。

五、组织结构形式

每个组织都要分设若干管理层次和管理机构，这些不同机构的组合方式构成了组织结构，它反映了各个部门组成部分之间的相互联系和相互作用，是实现组织目标的框架或体制。组织结构是随着生产力和社会的发展而不断发展的。常见的组织结构的类型有：直线式、职能式、直线职能式、事业部式、矩阵式组织结构等。在当今经济全球化和知识经济趋势不断发展的今天，组织结构还在不断地创新和发展，出现了团队、网络型组织结构等新的组织结构形式。下面主要说明常见的五种组织结构形式。

1. 直线式

（1）含义。直线式是指一种较为简单的组织结构形式，没有职能机构，从最高管理层到最基层，实行直线垂直领导，如图 5-2 所示。

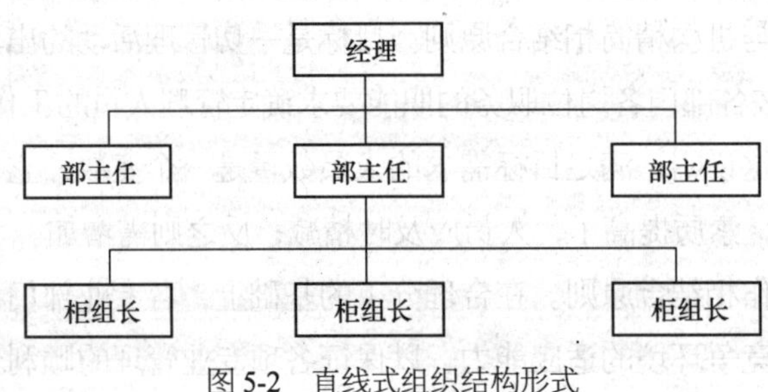

图 5-2　直线式组织结构形式

（2）优点。沟通迅速、责任明确、信息沟通方便；便于统一指挥、集中管理。

（3）缺点。领导者总揽大权，日理万机。一方面管理下属各部门日常运作，另一方面又兼顾系统的分析、设计等能力，管理者负担过重。

（4）适用。适用于小型组织。

2. 职能式

（1）含义。在组织内设置若干职能部门，并都有权在各自业务范围内向下级下达命令。经理对各部门活动起指导作用，同时各基层组织都接受各职能部门的领导，如图 5-3 所示。

（2）优点。分工明确，专业性强，有利于管理活动的展开。

（3）缺点。容易造成各部门各自为政，缺乏沟通，不利于管理者统一指挥。

（4）适用。这种类型属于意义上的职能制，在真实组织中无法实施。

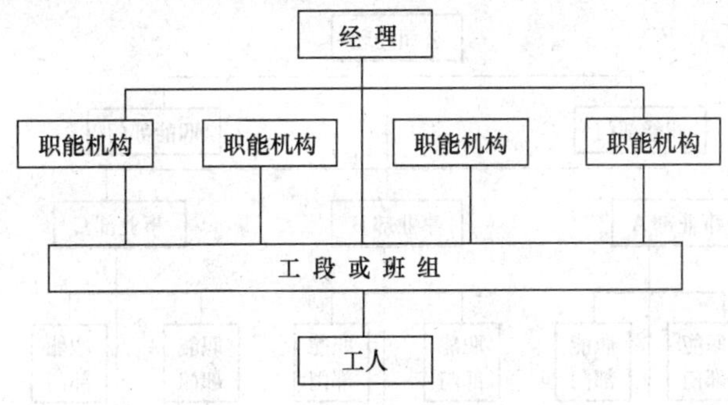

图 5-3　职能式组织结构形式

3. 直线职能式

（1）含义。直线职能式是指在组织内部，既设置纵向的直线指挥系统，又设置横向的职能管理系统，逻辑上将两种组织结构形式合二为一，如图 5-4 所示。

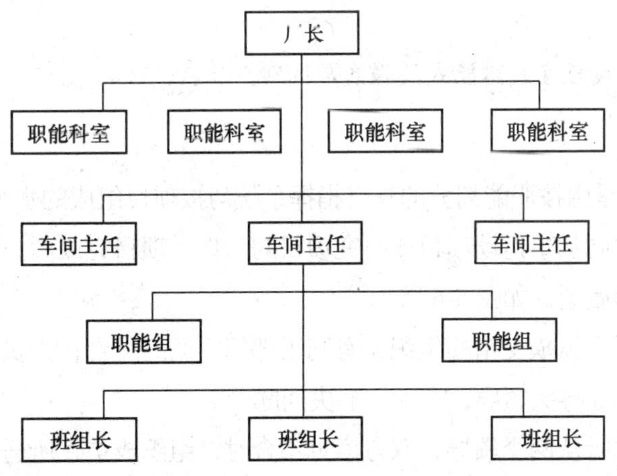

图 5-4　直线职能式组织结构形式

（2）优点。实行垂直领导，既保证组织的统一指挥，又加强了专业化管理。

（3）缺点。各部门缺乏沟通，直线人员与参谋人员关系难协调，同时下级缺乏自主权力。

（4）适用。目前绝大多数组织均采用这种组织模式。

4. **事业部式**

（1）含义。所谓事业部，是按照产品或者服务类别划分成多个类似公司的事业部单位，实行独立核算，是一种分权管理模式。即在总公司领导下，统一政策，分散经营，如图 5-5 所示。

（2）优点。有利于发挥事业部积极性、主动性，采用独立核算制，使得各部门经营情况一目了然，便于相互促进，更好地适应市场；公司高层集中思考战略问题；有利于培养综合管理人员，充分发挥专业优势。

（3）缺点。由于权力下放，存在分权带来的不足：指挥不灵，机构重叠，容易产生本位主义和分散主义。

（4）适用。面对多个市场的大规模的综合性组织，或者是产业中的大型组织。

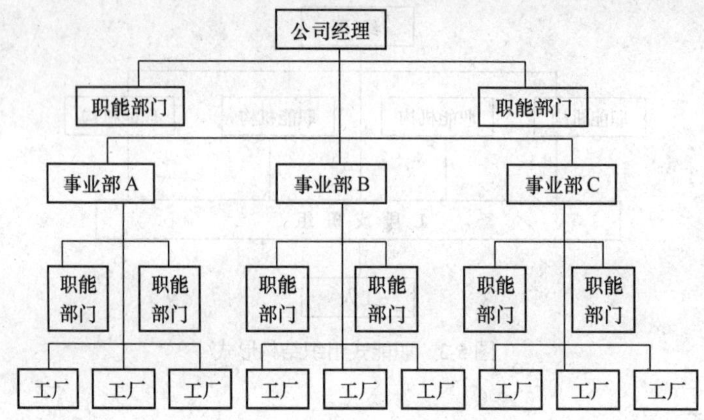

图 5-5 事业部式组织结构形式

研讨

请分析比较事业部式与直线职能式的联系与区别。

5. **矩阵式**

（1）含义。矩阵式是由按职能划分的垂直指挥系统与按项目组成的水平系统结合而成的组织。这个组成的项目组，共同从事运动项目或研究项目的工作。项目完成后，各职能部门抽调人员返回本部门，项目组随即撤销，如图 5-6 所示。

（2）优点。形成一个纵横交错的组织，有利于部门之间的配合；人员组合富有弹性，两个领导者相互牵制，不易形成寡头领导，有助于解决问题。

（3）缺点。要成员听从两个领导，双方意见不合时，组织成员无所适从；在此结构下，一旦工作出现问题，容易产生踢皮球现象，互相推诿责任。

（4）适用。主要适用于突击性、临时性任务，如运动项目集训、大型赛事组织、运动项目科研等。

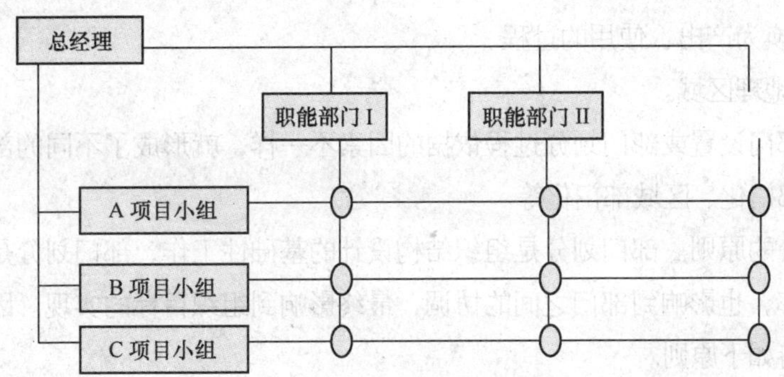

图 5-6　矩阵式组织结构形式

研讨

就你所了解的组织或工作，指出矩阵式所适应的对象。

六、管理幅度与管理层次

组织结构是描述组织的框架体系，即基本架构，是对完成组织目标的人员、工作、技术和信息所作的制度性安排。分工的出现和深化提高了组织的效率，并导致了管理的必要，而管理本身也存在分工，这种分工使得管理职能分化和专业化。管理劳动的分工包括横向和纵向两个方面。从总体上分，有组织的横向结构设计和纵向结构设计。所谓组织的横向结构设计，主要解决组织内部，如何按照分工协作原则，对组织的业务与管理工作进行分析归类，组成横向合作的部门问题，即划分部门问题。所谓组织的纵向结构设计主要是科学地设计有效的管理幅度与合理的管理层次问题。

1. 横向结构设计——部门划分

随着组织规模的扩大和组织活动的复杂化，组织中所包含的不同性质的活动种类也越来越多，所涉及的领域越来越广。为了完成组织的各项任务，提高工作效率并实现组织的目标，必须对组织内部的结构进行合理安排。部门划分就是组织横向设计的一个方面。

（1）部门划分。部门划分就是将组织总的管理职能进行科学分解，按照分工合作原则，相应组成各个管理部门，使之各负其责，形成部门分工体系的过程。

（2）影响部门划分的因素。分工是将相应的专家归并到一个部门中，在一个管理者指导下工作，可以促进组织人员的协调，提高工作效率。对企业来说，影响部门划分主要有五个方面的因素。

① 所开展工作的职能，包括经营职能和管理职能。如是计划工作还是财务工作？财务工作包括成本的核算、资金的组织、预算等，这就要求具备相应专业技能的人在一起开展工作，以有利于企业的财务管理。

② 所提供的业务和服务。业务不同对人员的要求不一样，为了提高效率和效益，就有必要将从事某一业务的人员集中到一起，从而形成一个业务部门。

③ 所设定的目标顾客或客户。

④ 所投入转换为产出、使用的过程。

⑤ 所覆盖的地理区域。

很明显，在部门设置或部门划分过程依据的因素不一样，就形成了不同的部门化方式，如职能部门化、顾客部门化、区域部门化等。

（3）部门划分的原则。部门划分是组织结构设计的基础性工作，部门划分是否合理，既关系到部门工作的效率，也影响到部门之间的协调，最终影响到组织目标的实现。因此，在进行部门划分时，必须坚持如下原则。

① 确保组织战略目标的实现。合理地划分部门只是一种手段，其目的是为了切实保证实现组织的目标。根据这个总的要求，部门的划分和设置应以组织的总目标为导向，对于妨碍组织目标实现的部门应予以撤销或合并，而对于必不可少的部门必须重点建设，不能空勤。否则，组织中的必要职能就会无法实现。从企业来说，实现赢利是根本目标，因此在市场竞争日益激烈的条件下，企业必须研究顾客的需求，把传统的销售部门改造为包括市场研究和策划、产品销售和售后服务等整体营销活动的营销部门，并不断加强营销工作的力度。

② 职责的明确性与均衡性。各个部门、岗位的职责任务必须十分明确。每个部门该干什么，不该干什么，干到什么程度，有什么要求，承担什么责任，如何与其他部门协作等。此外，任务的分配要尽量平衡，防止出现部门之间、部门内部不同岗位之间忙闲不均的现象。均衡才是一种比较理想的运转状态。

③ 力求部门高效精干。部门设计要戒贪多求全，有些组织业务还没有完全展开，就一下子设置了许多部门。例如，一些新创办的小企业，完全仿照大型企业的组织架构，也设置什么人力资源部、研发部等，其结果只是一个空架子，而凭空多了不少管理人员，提高了企业的运行成本。还有一些基层政府机构，也要搞一一对应，上面有什么部门，下面也对口设置相应部门，造成机构臃肿、人员膨胀、效率反而下降，而且增加了纳税人的负担。因此，部门设计必须精干，该有的部门一个不少，无用的部门一个不要，可要可不要的部门坚决撤并，无效而不必要的部门要及时予以果断的调整，这一切都要以效率为前提。

④ 保持弹性。组织的任务在不同阶段有不同的重点，同时由于环境是不断变化的，因此组织内部的部门必须适应环境变化的要求。部门革新既不是一劳永逸的，也不是一成不变的。部门的增、减、撤、并都应随组织业务的发展、环境变化的要求而定。部门设计要保持适度弹性，不能只生不死，不能搞终身制。

为了完成一些临时性的工作，往往需要多个部门的配合，因而组织可能会设置一些临时性部门或单位来解决这些临时性问题。但在现实生活中，许多组织对这种临时性部门缺乏有效的控制，往往临时性部门永久化，结果组织结构中部门越来越多，结构臃肿。为了避免这种现象，就必须坚决撤销那些已完成其工作任务的临时性部门。

⑤ 部门之间要有良好的配合与协调。在职能化的部门设置过程中，由于按专门性的职能（业务职能或管理职能）来进行部门设计，因此部门内的管理人员容易出现“隧道视野”，过分强调本部门的重要性，而在工作中协调配合不足。为了实现组织的整体目标，必须明确一个原则，部门

只是整体的一部分，靠每个部门单个的力量都无法实现组织的整体目标。因此，部门与部门之间既要讲分工明确，责任清晰，更要讲协调配合，共同为组织的整体工作做贡献。

尤其是在企业中，部门与部门之间存在密切的经济技术联系，也许这个部门的工作是为另一个部门的工作作准备，是“前道工序”与“后道工序”的依存关系。如供应部与生产部、营销部三者的关系，就是“前后工序”的关系，在按需生产的要求下，营销部根据订单提出生产计划，生产部根据生产计划按平衡原则提出采购计划，环环相扣，三个部门之间必须保持高度的协调与协作，否则就会打乱仗，给企业带来不必要的损失。

（4）部门划分的方法。为达到组织的目标所必需进行的各项活动千差万别，这些活动的特征随着目标的不同而有显著的差异。部门划分或部门化是将工作和人员组织成可以管理的单位的过程，选择什么类型的部门化方法需要反映最有利于实现组织目标和各单位目标的要求。划分部门的常用方法有以下几种。

① 人数部门化。这是一种最简单、最原始的部门划分方法，最初在军队中使用。这种方法完全按人数的多少来划分部门，如军队中的军、师、团、营、连、排的划分就是如此，它仅仅考虑人数的多少，由一定数量的人员简单集合成一个部门。

由于技术的发展和分工的深化，现代社会已经是一个高度专业化的社会，这种划分部门的方法日益显示出其局限性。因为随着人们文化水平和科学水平的提高，每个人都可能掌握某种专业技术，把具备某种专业技术的人员组织起来去做某项专门的工作，比单靠数量组织起来的更有效率，特别是知识集约化已逐渐取代劳动集约化。单纯按人数多少划分部门的方法有逐渐被淘汰的趋势，即使是在军队中，按专业分工和组合成部门的趋势也越来越明显。

② 时间部门化。即在正常的工作不能满足连续生产、工作的需要时，按时间顺序划分工作部门的一种方法，如企业按早、中、晚三班的编制进行生产。按时间划分部门主要基于如下考虑：人的正常生理需要包括吃饭、睡觉、休息和娱乐，不可能一直连续工作；而有些工作需要很长时间，而且不能间断，如炼钢厂的炉钢只有在全部出炉后才能停止；有些工作出于经济和技术需要的考虑，必须连续不断地进行，如供电服务。这种划分方法适用于最基础的组织。

③ 职能部门化。这是一种最常用的部门划分方法，即以组织的主要经营和管理职能为基础设立部门，凡同一性质的工作都置于同一个部门，由该部门全权负责该项职能的履行。它可以在各种类型的组织中得到应用，不同的只是反映组织目标和活动的具体职能发生变化。如企业中设置营销、财务、生产、人力资源等部门就是典型的按经营职能划分的。

职能部门化有利于提高管理的专业化程度，有利于提高管理人员的技术水平和管理水平。但是，由于各部门承担某一专门职能，因此各部门的管理人员可能会形成“隧道视野”，过分强调本部门工作的重要性，而缺乏协调与配合；同时各部门长期从事某种专门业务的管理，缺乏长远眼光，不利于全面、高级管理人才的培养。

④ 程序部门化。即以工作程序为基础组合各项活动从而划分部门的一种方法。例如，在机械制造企业中，通常按照毛坯机械加工、装配的工艺顺序来分别设立部门。在银行内部，则按贷款申请、评估、审核、资产管理等相关环节来设置相应的部门。这种划分方式，在生产程序复杂、

要求严格的情况下是必要的，它有利于加强专业程序管理，提高工艺水平和管理水平。

⑤ 业务部门化。指把业务系列的管理工作划归一个部门负责。在一些大型组织中，由于业务范围多元化，按业务来划分部门，有利于充分利用管理者的专业知识和技能，有利于组织专业化经营，有利于扩大服务工作。如在医院科室的划分中，划分内科、外科，再进一步划分为神经内科、神经外科等，就是按业务划分的。而一些大型企业的事业部，如空调事业部、手机事业部、冰箱事业部等，也是典型的按业务划分的部门。

⑥ 区域部门化。区域部门化是根据地理因素来设立管理部门，把不同地区的业务和职责划归不同部门全权负责。对于一个地域分布较广的或业务涉及区域较广的组织来说，按地区划分是必要的。因为不同地区的政治经济形式、文化科学技术水平、人们的风俗习惯、对业务的要求等都有很大差别。按地区划分部门，有利于各部门因地制宜地制定政策和策略、进行决策，提高管理的适应性和有效性，可以更好地满足特定区域顾客的需要，还有利于培养独当一面的管理人才。对许多大型企业尤其是跨国公司来说，由于其业务和顾客遍布全国甚至全世界，因此为了针对性地开展业务，往往按地区划分部门，如亚太事业部、欧洲事业部等。

一个组织究竟采用何种方式划分部门，应视具体情况而定。如在企业内部，参谋机构一般都按职能划分，生产部门按程序或业务划分，而营销部门则可能按地区或顾客划分。

2. 纵向结构设计——管理幅度与管理层次

（1）管理幅度。管理幅度是指一名管理者直接管理（领导）下属的人数。一个管理者的管理幅度是有一定限制的。管理幅度过小，会造成资源的浪费；而管理幅度过大，又难以实现有效的控制。

决定管理幅度的主要因素有以下几方面。

① 管理工作的性质与难度，主要体现在管理者所处层次、下属工作的相似性、计划是否完善、非管理工作量和下属工作的不确定性；

② 工作能力，主要包括管理者的素质与管理能力、被管理者的素质与工作能力；

③ 工作条件与工作环境，主要考虑是否稳定。

管理幅度的定量准则如图 5-7 所示。

协调关系式

人数	1	2	3	4	5	6
关系数	1	6	18	44	100	222

一般原则

中上层　4～8 人

中下层　8～15 人

图 5-7　管理幅度的定量准则

（2）管理层次。管理层次是指组织内部从最高一级管理组织到最低一级管理组织的组织层级。管理层次的产生是由管理幅度的有限性引起。正是由于有效管理幅度的限制，才必须通过增加管理层次来实现对组织的控制。

（3）管理幅度与管理层次的关系。对于一个人员规模既定的组织，管理者有较大的管理幅度，意味着可以有较少的管理层次；而管理者的管理幅度较小时，则意味着该组织有较多的管理层次。见图 5-8。它们之间的相互制约关系如下。

管理幅度×管理层次=组织规模

管理幅度一定，管理层次与组织规模成正比；

组织规模一定，管理层次与管理幅度成反比；

管理层次一定，管理幅度与组织规模成正比。

一个组织设置几个管理层次主要受组织规模和管理幅度的影响。

图 5-8　管理幅度与管理层次的关系

【经典实例】

人类很早以前就开始了管理幅度（Span of Control）理念的实践。摩西（约公元前 1300 年，曾被俘虏到埃及，他汲取埃及的管理经验，成为希伯来人的领导者）率领希伯来人为摆脱埃及人的奴役而出走的故事。开始，每个人都直接向摩西汇报，遇到大事小情，摩西都要亲自处理。不久，摩西便筋疲力尽。摩西的岳父杰西罗随队前行，他建议摩西建立"千民之侯，百民之侯，半百民之侯和十民之侯"制度，对一些小的事情，让下属人员自己处理，大的事情由摩西解决。摩西采纳了岳父的建议，顺利地完成了出走的任务。

由于管理幅度与管理层次这两个变量的不同，在组织中就会产生高层结构和扁平结构两种组织结构类型。

（1）高层结构的特点。高层结构亦称高耸结构，是指组织的管理幅度较小，从而形成管理层次较多的组织结构。优点：有利于控制；权责关系明确；有利于增强管理者权威；为下级提供晋升机会。缺点：增加管理费用；影响信息传输；不利于调动下级积极性。

（2）扁平结构的特点。扁平结构是指组织的管理幅度较大，从而形成管理层次较少的组织结构。优点：有利于发挥下级积极性和自主性；有利于培养下级管理能力；有利于信息传输；节省管理费用。缺点：不利于控制；对管理者素质要求高；横向沟通与协调难度大。

七、集权与分权

组织结构可以用复杂性、规范化和集权化三个基本特性来描述。一是复杂性，指组织内部结构的分工程度。一个组织分工越细、组织层级越多、管理幅度越大，组织的复杂性就越高。二是正规化，指组织依靠制定的工作程序、规章制度、规则引导员工行为的程度。三是集权化，指组织在决策时正式权力在管理层级中的分布与集中的程度。决策高度集中在组织的上层，问题由下而上传递给高层管理人员，由他们选择合适的行动方案，这时组织的集权化程度就较高；反之，一些组织授予下层人员更多决策权力时，组织的集权化程度就较低。

1. 职权

职权是指由于占据组织中的职位而拥有的权力。与职权相对应的是职责，是指担当组织职位而必须履行的责任。职权是履行职责的必要条件与手段，职责则是行使权力所要达到的目的和必须履行的义务。巴纳德[①]认为职权被接受前有四个条件。

（1）在做决定前，下属必须能够了解沟通的内容；

（2）在做决定前，下属必须深信他的要求与组织宗旨是一致的；

（3）在做决定前，下属必须深信他的要求与他的兴趣是一致的；

（4）在做决定前，下属在体力、精力应能予以配合职权的行使，职权的行使不能逾越他们的能力和服从范围。

2. 正确处理职权关系

（1）建立清晰的等级链。例如，高等院校的等级链可以简单概括为：院长—副院长—系主任—系副主任—教研室主任。

（2）明确划分权责界限。

（3）制定并严格执行政策、程序和规范。越权处理，不尊重他人职权，是造成职权危机的最突出因素。所以，各管理者必须充分尊重别人的职权，以建立融洽的职权关系。

3. 组织中的职权分配方式

（1）集权与分权的含义。集权与分权是组织层级化设计中的两种相反的权利分配方式。集权是指决策指挥权在组织层级系统中较高层次上的集中；分权是指决策指挥权在组织层级系统中较低层次上的分散。

（2）集权与分权的优缺点。集权有利于组织实现统一指挥、协调工作和更为有效的控制；但另一方面，会加重上层领导者的负担，从而影响决策质量，并且，不利于调动下级的积极性。而分权的优缺点则正好与之相反。

由于我国市场经济体制还存在不足，则在我国企业管理实践中，在决策权力的分配上较多地表现为企业管理高层掌握了绝大部分的决策权力，即所谓的过度集权。过度集权对于企业提高运作效率是大为不利的，其所产生的问题也不少，主要表现为以下几个方面。

① 不利于合理决策。要想快速、正确地做出决策，企业的高层管理者就必须及时、准确地掌握决策相关的信息，并把各项决策与命令及时准确地传达到组织的各个层级。然而，随着组织规模的扩大，过度的集权一方面使得组织的层级拉长，信息传递的速度大大降低，导致决策速度下

---

① 切斯特·巴纳德（Chester Barnard, 1886—1961）出生于美国一个贫穷的家庭。1906～1909 年期间在哈佛大学攻读经济学。由于拿不到一项实验的学分，1909 年未拿到学位的巴纳德离开哈佛大学，进入美国电话电报公司开始了他的职业生涯。巴纳德不仅是一位优秀的企业管理者，他还是一位出色的钢琴演奏家和社会活动家。他曾经担任过巴赫音乐学会的主席，帮助美国原子能委员会制定政策；在 20 世纪 30 年代大萧条时期担任新泽西州减灾委员会总监；1942 年巴纳特创立了联合服务组织公司并出任总裁；1948～1952 还广泛地学习了社会科学的各个分支。1938 年，巴纳德出版了著名的《经理人员的职能》一书，此书被誉为美国现代管理科学的经典之作。1948 年，巴纳德又出版了另一重要的管理学著作《组织与管理》。巴纳德的这些著作为建立和发展现代管理学做出了重要贡献，也使巴纳德成为社会系统学派的创始人。除了以上两本经典著作外，巴纳德还写过许多论文和报告，如《经理人员能力的培养》、《人事关系中的某些原则和基本考察》、《工业关系中高层经理人员的责任》、《集体协作》、《领导和法律》等。由于巴纳德在组织理论方面的杰出贡献，他被授予了七个荣誉博士学位。

降；另一方面，信息在组织向上传递的过程之中也会导致信息失真，从而做出错误的决策。

② 不利于调动下属的积极性。由于实行高度的集权管理，组织的最高层管理者机会集中了所有的决策权力，而组织中下层管理者成为单纯的执行者，没有任何决策权、发言权和自主性。这种情况下，一方面下属的积极性和创造性受到了严重的压抑，导致其工作热情低下；另一方面，由于缺乏锻炼的机会，导致中下层管理人员的综合素质无法得到提高，从而影响企业后备人才的培养。

③ 阻碍信息交流。在高度集权的组织里，由于最高管理层与中下层的执行单位之间存在多级管理层次，信息传递的线路长，经过的环节多，从而导致信息在传输过程之中经营出现失真、扭曲的现象，阻碍了信息在组织内的有效交流。

④ 助长组织中的官僚主义。过度集权的管理体制，势必需要制定许多繁琐的办事程序和各种各样的规章制度以确保权力的实现，而这很容易助长官僚主义的作风，使组织机关化，办事公式化，从而使组织失去活力与生气。

（3）集权与分权的设置。高层管理者应重点控制计划、人事、财务等决策权，而将业务与日常管理权尽可能多地放给基层。应根据组织目标与环境、条件的需要正确决定集权与分权程度。现代管理中总的趋势是加强职权分权化。

戴尔（R.Dell）曾提出判断组织分权程度的四条标准。

① 较低的管理层次作出的决策数量越多，分权程度就越大；

② 较低的管理层次担任的决策重要性越大，分权程度就越大；

③ 较低的管理层次担任的决策影响面越大，分权程度就越大；

④ 较低的管理层次所作出的决策审核越少，分权程度就越大。

4. 授权

在组织中由一个人来行使所有的决策权是不可能的，随着组织的发展和管理层次的出现，就必须把职权授予下属。

（1）授权的含义。授权是指组织为了共享内部权力，增进员工的工作努力，把某些权力或职权授予下级。它是委派工作和分配权力的过程，因此授权也叫委派。

授权是一种管理行为，表现权力的授予和责任的建立。授权是担任一定管理职务的领导者在实际工作中，为充分利用专门人才的知识和技能，或出现新增业务的情况下，将部分解决问题、处理新增业务的权力委任给某个或某些下属。授权往往有两种情况：一种是所分派的任务以执行决策为主，另一种是所分派的任务是以制定决策为主。当所分派的任务是制定决策，是让下属决定应该实施的工作内容，并且所授予的权力对全局有重要的影响时，这种授权就是分权。

分权是与集权相对的概念，分权往往同领导方式联系在一起，从这个角度讲，分权就是把较多的和较重要的权力授予下级。分权是权力的分散状态，并且这种权力能较长时间留在下属中。总之，分权是一种管理模式，一种决策体制。

（2）授权的原则。

① 明确具体原则。授权应事前授予，而不是问题发生时授予，这样做有助于下级主动全面地考虑问题。同时对下级的授权应具体包括：主要目标和具体目标、可指挥的人员、可利用的资金

和设备、被授权者的权力范围、应向谁汇报以及完成任务的时限等。

② 因事设人原则。要“因事设人”，要根据职务的要求检查被授权人的技术和能力是否同任务的要求一致，要认真评估被授权人的经验和才能，尽量避免非理性因素的影响。

③ 级差授权原则。只能向直线下属授权，不能越级授权。越级授权必将破坏指挥链，影响统一指挥的原则。另外，越级授权必然使下属处于被动的境地，还会使部门间产生矛盾。

④ 适度原则。适度原则包括两个方面。

- 下级的权责要对等，权力大于责任，容易产生滥用职权的现象；权力小于责任，就会影响任务的完成。
- 授权者应明了什么职权可以授予，什么职权不能授予，对于组织的战略目标、重要人事任免、重大政策和财务预算等问题，不可轻易授权。授权后适当程度的监控是必要的，授权者应定期检查被授权者的工作情况，要求被授权者定期反馈有关信息。

【经典实例】

某小城市的图书馆共有员工18人。其中馆长1人和馆员17人，馆员中有5人是图书馆专业的硕士毕业生，其余为非专业人员。馆长为该图书馆设计了一种组织结构，确定了每个人的任务，制定了许多规章制度，并采用集中决策方法。馆长直接管理的有4人：1名助理；1名负责图书编目和技术服务的副馆长；1名负责日常工作和参考资料编辑的副馆长；1名负责日常工作和参考资料编辑的副馆长。两名副馆长常常跟馆长抱怨，馆长在作出重要决策时，即使这些决策会影响到两名副馆长各自管理的部门，馆长也从不与他们商量。对此馆长回答说：“我们只是一个很小的图书馆。我熟悉馆内的所有事情，知道下一步将发生什么事和应该怎样去做。所以协调馆内工作最好的办法，就是由我一人作出决策。”试分析以下问题。

（1）描述该图书馆的组织结构类型。

（2）该组织结构类型的优缺点是什么？

（3）如果要改变该图书馆现有的组织结构，你主张怎么改，为什么？

调查与访问：选择你身边一个熟悉的企业、单位，或者在网上查找，了解其组织的结构形式、影响该组织结构形式的因素。

第二节　组织人员的配备

一、人员配备概述

人员配备是一项管理职能，它的主要任务是为组织结构中的各个职位配备合适的人员，配备合适的人选是发挥组织结构功能，实现组织目标的内在保证。现代管理学观点认为人员配备不仅包括了选人、用人和育人，而且包括如何用人和留住人员，即包括选聘、考评、培训以及吸引人才等方面的内容。

1. 人力资源与人力资源管理

（1）人力资源的含义。彼得·德鲁克于 1954 年在《管理的实践》一书中提出“人力资源”（Human Resource，简称 HR）一词 。通俗地讲，人力资源就是指人，“人力资源”是将“人”看作一种资源，与物质资源和信息资源相对应，构成企业的三大资源。当把人看成是组织中最重要、最有活力、最能为组织带来效益的资源时，组织的全部成员就是人力资源。

（2）人力资源管理的含义。顾名思义，人力资源管理就是对企业组织中的“人”进行管理。在狭义上，人力资源管理是指为实现组织目标，对组织成员所进行的计划、组织、领导、控制行为。在广义上，人力资源管理包括狭义的人力资源管理和人力资源开发。人力资源开发是指对人力资源的充分发掘与合理利用和对人力资源的培养与发展。

（3）人员配备的含义。是根据组织目标和任务正确选择、合理使用、科学考评和培训人员，以合适的人员去完成组织结构中规定的各项任务，从而保证整个组织目标和各项任务完成的职能活动。

2. 人员配备的工作内容

（1）确定组织中人员需求量。通过组织规模、机构和岗位的结合分析，制定企业人力资源计划。在组织和员工目标达到最大一致情况下，使人力资源的供给和需求达到平衡。当管理人员的流动率高的时候，人员配备工作就是随时补充流失人员。随着组织的发展，组织规模扩大、活动内容日益复杂，工作量增多，管理人员需求增多。

（2）选配合适的人员。当人力资源计划表明有新员工的需求时，根据岗位设计和分析的内容选择相应素质的人，弥补职位空缺并进行优化组合。若是为新组建的组织选配人员，只要根据组织对人员的需求量在社会上公开招用和选聘。若是对现有组织机构中的人员配备进行重新调整，需要将需求量与内部现有人力资源状况进行对比找出预计缺额，确定出需要从外部选聘的人员类别和数量。

（3）人员考评（定期盘点企业人力资源的清单，为确定员工工作报酬、人事调整、培训提供依据）。通过考核员工的工作绩效，及时做出信息反馈，提高员工工作效率和工作质量。同时根据工作绩效的大小和优劣，给予不同报酬和奖励。

（4）人员培训（适应组织发展和个人发展的需要） 。将人作为一种最为宝贵的资源，通过合理使用、有效激励、科学考核、系统培养，促进人的全面发展。

3. 人员配备的原则

（1）职务明确原则。人员配备的目的是以合适的人员会充实组织结构中所规定的各项任务。若职务不明确，人员配备就缺乏依据，就不能以合适的人员去充实这些职务，就不能做到因事设人、发挥各个管理人员的特长，也就不能做到量才录用、人尽其才、才尽其用。

（2）公平竞争的原则。公开竞争原则，是指组织越想要提高管理水平，就越要在主管职务的侯选人之间鼓励公开竞争。只有进行公开竞争，组织才有可能选到最合适的人选。公开竞争无论对组织内部或外部的人都应一视同仁，机会均等。

（3）人事动态平衡的原则。组织在发展，人的能力和知识也在不断地提高和丰富，因而，人与事的配合需要进行不断地调整，以求每一个人都能得到最合理的使用。

（4）因材使用的原则。通常说因材施教，所指的是针对学习者的志趣、能力等具体情况进行不同的教育。那么在企业人员配备中，也需根据每个人的特点和能力，既不能大材小用也不可小材大用。典型的例子是管理学中经常引用到的猴子取食实验。

【经典实例】

猴子取食实验

美国加利福尼亚大学的学者做的猴子实验。把6只猴子分别关在3间空房子里，每间两只，房子里分别放着一定数量的食物，但放的位置高度不一样。第一间房子的食物就放在地上，第二间房子的食物分别从易到难悬挂在不同高度的适当位置上，第三间房子的食物悬挂在房顶。数日后，他们发现第一间房子的猴子一死一伤，伤的缺了耳朵断了腿，奄奄一息。第三间房子的猴子也死了。只有第二间房子的猴子活得好好的。

究其原因，第一间房子的两只猴子一进房间就看到了地上的食物，于是，为了争夺唾手可得的食物而大动干戈，结果伤的伤，死的死。第三间房子的猴子虽做了努力，但因食物太高，难度过大，够不着，被活活饿死了。只有第二间房子的两只猴子先是各自凭着自己的本能蹦跳取食，最后，随着悬挂食物高度的增加，难度增大，两只猴子只有协作才能取得食物，于是，一只猴子托起另一只猴子跳起取食。这样，每天都能取得够吃的食物，很好地活了下来。

猴子取食的实验，在一定程度上也说明了人才能力与岗位的关系。岗位难度过低，人人能干，体现不出能力与水平，选拔不出人才，反倒成了内耗式的位子争斗甚至残杀，其结果无异于第一间房子里的两只猴子。岗位的难度太大，虽努力而不能及，甚至埋没、抹杀了人才，有如第三间房子里的两只猴子的命运。岗位的难度要适当，循序渐进，如同第二间房子的食物。这样，才能真正体现出能力与水平，发挥人的能动性和智慧。同时，相互间的依存关系使人才间相互协作，共渡难关。

二、管理人员的选聘

1. 员工选聘的含义及选聘广告的内容

有位企业家这样说过："现代社会中，企业的竞争就是产品的竞争，产品的竞争就是技术的竞争，技术的竞争就是人才的竞争"。现代企业人力资源管理中的员工选聘是指组织通过采用一系列科学的方法寻找、吸引那些有能力、有兴趣到本组织来任职的人员，并从中选出适宜人员予以聘用的过程。因此，科学地设计、制定一个具有诱惑力的选聘计划，对选聘整体工作具有重要的意义。下面举实例介绍选聘广告的内容。

【实例】

南方公司是注册于深圳开发区，主要从事计算机网络工程、数据库和应用系统开发的系统集成公司。因发展需要，经人才交流服务中心批准，特聘优秀人才加入：客户经理（1名），工作地区地点为深圳，招聘人数：1名。

招聘岗位的主要职责如下。

（1）负责公司企业竞争情报系统和网事通系列产品和相关解决方案的推广与销售，协助相关部门收集市场信息，协调客户关系；

（2）制定所负责行业和目标客户的销售目标、销售策略、销售计划；

（3）负责指定行业内客户的开发和管理，完成指定行业或区域内产品的销售目标。

投简历前请到公司网站了解相关信息。

招聘岗位的任职资格如下。

（1）25岁以上，大学以上学历；

（2）具有软件，尤其是应用软件产品两年以上销售工作经验；

（3）相关行业和大中型企业的销售工作经验，熟悉中高端企业市场情况；

（4）具有相关行业的销售或渠道经验者优先考虑；

（5）良好的人际关系处理能力和销售技巧，善于与人交流、沟通，事业心强，具有团队协作精神，能承受强大的工作压力。

招聘岗位的技术与知识要求：了解数据库与检索的相关知识，熟悉所负责行业的客户需求，了解计算机与互联网技术。

【拓展阅读】人员的解聘方案。

2. 管理人员的选聘标准

（1）管理人员选聘的一般要求。

① 管理的欲望。强烈的管理愿望是有效开展工作的基本前提。

② 良好的品德。正直和诚信是每个组织成员都应具备的基本品质。

③ 敢于创新的精神。只有敢于创新，组织才能充满生机，才能不断发展。

④ 决策的能力。管理者不仅要计划和安排好自己的工作，更重要的是要组织和协调好部属的工作。

⑤ 沟通的技能。组织成员之间的相互理解是组织成功的基本保证。

（2）大型工业企业各类管理人员能力相对重要性比较表如表5-2所示。

表5-2　　企业管理人员能力重要性比较

管理人员	能力						
	管理	技术	商业	财务	安全	会计	总计
工长	15	60	5	—	10	10	100
车间主任	25	45	5	—	10	15	100

续表

管理人员	能力						
	管理	技术	商业	财务	安全	会计	总计
分厂长	30	30	5	5	10	20	100
部门领导	35	30	10	5	10	10	100
经理	40	15	15	10	10	10	100
联合企业总经理	50	10	10	10	10	10	100

3. 管理人员选聘的方式

（1）外部招聘。外部招聘就是根据组织制定的标准和程序从组织外部选拔符合空缺职位要求的员工。

外部招聘的优点是：被聘人员具有“外来优势”；有利于平息和缓和内部竞争者之间的紧张关系；能够为组织输送新鲜血液，充分体现了“鲶鱼效应”。

外部招聘的缺点是：①外聘者对组织缺乏深入了解，缺乏人事基石，需要一段时间的适应才能进行有效的工作；②最大局限性有可能会挫伤内部员工的积极性和自信心；③外部招聘人员筛选难度大，成本高。

（2）内部提升。内部提升是指组织内部成员的能力和素质得到充分确认之后，被委以比原来责任更大、职位更高的职务，以填补组织中由于发展或其他原因而空缺了的管理职务。

内部提升的优点是：让每位员工都能够感到自己有晋升机会，有利于调动员工的工作积极性，提高他们的工作绩效，发挥内部招聘的优势；遵循公开、公正、择优的原则，有利于保证选聘工作的正确性；有利于被聘者迅速展开工作。

内部提升的缺点是：①内部员工的竞争结果必然有胜有败，可能影响组织的内部团结；②组织内部的“近亲繁殖”现象，可能不利于个体创新；③可能在组织中滋生“小集团”，削弱组织效能；④如果内部招聘不公正，可能会遇到员工的抵制，损伤员工的工作积极性。

一般而言，高层管理者宜采用外源渠道，基层和中间管理层可采用内源渠道，成长期宜采用外源渠道，稳定期宜采用内部选拔。

三、管理人员的考评

1. 员工考评的含义及作用

（1）员工考评的含义。员工考评是一种正式的员工评估制度，它是采用科学的方法，衡量与评定人员完成岗位职责任务的能力与效果的管理方法。

（2）员工考核的作用。目前，绩效考核在企业中已经盛行，很多企业纷纷效仿那些做得成功的企业，一个好的绩效考核制度会直接影响着企业的发展，企业实行绩效管理能更好地管理企业，给企业的发展带来机遇，更能很好地稳定企业的员工，那么具体的绩效考核的作用有哪些呢？简单概括为五点。

① 为最佳决策提供了重要的参考依据。

② 为组织发展提供了重要的支持。

③ 为员工提供了一面有益的“镜子”。

④ 为确定员工的工作报酬提供依据。

⑤ 为员工潜能评价以及相关人事调整提供依据。

2. 管理人员考评的内容与程序

（1）内容。

对管理人员进行考核，主要涉及德、能、勤、绩四个方面。

德包括思想政治、工作作风、社会道德及职业道德水平等方面。

能指员工从事工作的能力，包括体能，学识和智能、技能等内容。

勤指管理人员的积极性和工作中的表现，包括纪律性、干劲、责任心、主动性等，积极性决定着人的能力发挥程度。

绩指管理者的工作效率及效果。

（2）程序。

① 确定考评的内容（标准、考核方法）。

② 选择考评者。人事部门组织考评工作但并不具体填写考评表。考评表由与被考评对象在业务上发生联系的有关部门的人员来填写，包括上级、关系部门、下属。

③ 分析考评结果，辨识误差。

④ 传达考评结果。

⑤ 根据考评结论，建立企业的人才档案。

3. 管理人员考评的方法

（1）传统的评价方法有四种。

① 个人自我评价法，就是主体对自己思想、愿望、行为和个性特点的判断和评价。

② 小组评议法，与个人自我评价相反，小组评议法是由几个成员或者专家形成的团队，对组织的工作进行判断和评价。

③ 工作标准法，工作标准是对工作的内容、方法、程序和质量要求所制定的标准。工作标准的内容包括：各岗位的职责和任务、每项任务的数量、质量要求及完成期限，完成各项任务的程序和方法，与相关岗位的协调、信息传递方式，工作人员的考核与奖罚方法等。

④ 业绩评估表法，也可以称为评分表法，它是利用所规定的绩效因素（例如，完成工作的质量，数量等）对工作进行评估，把工作的业绩与规定的标准进行逐一对比打分，然后得出工作业绩的最终结果，它分为几个等级，例如优秀、良好、一般等。这种方法的优点是可以作定量比较，评估标准比较明确，便于做出评价结果。它的缺点是标准的确定性问题，需要对工作相当了解的评定表制定者；评估者可能带有一定的主观性，不能如实评估。

（2）现代绩效评价方法。

① 目标管理法，是最典型的结果导向型绩效评估法。彼得·德鲁克在《管理实践》中最早提出目标管理思想，把目标分解为一个个小目标。20 世纪 60 年代以来，目标管理法得到广泛推广

与应用，它评估的对象是员工的工作业绩，即目标的完成情况而非行为，这样使员工能够向目标方向努力从而在一定程度上有利于保证目标的完成。这种方法的优点是：能够通过目标调动起员工积极性，千方百计地改进工作效率；有利于在不同情况下控制员工的方向；同时员工相对比较自由，可以合理地安排自己的计划和应用自己的工作方法。缺点：目标的设定时可能有一定的困难，目标必须具有激发性和具有实现的可能性；对员工的行为在某种程度上缺少一定的评价。

② 360 度绩效考核法，也称 360 度绩效反馈法。它是指由员工自己、上司、直接部属、同仁同事甚至顾客等全方位的各个角度来了解个人的绩效：沟通技巧、人际关系、领导能力、行政能力等，通过这种理想的绩效评估，被评估者不仅可以从自己、上司、部属、同事甚至顾客处获得多种角度的反馈，也可从这些不同的反馈清楚地知道自己的不足、长处与发展需求，使以后的职业发展更为顺畅，如图 5-9 所示。

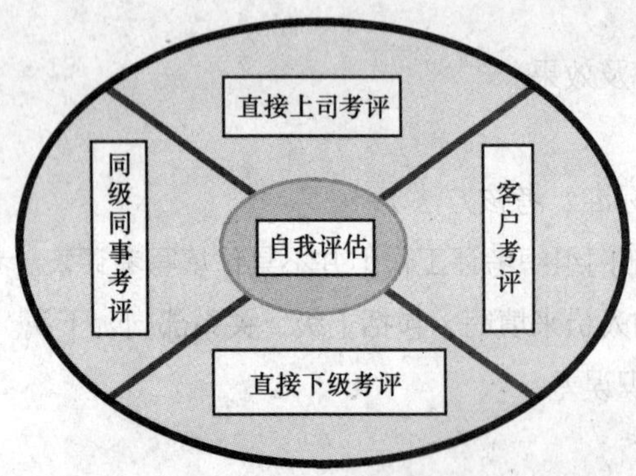

图 5-9　360 度绩效反馈法

四、管理人员的培训

1. 员工培训的含义及目标

培训是一种企业行为，培训也是一种投资，并且它比一般投资利润更高。员工培训是指组织通过对员工有计划、有针对性的教育和训练，使其能够改进目前知识和能力的一项连续而有效的工作。员工培训的目标是提高员工素质，促进个人发展和组织发展，表现在四个方面。

① 传递信息。了解企业在一定时期内的生产特点、产品性能、工艺流程、营销政策、市场状况等方面的情况，熟悉公司的生产经营业务。

② 改变态度，转变观念。了解组织文化，接受组织的价值观念。

③ 更新知识。

④ 发展能力。

2. 管理人员的培训内容和方法

员工培训的方法有很多种，依据所在职位的不同，可以分为对新职工的培训、在职培训和离职培训三种形式。一个组织中的培训对象主要有：新来员工、基层员工、一般技术或管理人员、高级技术或管理人员。这里主要介绍管理人员的培训内容和方法。

（1）管理人员培训的内容。

企业中管理人员的培训主要有两个部分：基础培训和专业技术培训。基础培训包括企业文化、组织制度、个人素质等方面；专业技术培训包括员工从事相关工作岗位的专业技术能力，如图 5-10 所示。

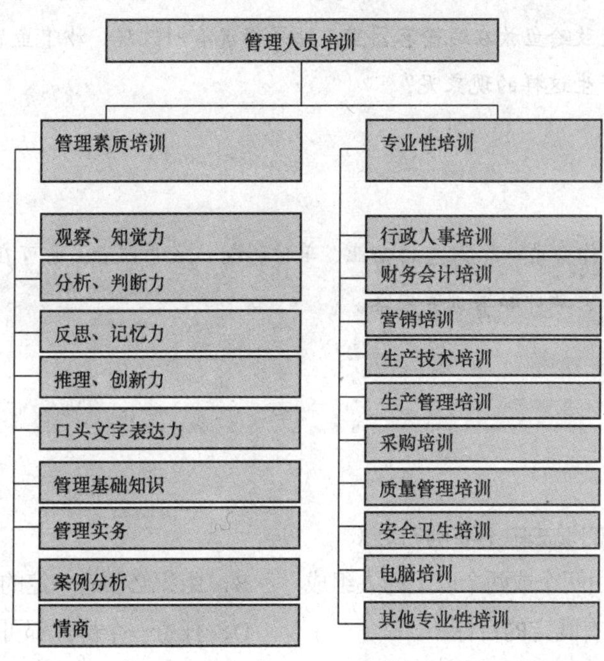

图 5-10　管理人员培训内容

（2）管理人员的培训方法。

① 工作轮换：管理工作轮换，积累不同部门的管理经验，这是提拔的需要与前奏；非管理工作轮换，帮助员工熟悉公司的各种业务。

② 设置助理职务，培训待提拔人员。

③ 设置临时职务（主管出差、生病、度假而使某个职务在一定时期内空缺时）。

作用一是培训管理人员；作用二是预防“彼得现象”。即每个人都由原本能胜任的职位晋升到他无法胜任的职位；每个职位终将由不能尽责的不胜任员工所占据。“彼得现象”的基本内容如下。一是一个人在低岗位获得成功后，被提升到新的岗位并不一定会很成功。在一个等级制度中，每个人总有可能晋升到他所不能胜任的职位，管理人员往往被提升到他们不能胜任的管理层次。有工作成绩的人将被提升到高一级的职位；如果他们继续胜任，将进一步提升，直至到达他们所不能胜任的位置。二是引起组织效率下降。每个职位最终将被不胜任的人所占有，而组织的工作任务多半是由尚未达到胜任职位的人来完成的。“彼得现象”产生原因：提拔管理人员时往往主要依据他们过去的工作成绩和能力。“彼得现象”的解决方法：安排他担任某个临时性的“代理”职务，这是检验某个管理人员是否具备担任较高职务的一种可行方法。

【实例】

西班牙人爱吃沙丁鱼，但沙丁鱼非常娇贵，好静，极不适应离开大海后的环境。当渔民们把刚捕捞上来的沙丁鱼放入鱼槽运回码头时，用不了多久沙丁鱼就会死去。而死掉的沙丁鱼味道不好，销量就差。为延长沙丁鱼的活命期，渔民想方设法让鱼活着到达港口。后来渔民想出一个法子，将几条沙丁鱼的天敌鲶鱼放在运输容器里。结果情况有所改观，沙丁鱼的成活率大大提高了。

请分析为什么会产生这样的现象呢？

研讨

调查与访问：选择你身边一个熟悉的企业、单位，或一名管理者，也可在网上查找，了解其组织中管理者的选聘、考评和培训等内容。

综合练习

一、单项选择题

1. 以下关于组织的说法中不准确的是（　　）。

A. 组织必须由两个或两个以上的人组成　　B．组织必须有一定的行为准则

C．组织必须有既定的目标　　D．任意一个群体都可称为一个组织

2. 某公司总经理要求下属人员都按他的要求工作，而副总经理也是这样要求下属的，结果下属不知如何是好，问题出在（　　）。

A. 总经理与副总经理不信任下属　　B. 总经理与副总经理不知道这种做法的坏处

C. 总经理与副总经理违背统一指挥原则　　D. 总经理与副总经理有矛盾

3. 过度集权的弊端是（　　）

A. 降低组织的适应能力　　B. 降低决策质量和员工的工作热情

C. A+B 项　　D. 降低生产能力

4、如果你是一位总经理，你认为管理幅度的大小和管理层次之间的关系一般为（　　）。

A. 正比　　B. 反比　　C. 相关　　D. 没有

5. 随着计算机等信息技术和手段在组织中的广泛运用，组织结构将有可能变得（　　）。

A. 扁平　　B. 高耸　　C. 高度集权化　　D. 不能定论

二、多项选择题

1. 任何组织的经营目标都是多元化的，比如（　　）。

A. 高学历者的比例 B. 提高员工福利待遇　C. 高利润　　D. 提高市场占有率

2. 目标是组织制订计划的基础，确定合理的组织目标必遵守正确的原则，它们是（　　）。

A. 现实性原则　　B. 权变原则　　C. 协调性原则　　D. 定量化原则

3. 目标管理注重结果，所以，对部门、个人的目标的执行情况必须进行（　）。

A. 自我评定　B. 小组考核　C. 领导评审　D. 群众评议

三、名词解释

1. 组织　2. 组织结构设计　3. 管理幅度　4. 管理层次　5. 集权　6. 分权　7. 人员配备

四、简答题

1. 举例说明什么是组织？
2. 什么是组织结构？列举你所知道的组织结构的形式，说明其特点。
3. 假如你是一名机构调整工作的负责人，在机构调整时你将遵循哪些基本的原则？
4. 请根据所学内容，谈一谈组织的高层式和扁平式组织的优缺点。
5. 选择一个你熟悉的组织，画出它的组织结构图并用本章的术语来描绘它。
6. 选择一个拟从事的工作，用管理跨度、授权、责任、职权和职责等描述它。
7. 怎样进行人员选聘？请拟一份人员选聘的广告书。
8. 人员考核的内容与方法有哪些？
9. 采用情景模拟的方法，组织一场竞聘比赛。
10. 人员培训的内容与方法有哪些？

五、案例分析

TCL，分权还是集权

为了实现全面扭亏，TCL 集团从 2005 年就开始调整组织架构。现在，TCL 各大业务板块权力开始进一步由各自掌门人掌握。

这次分权式管理是 TCL 诸侯文化最直接的体现。在 TCL 集团董事长李东生旗下，TCL 多媒体的胡秋生、TCL 通信的刘飞、TCL 电脑的杨伟强和 TCL 家电的王康平，被称为 TCL 的四大诸侯。

有人认为，分权而治是 TCL 走出困境的一着妙棋。因为分权可以降低决策风险，充分发挥个人的智慧。

也有人认为，这种授权方式带有浓厚的李东生的个人色彩，随意性太大，缺乏系统的思考。而且，人事的调整是基于业绩来考虑，而不是主动地做战略性的安排。TCL 现在面临的是巨大的核心价值欠缺和外部的竞争压力，只强调业绩的授权，并不能解决企业战略层面的问题。

【思考】

面对短期业绩和长期战略发展的双重压力，TCL 是否应该实行分权管理；如果要分权，怎样分权才能解决好短期的业绩压力和长期的战略发展这一对矛盾；如何才能让这些诸侯形成合力？

六、技能训练——建立组织结构与组织制度

1. 训练目标

（1）培养组织结构的初步设计能力；

（2）培养制定制度规范的基本能力。

2. 训练内容

（1）设置公司组织机构。运用所学知识，根据所设定的模拟公司的目标与业务需要，研究设置所需的模拟公司组织机构，并画出组织结构框图。

①“公司”建立的是何种组织结构形式；

②“公司”设置哪些机构或部门；

③“公司”的基本业务流程。

（2）建立公司的制度规范，包括公司的企业专项管理制度、部门（岗位）责任制和生产技术标准、生产技术规程等。

3. 成果与评估

（1）公司的组织系统图；

（2）公司的基本业务流程；

（3）公司的主要制度规范；

（4）班级组织一次交流，每家公司推荐 2 名成员介绍其起草的管理制度；

（5）由教师与学生为各公司和学生评估打分。

第六章　领导职能（上）

学习目标

知识目标

1. 了解有关领导概念，掌握领导方式理论；
2. 掌握领导影响力的来源与发挥方法；
3. 掌握权力形成机制与运用要领；
4. 掌握指挥的形式与要领；
5. 掌握激励的理论与方法。

能力目标

1. 培养提高自身权威与有效运用权力的能力；
2. 培养有效指挥的能力；
3. 培养有效授权的能力；
4. 培养激励员工的能力。

导入案例

看球赛引起的风波

金龙机械厂发生了这样一件事。金工车间是该厂唯一进行倒班的车间。一个星期六晚上，车间主任去查岗，发现上二班的年轻人几乎都不在岗位。据了解，他们都去看电视现场转播的足球比赛去了。车间主任气坏了，在星期一的车间大会上，他一口气点了十几个人的名。没想到他的话音刚落，人群中不约而同地站起几个被点名的青年，他们不服气的异口同声地说："主任，你调查了没有，我们并没有影响生产任务，而且……"主任没等几个青年把话说完，就严厉地警告说：

“我不管你们有什么理由，如果下次再发现谁离岗去看电视，就扣发当月的奖金。”

谁知，就在宣布“禁令”的那个星期的周末晚上，车间主任去查岗时又发现上二班的10名青年中竟有6名不在岗。主任气得直跺脚，质问当班的班长是怎么回事，班长无可奈何地从工作服口袋中掏出三张病假条和三张调休条，说：“昨天都好好的，今天一上班都送来了”。说着，班长瞅了瞅大口大口吸烟的车间主任，然后朝围上来的工人挤了挤眼儿，凑到主任身边讨了根烟，边吸边劝道：“主任，说真的，其实我也是身在曹营心在汉，那球赛太精彩了，您只要灵活一下，看完了电视大家再补上时间，不是两全其美吗？上个星期的二班，据我了解，他们为了看电视，星期五就把活提前干完了，您也不……”车间主任没等班长把话说完，扔掉燃着的半截香烟，一声不吭地向车间对面还亮着灯的厂长办公室走去。剩下在场的十几个人，你看看我，我看看你，都在议论着这回该有好戏看了。

【分析与思考】

1. 车间主任会采取什么举动？
2. 你认为二班年轻人的做法合理吗？
3. 在一个组织中如何采取有效措施解决群体需要与组织目标的冲突？
4. 如果你是这位车间主任，应如何处理这件事？

第一节　领导

一、领导的内涵

管理者在进行计划、组织职能之后，就要执行领导职能，即领导所属人员去实现组织的目标。这是管理者最经常性的职能。

1. 领导的定义

领导就是对组织内每个成员（个体）和全体成员（群体）的行为进行引导和施加影响的活动过程，其目的在于使个体和群体能够自觉自愿并充满信心地为实现组织的目标而努力。

这个定义包含四方面内容。

（1）领导的主体是组织的管理者，领导的客体是管理者的部下，有部下并对其施加影响才可称之为领导。

（2）领导的作用方式是带领与影响，包括指挥、激励、沟通等多种手段。

（3）领导的目的是有效实现组织的目标。

（4）领导是管理者一种有目的的行为，是管理者的一个重要职能。

2. 领导与管理的区别

管理的本质是一种附属于职权的强制力，下属必须服从，但可以消极抵抗；领导的本质是建立在个人魅力或专长上的影响力，接受领导的下属一般会自觉为组织目标努力。

管理者是被任命的，他们拥有合法的权力对下属进行奖励和处罚，其影响力来自他们所在的职位所赋予的正式权力。

领导者可以是任命的，也可以是从群体中产生出来的，可以不运用正式权力来影响他人的活动。

一个人可能既是管理者，也是领导者，但是，管理者和领导者也有可能会发生分离。

3. 领导的实质

领导的实质上是一种对他人的影响力，即管理者对下属及组织行为的影响力。领导的基础是下属的追随与服从。

领导工作有效性的核心内容就是领导者影响力的大小及其有效程度。

作为领导者必须具备的三要素。

（1）必须有部下或追随者。

（2）拥有影响追随者的能力或力量。

（3）领导行为具有明确的目的，可以通过影响部下来实现组织的目标。

4. 领导手段

领导作为一种影响力，其施加作用的方式或手段主要有指挥、激励、沟通。

（1）指挥是指管理者凭借权威，直接命令或指导下属刑事的行为。指挥的具体形式有部署、命令、指示、要求、指导、协调等。指挥具有强制性、直接性、时效性等特点。指挥是管理者最经常使用的领导手段。

（2）激励是指管理者通过作用于下属心理来激发其动机、推动其行为的过程。激励的具体形式包括能满足人的需要，特别是心理需要的种种手段。激励具有自觉自愿性、间接性和作用持久性等特点。激励是管理者调动下属积极性，增强群体凝聚力的基本途径。

（3）沟通是指管理者为了有效推进工作的交换信息，交流情感，协调关系的过程。沟通的具体形式包括：信息的传输、交换与反馈，人际交往与关系融通，说服与促成态度（行为）的改变等。这是管理者为了保证管理系统有效运行，提高整体效应的经常性职能。

此外，管理者经常进行各种协调工作；领导也是一种服务，即为下级出主意，进行指导，创造条件等。这些工作形式与上述三种领导手段有一定程度的交叉，所以，这里主要研究指挥、激励和沟通这三种基本领导手段。

5. 领导的作用

（1）指挥作用：领导者有责任指导组织各项活动的开展，帮助人们认清形势，明确目标和实现目标的途径。

（2）协调作用：组织成员个性不同、外部环境因素的干扰，思想分歧和行动上的偏差不可避免，因此需要领导来协调组织成员的关系。

（3）激励作用：人们常常遇到挫折和限制，需要领导引导、鼓励、诱发下属的事业心、忠诚和献身精神，强化进取动力。

研讨

为什么许多中国的企业家、管理者经常慨叹：做企业简直能累死人！而微软、家乐福、沃尔玛、GE、思科、可口可乐、摩托罗拉这些国际大企业的老板能在全世界经营？

为什么当王石去攀登珠峰的几个月时间里，万科集团的业绩仍然成长了40%？

为什么中国的企业平均寿命只有3～5年，而美国的企业平均寿命却达20年？

为什么我们付出比计划多10倍的精力，可往往只得到计划中10%的结果？

二、领导理论与领导方式

要保证领导者的工作效率，领导者必须选择恰当的领导方式。

1. 三种典型的领导方式

（1）专权型领导——领导者个人决定一切，布置下属执行。

（2）民主型领导——领导者发动下属讨论，共同商量，集思广益，然后决策。

（3）放任型领导——领导者撒手不管，下属愿意怎样做就怎样做，完全自由。

就一般而言，民主型领导方式效果最好，专权型方式次之，放任型方式效果最差。但是，上述结论不能绝对化，必须根据管理目标、任务、管理环境、条件，以及管理者自身因素灵活选择领导方式。最适应的领导方式才是最好的领导方式。

2. 领导方式理论

（1）特性理论。

基本观点：最古老的领导理论观点，关注领导者个人，并试图确定能够造就伟大管理者的共同特性。这实质上是对管理者素质进行的早期研究。

特性理论提出了一些反映有效领导者特性的个性特点。认为有效领导者具有的共同特性，一般有以下几点：努力进取，渴望成功；强烈的权力欲望；正直诚信，言行一致；充满自信；追求知识和信息。

每个领导者的性格心态和领导所处的情景以及追随者的状态都会对领导风格产生重大影响，这就是特性理论的不足。

（2）领导方式的连续统一体理论。美国学者坦南鲍姆和施米特认为，领导方式是多种多样的，从专权型到放任型，存在着多种过渡类型，根据这种认识，他们提出了“领导方式的连续统一体理论”。

“领导方式的连续统一体理论”理论的基本内容如下。

① 经理作出并宣布决策。不给下属参与决策的机会，下级只能服从上级决定。

② 经理“销售”决策。不是简单地宣布这个决策，而是说服下属接受他的决策。

③ 经理提出计划并允许提出问题。向下属提供一个有关他的想法和意图的详细说明，并允许提出问题。

④ 经理提出可以修改的暂定的计划。允许下属对决策发挥某些影响作用，确认问题和决策的主动权仍操纵在经理手中。

⑤ 经理提出问题，征求建议，作出决策。虽然确认问题和决策仍由经理来进行，但下属有建议权。这样做的目的是充分利用下属的知识和经验。

⑥ 经理决定界限，由团体作出决策。经理把决策权交给团体。

⑦ 经理允许下属在规定的界限内行使职权。团体有极度的自由，唯一的界限是上级所作的规定。

坦南鲍姆和施米特认为，上述方式孰优孰劣没有绝对的标准，成功的经理不一定是专权的人，也不一定是放任的人，而是在具体情况下采取恰当行动的人。

（3）行为理论。

基本观点：行为理论主要研究领导者应该做什么和怎样做才能使工作更有效。集中在两个方面：一是领导者关注的重点是什么，是工作的任务绩效，还是群体维系？二是领导者的决策方式，即下属的参与程度。

这一理论的主要成果如下。

① 坦南鲍姆和施密特的领导方式连续统一体理论；

② 利克特的第四型领导体制；

③ 卡特赖特和詹德提出的 PM 型领导模式；

④ 布莱克和穆顿创立的管理方格理论。这里重点介绍管理方格理论。

管理方格理论是由美国的行为科学家罗伯特·布莱克和简·莫顿在 1964 年提出的。他们认为，领导者在对生产（工作）关心与对人关心之间存在着多种复杂的领导方式，因此，用两维坐标图来加以表示。以横坐标代表领导者对生产的关心；以纵坐标代表领导者对人的关心。各划分九个方格，反映关心的程度。这样形成 81 种组合，代表各种各样的领导方式，如图 6-1 所示。

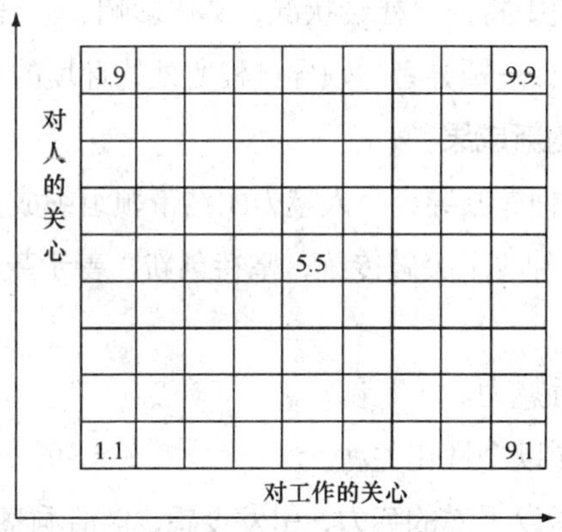

图 6-1　管理方格

管理方格中有五种典型的领导方式，试简要分析如下。

① 1.1：放任式管理。领导者既不关心生产，也不关心人。

② 9.1：任务式管理。领导者高度关心生产任务，而不关心员工。这种方式有利于短期内生

产任务的完成，但容易引起员工的反感，于长期管理不利。

③ 1.9：俱乐部式的管理。领导者不关心生产任务，而只关心人，热衷于融洽的人际关系。这不利于生产任务的完成。

④ 9.9：团队式的管理。领导者既关心生产，又关心人，是一种最理想的状态。但是，在现实中是很难做到的。

⑤ 5.5：中间道路式管理。即领导者对生产的关心与对人的关心都处于一个中等的水平上。在现实中相当一部分领导者都属于这一类。

一个领导者较为理性的选择是：在不低于 5.5 的水平上，根据生产任务与环境等情况，在一定时期内，在关心生产与关心人之间作适当的倾斜，实行一种动态的平衡；并努力朝 9.9 靠拢。

研讨

你认为 9.9——团队式的管理是唯一正确的领导方式吗，它的局限是什么？什么样的领导方式最为普遍使用，才能达到最有效的领导效果？

（4）权变理论。权变理论也称情景理论，是在特性理论与行为理论的基础上发展的，反映了当代管理理论发展的重要趋势。

基本观点：权变理论认为，不存在一种普遍适用、唯一正确的领导方式，只有结合具体情景，因时、因地、因事、因人制宜的领导方式，才是有效的领导方式。其基本观点可用下式反映。

有效领导= f（领导者，被领导者，环境）；即 S= f（L,F,E）

S——领导方式；

L——领导者特征：领导者的个人品质、价值观和工作经历；

F——被领导者特征：被领导者的个人品质、工作能力、价值观等；

E——环境：工作特性、组织特征、社会状况、文化影响、心理因素等；

即有效的领导是领导自身、被领导者与领导过程所处的环境的函数。

3. 当代对领导方式研究的新成果

领袖魅力型领导。这是一种靠领导者个人魅力团结带领组织成员去实现目标的领导方式。

（1）变革型领导。这是一种敢于突破传统，坚持创新，善于鼓动的领导方式。具体体现在五个方面。

① 变革型领导需富有领袖魅力。

② 变革型领导对追随者予以个性化关注。

③ 变革型的领导应有效激发下属的智力，引发设想，创造洞察力，鼓励下属提出高质量的解决方案，并交由下属独立地完成。

④ 为组织提供具有诱惑力的远景，并有效地传达给组织的成员，增强其追随者的信任感，实现整体的团结奋斗。

⑤ 他们拥有一个积极的自我认识，勇于谋求成功，追求卓越，而不是仅仅避免失败。

（2）后英雄时代领导。后英雄时代领导是指通过不断拓展组织成员的能力，树立群体成员的英雄意识，使有效领导渗透于整个组织的一种领导方式。具体体现在四个方面。

① 领导者的工作变成了组织各处扩展的领导能力，让组织成员对自己的行为负责，每个人都像企业家一样，能够代表企业采取行动。

② 领导者要鼓励和创造持续的学习，要引导与发展每个人的能力，在竞争与挑战中，不断提高每个人的素质。

③ 要能描绘出伟大业绩的蓝图，要激励每个人，鼓舞士气，要创造一个人人都能发现需要做什么并做好的激励性环境。

④ 要培育团队精神，树立英雄意识，对其成员给予充分信任，从他们中树立英雄。

【经典实例】

哪种领导类型最有效

ABC公司是一家中等规模的汽车配件生产集团。最近，对该公司的三个重要部门经理进行了一次有关领导类型的调查。

1. 安西尔

安西尔对他本部门的产出感到自豪。他总是强调对生产过程、出产量控制的必要性，坚持下属人员必须很好地理解生产指令以得到迅速、完整、准确的反馈。当安西尔遇到小问题时，会放手交给下级去处理，当问题很严重时，他则委派几个有能力的下属去解决问题。通常情况下，他只是大致规定下属人员的工作方针、完成怎样的报告及完成期限。安西尔认为只有这样才能带来更好的合作，避免重复工作。

安西尔认为对下属人员采取敬而远之的态度对一个经理来说是最好的行为方式，所谓的“亲密无间”会松懈纪律。他不主张公开谴责或表扬某个员工，相信他的每一个下属人员都有自知之明。

据安西尔说，在管理中的最大问题是下级不愿意接受责任。他讲到，他的下属可以有机会做许多事情，但他们并不是很努力地去做。他表示不能理解以前他的下属人员如何能与一个毫无能力的前任经理相处。他说，他的上司对他们现在的工作运转情况非常满意。

2. 鲍勃

鲍勃认为每个员工都有人权，他偏重于管理者有义务和责任去满足员工需要的学说。他说，他常为他的员工做一些小事，如给员工两张下月在伽利略城举行的艺术展览的入场券。他认为，每张门票才15美元，但对员工和他的妻子来说却远远超过15美元。通过这种方式，也是对员工过去几个月工作的肯定。

鲍勃说，他每天都要到工场去一趟，与至少25%的员工交谈。鲍勃不愿意为难别人，他认为ABC公司的管理方式过于死板，员工也许并不那么满意，但除了忍耐别无他法。

鲍勃说，他已经意识到在管理中有不利因素，但大都是由于生产压力造成的。他的想法是以一个友好、粗线条的管理方式对待员工。他承认尽管在生产率上不如其他单位，但他相信他的雇员有高度的忠诚与士气，并坚信他们会因他的开明领导而努力工作。

3. 查里

查里说他面临的基本问题是与其他部门的职责分工不清。他认为不论是否属于他们的任务都安排在他的部门，似乎上级并不清楚这些工作应该谁做。

查里承认他没有提出异议，他说这样做会使其他部门的经理产生反感。他们把查里看成是朋友，而查里却不这样认为。查里说过去在不平等的分工会议上，他感到很窘迫，但现在适应了，其他部门的领导也不以为然了。

查里认为纪律就是使每个员工不停地工作，预测各种问题的发生。他认为作为一个好的管理者，没有时间像鲍勃那样握紧每一个员工的手，告诉他们正在从事一项伟大的工作。他相信如果一个经理声称为了决定将来的提薪与晋职而对员工的工作进行考核，那么，员工则会更多地考虑他们自己，由此而产生很多问题。

他主张，一旦给一个员工分配了工作，就让他以自己的方式去做，取消工作检查。他相信大多数员工知道自己把工作做得怎么样。如果说存在问题，那就是他的工作范围和职责在生产过程中发生的混淆。查理的确想过，希望公司领导叫他到办公室听听他对某些工作的意见。然而，他并不能保证这样做不会引起风波而使事情有所改变。他说他正在考虑这些问题。试分析以下问题。

1. 你认为这三个部门经理各采取了什么领导方式，这些模式都是建立在什么假设的基础上的，试预测这些模式各将产生什么结果？

2. 是否每一种领导方式在特定的环境下都有效，为什么？

三、领导者素质及领导班子构成

1. 领导者素质及条件

个人品质或特征是决定领导效果的关键因素。

根据这些品质和特征的来源不同，可以分为传统的领导特性理论和现代特性理论。传统的领导特性理论认为领导者的品质是天生的，与后者的培育、训练和实践无关。现代特性理论认为领导者的品质和特征是在后天的实践环境中逐步培养、锻炼出来的。总的来说，作为一个领导者应具备的素质和条件如下。

（1）思想素质：有强烈的事业心，责任感，创业精神。

（2）业务素质：包括知识和业务技能。

知识如下。

① 懂得市场经济的基本原理

② 懂得管理的基本原理，方法，和各项专业管理的基本知识

③ 懂得生产技术和有关的自然科学，技术科学的基本知识，熟知行业发展方向。

④ 懂得政治思想理论，心理学和人才学。

⑤ 应熟练应用计算机，信息管理系统和网络。

业务技能如下。

① 较强的分析、判断和概念能力。

② 决策能力。

③ 组织指挥和控制的能力。

④ 沟通，协调企业内外各种关系的能力。

⑤ 不断探索和创新的能力。

⑥ 知人善任的能力。

（3）身体素质。领导者要有强健的身体，充沛的精力，才能带领追随者朝目标前进。

2. 经济全球化对企业领导指出的新要求

中国企业领导人应对新时期不确定性的十大特质如下。

（1）建立愿景：有了正确的愿景，就可“以不变应万变”。

（2）信息决策：领导人必须能够在充满不确定性的模糊情景下进行有效决策。

（3）配置资源：合理配置有限的资源本身就是一种策略。资源配置中特别要讲究领导技艺，其中远离市场的领导者要下放权力，信任下级。

（4）有效沟通：领导的真正工作就是沟通；优秀的领导人在沟通中应具有化繁为简的才能；领导需要成为倾听者。

（5）激励他人：激励机制一直是中国企业的一块“软肋”，成功的领导者必须在企业内部建立起有效的激励体制、透明的赏罚制度，实行“绩效付酬”。

（6）人才培养；在成功的企业中，培养他人的能力，是判断领导成熟度的重要标准 。

（7）承担责任：企业领导人的岗位赋予了他们承担责任的义务。

（8）诚实守信：诚实守信则是有效地管理不确定性的第一条原则。

（9）事业导向：企业的事业当作自己的事业，全身心地投入到事业当中去。

（10）快速学习：善于在失败中领悟、学习。

3. 领导班子的构成

组织中的领导者是复数而非单数，是一群人而非一个人，某个组织的领导者是就这个组织的领导者集体或“领导班子”而言的。

一个具有合理结构的领导班子，不仅能使每个成员人尽其才，做好各自的工作，而且能通过有效的组合，发挥巨大的集体力量。

组织领导班子的构成考虑四个方面：年龄结构、知识结构、能力结构和专业结构。

（1）年龄结构。不同年龄的人具有不同的智力、不同的经验。领导班子应该是老、中、青三结合，向年轻化的趋势发展。领导班子的年轻化，是现代社会的客观要求，是新时代组织现代化企业的需要。

（2）知识结构。要求领导班子中不同成员的知识水平构成不同，涉及多个方面。

（3）能力结构。领导的效能不仅与领导者的知识有关，而且与他运用的知识的能力有很大的关系。企业领导班子中应包括不同能力类型的人物。

具体来说，领导者要具备的业务技能有：知人善任的能力、分析、判断、概括能力、决策能力、组织、指挥、控制能力、沟通和协调企业各种关系的能力、不断探求和创新的能力。

（4）专业结构。领导班子中各位成员的配备应由各种专门的人才组成，形成一个合理的专业结构，从总体上强化这个班子的专业力量。

四、领导艺术

研讨

如果你是某公司的总经理，在周末收到一个重要客户的电话。客户非常着急，因为他们向公司购买的设备出了故障，需要紧急更换零部件，但是公司全体人员都下班了。在这种情况下，你认为应该采取哪种做法？

（1）告诉顾客周末找不到人，下周一一定帮他解决。

（2）认为这个客户很重要，找人很麻烦，亲自处理。

（3）打电话给主管经理让他设法马上处理。

（4）让值班人员打电话给主管经理安排处理。

领导人有条不紊地办事是一种艺术，领导者如何在组织管理中很好地进行管理，就涉及领导艺术。

1. 领导权力的来源

领导的核心在权力。领导的权力广义上来自两个方面。

一是来自职位的权力，这是由管理者在组织中所处的地位赋予的，并由法律、制度明文规定，属正式权力。这种权力直接由职务决定其大小，以及拥有与丧失。

二是来自管理者自身的个人权力。这种权力主要靠管理者自身素质及行为赢得的。因职位而拥有的正式权力称为职权，也即狭义上讲的权力。而个人权力则是包括在广义的权力概念中，它在相当程度上属威信范畴。

职权与威信的实质：职权是管理者因职位而拥有的支配力；威信是因个人因素而形成的对下级的感召力。

2. 权力的形成机制

（1）影响权力的因素。管理者权力的形成及其大小，主要受以下因素影响。

① 组织。组织的性质、领导者在组织中所占据的职位、组织授权的程度等。

② 管理者。除组织因素以外，管理者自身的素质、风格及其领导行为也对权力产生很大的影响。

③ 被管理者。被管理者的素质、个性，特别是对领导的认可与服从程度，对管理者的权力也有很大的影响。

④ 其他因素。

（2）被管理者追随与服从心理分析。管理者权力的实现过程是一个组织与管理者作用于被管理者的过程。管理者任何形式的作用效果，即其影响力，最终都是通过被管理者受到作用后的心理反应决定的，如图 6-2 所示。正是这种反应的性质与程度决定了管理者影响力的大小。

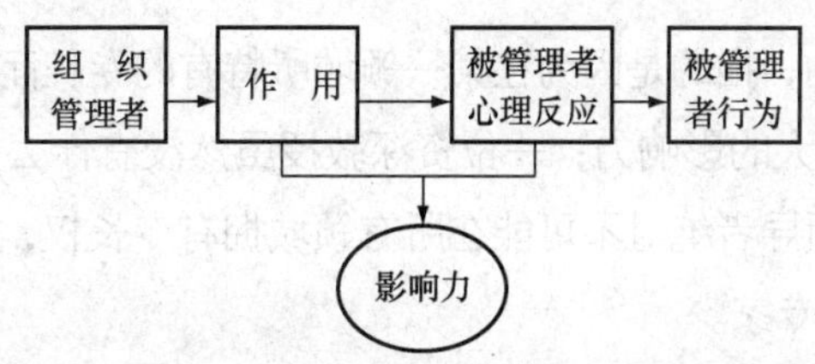

图 6-2　被管理者追随与服从心理分析

（3）管理者权力构成分析如下。

① 法定权，职权。由个人在组织中的职位决定的。个人由于被任命担任某一职位，而获得了相应的法定权力和权威地位。如老师有权力给学生布置作业，上级有权给下级分配任务，下级必须服从，裁判有权发黄牌等。

应注意下层人员也拥有宪法、劳动法、合同法、工会法等法律和规章制度赋予的法定权利，他们可以凭借这些权利有效地影响和抵制领导者的领导行为。

研讨

为什么人一走，茶就凉？

② 奖惩权，指个人控制着对方所重视的资源而对其施加影响的能力。如上级可以决定下级的薪水、提拔，处罚等。奖惩权是否有效关键是看领导是否确切了解对方的需要，如雪中送炭。

【案例分析】

财务部陈经理结算了一下上个月部门的招待费，发现有一千多块没有用完。按照惯例他会用这笔钱请手下员工吃一顿，于是他走到休息室叫员工小马，通知其他人晚上吃饭。快到休息室时，陈经理听到休息室里有人在交谈，他从门缝看过去，原来是小马和销售部员工小李两人在里面。

“呃”，小李对小马说，“你们部门的陈经理对你们很关心嘛，我看见他经常用招待费请你们吃饭。”

“得了吧”，小马不屑的说到，“他就这么点本事来笼络人心，遇到我们真正需要他关心、帮助的事情，他没一件办成的。你拿上次公司办培训班的事来说吧，谁都知道如果能上这个培训班，工作能力会得到很大提高，升职的机会也会大大增加。我们部几个人都很想去，但陈经理却一点都没察觉到，也没积极为我们争取，结果让别的部门抢了先。我真的怀疑他有没有真正关心过我们。”

“别不高兴了”，小李说，“走，吃饭去吧。”

陈经理只好满腹委屈地躲进自己的办公室。

③ 感召权，由于领导者拥有吸引别人的个性、品德、作风而引起人们的认同 、赞赏、钦佩、羡慕而自愿追随和服从。感召性权力的大小与职位高低无关，只取决于个人的行为。不过，具有高职位的人，其模范行为会有一种放大的乘数效应。一些行为对普通人来说可能是很平常的事，但对于某些领导者可能就是非常感人的模范了。在任何组织中，总是有许多没有任何职位的人，也往往会有巨大的感召权力，成为非正式的群众领袖。

④ 专长权，知识的权力，指的是因为在某一领域所特有的专长而影响他人（例如，一位医术精湛的医生在医院中具有巨大的影响力；一位资深教授虽然没有什么行政权力，但在教师和学生中有很大的影响力）。任何领导者绝对不可能在所有领域拥有专长权，只要在他工作的职责范围内有专长权即可，而不一定是专家。

⑤ 强制权。强制权是指管理者由于能够决定对下属的惩罚而拥有的影响力。下级出于恐惧的心理而服从领导。

⑥ 表率权。表率权是指管理者率先垂范，由其表率作用而形成的影响力。下级会出于敬佩而追随与服从。

⑦ 亲和权。亲和权是指管理者借助与部下的融洽与亲密关系而形成的影响力。下级愿意追随与服从与自己有密切关系的领导。这六种影响力既是管理者权力的来源，又是管理者提高权威的途径。

【管理小故事】

一个人去买鹦鹉。看到一只鹦鹉前标示：此鹦鹉会两门语言，售价二百元。另一只鹦鹉前则标示：此鹦鹉会四门语言，售价四百元。 该买哪只呢？两只都毛色光鲜，非常灵活可爱。这人转啊转，拿不定主意。结果突然发现一只老掉了牙的鹦鹉，毛色暗淡散乱，标价八百元。这人赶紧将老板叫来："这只鹦鹉是不是会说八门语言？" 店主说："不会"。

这人觉得奇怪，问道："那为什么又老又丑，又没有能力，怎么值这个价呢？"

店主回答："因为另外两只鹦鹉叫这只鹦鹉老板。"

这故事告诉我们，真正的领导人，不一定自己能力有多强，只要懂信任，懂放权，懂珍惜，就能团结比自己更强的力量，从而提升自己的身价。相反许多能力非常强的人却因为过于完美主义，事必躬亲，认为什么人都不如自己，最后只能做最好的公关人员、销售代表，成不了优秀的领导人。

组织中的各级领导者只有正确地理解领导权力的来源，精心地营造和运用这些权力，才能成为真正有效的领导者。

研讨

为什么技术部门的领导难当？

（4）管理者的权力（含权威）形成机制模型。

① 由于管理者占据组织中的一定职位，或承担一定的任务，由其所在的组织授予其一定的人财物等资源的支配权与工作的决定权。这是管理者权力的基础与主体，是最主要的权力。

② 除上述组织性影响力外，管理者的权力也来自于管理者自身。

③ 管理者的权力与权威，是以被管理者的追随与服从为前提的。一个管理者，获得了组织的正式授权，其自身有很高的素质，并获得其下属的尊重，见图 6-3。

3. 权力的运用

权力是实现组织目标的必要条件，运用权力的目的就是保证有效地实现组织目标。

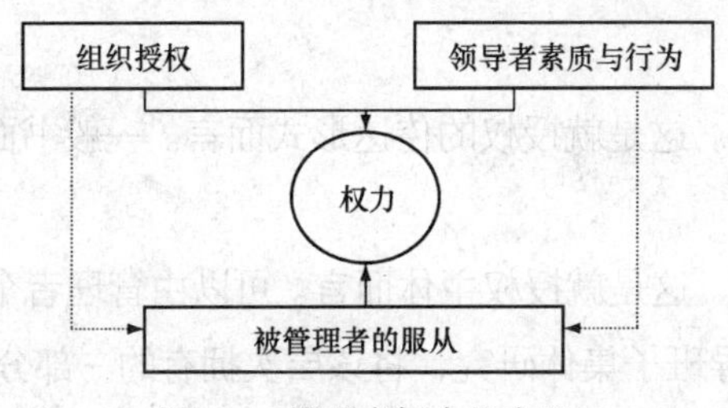

图 6-3　管理者权力的实现

正确、有效地运用权力，要注意以下几方面。

① 正确处理权力的自主与制衡。保证管理者独立地运用权力；要建立必要的权力制衡体制。在管理实践中，要通过合理的权力配置，清晰的权力界定，严密的制度体系，来实现独立用权与权力制衡的有机结合。

② 科学地使用权力。坚持从实际出发，按客观规律办事；运用权力要同民主管理相结合，要同思想工作相结合，要同身教相结合；正确处理相关人员的职权关系。

③ 加大奖惩力度。重视奖惩效应；加大奖惩力度，放大奖惩效应。

研讨

你是否赞同“酌情适度，恩威并重”这一策略？请结合实际加以说明。

授权是指由管理者将自已所拥有的一部分权力下授给下级，以期更有效地完成任务并有利于激励下级的一种管理方式。

（1）授权的优越性如下。

① 授权有利于组织目标的实现；

② 授权有利于领导者从日常事务中超脱出来，集中力量处理重要决策问题；

③ 授权有利于激励下级；

④ 授权有利于培养、锻炼下级。

（2）授权的原则如下。

① 依目标需要授权的原则。授权是为了更为有效地实现组织目标，所以，必须根据实现目标和工作任务的需要，将相应类型与限度的权力授给下级，以保证其有效地开展工作。

② 适度授权原则。授权的程度要根据实际情况决定，要考虑到工作任务及下级的情况灵活决定。

③ 职、责、权、利相当原则。在授权中要注意职务、权力、职责与利益四者之间的对等与平衡，要真正使被授权者有职、有权、有责、有利。要注意授权成功后合理报酬的激励作用。

④ 职责绝对性原则。领导者将权力授予下级，但必须仍承担实现组织目标的责任。这种职责对于领导者而言，并不随授权而推给下级。

⑤ 有效监控原则。授权是为了更有效地实现组织目标，所以，在授权之后，领导者必须保有必要的监督控制手段，使所授之权不失控，确保组织目标的实现。

（3）授权类型如下。

① 口头授权与书面授权。这是就授权的传达形式而言。一般书面授权比口头授权更正规、更规范。

② 个人授权与集体授权。这是就授权主体而言。可以由管理者个人决定将其所拥有的一部分权力授予下级，也可以由领导班子集体研究，将该层次拥有的一部分权力授予其下级。

③ 随机授权与计划授权。这是就授权的时机而言的。有时是按照预定的计划安排将某些权力授予下级，而有时是由于某些特殊需要而临时将权力授予下级。

④ 长期授权与短期授权。这是就授权的期限而言的。有时为完成特定任务需要而进行短期授权，完成任务即结束授权。而那些为完成长期任务需要而进行的授权就要较长时期地将权力授予下级。

⑤ 逐级授权与越级授权。这是就授权双方的关系而言的。来自顶头上司的授权就属于逐级授权，而来自更高层次的领导者的授权就是越级授权。

（4）较为规范的授权可以划分为以下几个步骤。

① 下达任务。

② 授予权力。

③ 监控与考核。在授权过程中，即下级运用权力推进工作的过程中，要以适当的方式与手段，进行必要的监督与控制，以保证权力的正确运用与组织目标的实现。

4. 有效指挥的艺术

指挥是管理者运用权威最基本的形式，而且也是管理者实施领导的首要和最基本的手段。

（1）影响有效指挥的因素。一位管理者的指挥行为是否有效，直接关系到领导成效的高低。其指挥的有效性主要受以下因素影响。

① 权威。权威是指挥的基础，只有凭借权威，才能进行指挥。而且，权威越大，指挥作用越明显。权威是指挥有效性的首要决定因素。

② 指挥内容的科学性。有效的指挥，首先应是符合客观规律和实际情况的指挥。只有指挥内容科学、正确，才可以产生好的指挥效果。

③ 指挥形式的适宜性。指挥的有效性，在相当程度上取决于指挥形式是否适当。如果采取的形式不恰当，内容正确的指挥也可能收不到好的效果。内容正确的指挥，还要靠科学、合理、恰当的形式来实施，才能收到好效果。

④ 指挥对象。指挥要适应指挥对象的特点，这样，才能为指挥对象所接受，从而使其按照要求自觉服从，达到指挥的目的。

⑤ 环境。指挥的实际效果还受诸如时机、场所、群体氛围、工作性质，以及其他主客观条件的影响。

只有综合处理好以上诸因素，才能实现有效的指挥。

下面按不同形式的指挥特点，分析如何实现有效指挥的问题。

（2）载体不同的指挥形式。管理者的指挥形式，按所采用的载体不同，可划分为口头指挥、书面指挥和会议指挥三种。

① 口头指挥即管理者用口头语言的形式直接进行指挥。口头指挥是最经常、最基本的形式。它具有直接、简明、快速、方便等特点。运用口头指挥形式，要注意掌握以下要领：第一，内容表达要清晰、准确；第二，用语简洁有力，详略得当；第三，讲究语言艺术。

② 书面指挥即采用书面文字形式进行指挥。书面指挥的具体形式多种多样。以行政机关的文件形式最为规范，主要包括命令、指令，决定、决议，指示，布告、公告、通告，通知、通报，报告、请示，批复，函等。

提高书面指挥的有效性，应注意加强针对性、增强规范性、提高写作质量。

③ 会议指挥是一种通过多人聚集，共同研究以即时布置工作的指挥形式。在实际领导工作中，会议是一种经常使用，而又行之有效的形式。会议指挥具有快速下达，即时反馈等特点。

会议指挥主要把握好以下要领：控制会议的议题与规模、次数；必须做好充分的会前准备；科学地掌握会议。

（3）强制程度不同的指挥形式。管理者的指挥行为，一般都带有一定程度的强制性。但指挥又不是单纯的强制行为，总是需要辅以一定程度的说服、教育与思想工作，两方面相互配合，不可偏废。

按强制程度不同，指挥形式主要可分为以下几种。

① 命令、决定。运用好这类指挥形式，要注意以下几点：必须遵循客观规律，坚持从实际出发；要简明扼要，并有很强的可操作性；注意实施方式的艺术性和有效性。

② 建议与说服。它具有引导、说理性质，不带或只有微弱的强制性。运用这类方式时应注意以下几方面：要以平等的身份进行交流；管理者提出的见解、意见要有较高水平；加强信息反馈与控制。

③ 暗示、示范。这是一种完全不带强制性的指挥形式。暗示是指管理者通过各种语言、行为、政策及其他形式，对下级的行为进行某种隐含性的引导。示范则指管理者以自身的模范带头作用来影响、带动下级的行为。它具有隐含性、间接性和自觉自愿性等特点。

运用好这类指挥形式，应注意以下几点：要有鲜明的目的性；选择预期行为的恰当方式；要有其他形式的有机配合。

（4）指示与规范。从管理者进行指挥所使用和适用范围上划分，管理者的指挥行为又可分为指示与规范。

① 指示是对某一管理问题做出的一次性指令或要求。

② 规范是用以解决某一类问题的原则、程序、办法。

训练

谁的方式更有效

高明是一位空调销售公司总经理。他刚接到有关公司销售状况的最新报告：销售额比去年同期下降了25%、利润下降了10%，而且顾客的投诉上升。更为糟糕的是，公司内部员工纷纷跳槽，甚至还有几名销售分店的经理提出辞呈。他立即召集各主管部门的负责人开会讨论解决该问题。会上，高总说："我认为，公司的销售额之所以下滑都是因为你们领导不得力。公司现在简直成了俱乐部。每次我从卖场走过时，我看到员工们都在各处站着，聊天的、煲电话粥的，无处不有，而对顾客却视而不见。他们关心的是多拿钱少干活。要知道，我们经营公司的目的是为了赚钱，赚不到钱，想多拿钱，门儿都没有。你们必须记住，现在我们迫切需要的是对员工的严密监督和控制。我认为现在有必要安装监听装置，监听他们在电话里谈些什么，并将对话记录下来，交给我处理。当员工没有履行职责时，你们要警告他们一次，如果不听的话，马上请他们走人……"

部门主管们对高总的指示都表示赞同。唯有销售部经理李燕提出反对意见。她认为问题的关键不在于控制不够，而在于公司没有提供良好的机会让员工真正发挥潜力。她认为每个人都有一种希望展示自己的才干，为公司努力工作并作出贡献的愿望。所以解决问题的方式应该从和员工沟通入手，真正了解他们的需求，使工作安排富有挑战性，促使员工们以从事这一工作而引以为豪。同时在业务上给予指导，花大力气对员工进行专门培训。

然而，高总并没有采纳李燕的意见，而是责令所有的部门主管在下星期的例会上汇报要采取的具体措施。

1. 阅读上述案例，进行选择填空。

（1）高总是一位（　　）领导。

A. 专制型　　B. 民主型　　C. 放任型　　D. 中间型

（2）高总对员工的看法是基于（　　）。

A. 泰勒制　　B. 人际关系学说　　C. Y理论　　D. 超Y理论

（3）李燕对员工的看法属于（　　）假设。

A. 经济人　　B. 社会人　　C. 自我实现人　　D. 复杂人

（4）根据领导生命周期理论，可以判断高总的领导类型基本属于（　　）。

A. 高关系，低工作　　B. 低关系，高工作

C. 高关系，高工作　　D. 低关系，低工作

（5）当员工没有履行职责时，高总要他的部门主管们警告他们一次，如果他们不听的话，马上请他们走人。这种强化手段属于（　　）。

A. 正强化　　B. 负强化　　C. 惩罚　　D. 自然消退

（6）高总与各部门主管通过开会方式进行信息沟通，属于（　　）。

A. 非正式沟通　　B. 环式沟通　　C. 平行沟通　　D. 口头沟通

（7）根据卡特兹的三大技能，你认为高总目前最需要加强的是（　　）。

A. 人际技能　　B. 技术技能　　C. 概念技能　　D. 领导技能

（8）销售部经理李燕在该公司中属于（　　）管理人员。

A. 基层　　B. 中层　　C. 高层　　D. 专业

（9）你认为对高总的方案和李燕的方案作怎样的评价最合适？（　　）

A. 高总的方案和李燕的方案都不会产生效果

B. 高总的方案和李燕的方案都会奏效

C. 高总的方案更可行，没有严格的规章制度，工人的工作效率不会有保证

D. 李燕的方案更可行，再严格的规章制度，如果工人不接受和服从也是无效的

2. 针对该公司已成了“俱乐部”，根据菲德勒的领导权变理论，请结合案例分析，说明高总应该采取怎样的领导方式才有效？

分析要点：根据菲德勒的领导权变理论，领导方式 S=f（L，F，E），据此，领导的有效性主要取决于如下几个方面。

① 领导者的特征；

② 追随者的特征；

③ 领导环境。

而领导环境又具体可划分为：上下级关系、职位权力与任务结构。高总采取的是专制型或任务导向型的领导方式。根据菲德勒的领导权变模型，从领导环境的三个因素（上下级关系好、任务结构不明确和职位权力弱）分析该公司采用关系导向型的领导方式更有效，可见，高总采取的领导方式不是很有效。

【实例】

你能调动这些人的积极性吗

沈芳，担任厂财会科的科长。她本人擅长的是财会业务，被称为“会计大拿”。前几年她把工作重心放到财会规范的建设与人员业务素质的提高上。但是人的管理被明显忽视了，纪律松弛，人心较散，大家惯性很重，积极性不高。最近，他们科的工作受到领导的质疑，沈科长受到压力，她决心要打破这种“一潭死水”的局面。可是，大家都是“熟面孔”，多年从事“老工作”，已长期形成稳定的惯性，怎样才能调动起这些人的积极性呢？

分析：

（1）这些人员的需求与兴趣是什么，靠什么打破多年形成的惯性？

（2）怎样才能调动这些人的积极性？

第二节　激励

一、激励概述

1. 激励的含义

激励的原意是指人在外部条件刺激下出现的心理紧张状态。管理中的激励，是指管理者运用

各种管理手段，刺激被管理者的需要，激发其动机，使其朝向所期望的目标前进的心理过程。

2. 激励在管理中的作用

激励的最主要作用是通过动机的激发，调动被管理者工作的积极性和创造性，自觉自愿地为实现组织目标而努力。即其核心作用是调动人的积极性。

3. 激励的特点

激励作为一种领导手段，与前面所讲的凭借权威进行指挥相比，最显著的特点是内在驱动性和自觉自愿性。

4. 激励要素

构成激励的要素主要包括以下一些。

（1）动机。动机是推动人从事某种行为的心理动力。激励的核心要素就是动机，关键环节就是动机的激发。

（2）需要。需要是激励的起点与基础。人的需要是人们积极性的源泉和实质，而动机则是需要的表现形式。

（3）外部刺激。这是激励的条件。它是指在激励的过程中，人们所处的外部环境中诸种影响需要的条件与因素。主要指各种管理手段及相应形成的管理环境。

（4）行为。被管理者采取有利于组织目标实现的行为，是激励的目的。

5. 激励过程模式

激励的具体过程表现为在各种管理手段与环境因素的刺激（诱因）下，被管理者未被满足的需要（驱力）被强化，从而造成心理与生理紧张，寻找能满足需要的目标，并产生要实现这种目标的动机；由动机驱使，被管理者采取努力实现上述目标的行为；目标实现，需要满足，紧张心理消除，激励过程完结。当一种需要得到满足后，人们会随之产生新的需要，作为未被满足的需要，又开始了新的激励过程。

激励的实质过程是在外界刺激变量（各种管理手段与环境因素）的作用下，使内在变量（需要、动机）产生持续不断的兴奋，从而引起被管理者积极的行为反应（实现目标的努力）如图 6-4 所示。

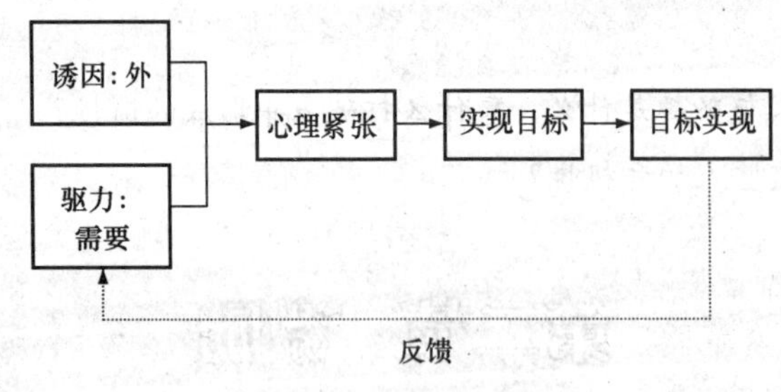

图 6-4 激励过程模式

二、激励理论

激励理论主要研究人动机激发的因素、机制与途径等问题。大致可划分为三类；一是内容型激励理论，二是过程型激励理论，三是行为改造理论。

内容型激励理论重点研究激发动机的诱因，主要包括马斯洛的“需求层次论”、赫茨伯格的“双因素论”、麦克莱兰的“成就需要激励理论”等。

过程型激励理论重点研究从动机的产生到采取行动的心理过程，主要包括弗鲁姆的“期望理论”、波特和劳勒的“期望模式”、亚当斯的“公平理论”等。

行为改造理论重点研究激励的目的（即改造、修正行为），主要包括斯金纳的“操作条件反射论”、海利的“归因理论”等。

本书主要介绍内容型激励理论。

1. 需求层次论

需求层次论是由美国心理学家亚伯拉罕·马斯洛于1943年提出来的。

（1）基本内容。人的需求可分为五个层次，即生理需求、安全需求、社交需求、尊重需求和自我实现需求。

① 生理需求指维持人类自身生命的基本需求。最基本的生活要素，衣食住行等。

② 安全需求指人们希望避免人身危险和不受丧失职业、财物等威胁方面的需求。

③ 社交需求指希望与别人交往，避免孤独，与同事和睦相处、关系融洽的欲望。

④ 尊重的需求指人们追求受到尊重，包括自尊与受人尊重两个方面。

⑤ 自我实现的需求是一种最高层次的需求。它是指人能最大限度地发挥潜能，实现自我理想和抱负的欲望。这种需求突出表现为工作胜任感、成就感和对理想的不断追求。这一层次的需要是无止境的，如图6-5所示。

后来，在这五层次基础上，马斯洛又补充了求知的需求和求美的需求，从而形成了七个层次。

马斯洛认为只有低一层次需求得到基本满足之后，较高层次需求才发挥对人行为的推动作用（低层次需求并未消失）；人的行为主要受优势需求所驱使。

（2）需求层次论对管理实践的启示如下。

① 正确认识被管理者需求的多层次性。

② 要努力将本组织的管理手段、管理条件同被管理者的各层次需要联系起来，不失时机地、最大限度地满足被管理者的需求。

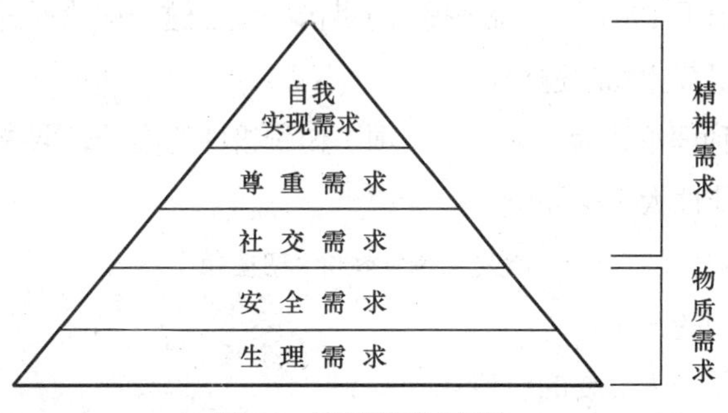

图6-5　马斯洛需求层次

③ 在科学分析的基础上，找出受时代、环境及个人条件差异影响的优势需求。然后，有针对性地进行激励，以收到“一把钥匙开一把锁”的预期激励效果。

研讨

"雷锋现象"与需求层次论的观点一致吗?

2. 双因素论

双因素论是美国心理学家赫茨伯格于 20 世纪 50 年代提出来的。他将影响人的积极性的因素归结为激励因素与保健因素两大类，故简称"双因素论"。

（1）基本内容。两大类影响人的工作积极性的因素如下。

① 保健因素。这属于和工作环境或条件相关的因素。当人们得不到这些方面的满足时，人们会产生不满，从而影响工作；但当人们得到这些方面满足时，只是消除了不满，却不会调动人们的工作积极性。

② 激励因素。这属于和工作本身相关的因素，包括工作成就感、工作挑战性、工作中得到的认可与赞美、工作的发展前途、个人成才与晋升的机会等。当人们得到这些方面的满足时，会对工作产生浓厚的兴趣，产生很大的工作积极性。

（2）对管理实践的启示如下。

① 善于区分管理实践中存在的两类因素。

② 管理者应动用各种手段，例如，调整工作的分工，宣传工作的意义，增加工作的挑战性，实行工作内容丰富化等来增加员工对工作的兴趣，千方百计地使员工满意自己的工作。

③ 在不同国家、不同地区、不同时期、不同阶层、不同组织，乃至每个人，最敏感的激励因素是各不相同的，应灵活地加以确定。

研讨

按照双因素论观点，你认为激励员工工作积极性最重要的激励因素是什么？举例加以说明。

3. 期望理论

美国心理学家弗鲁姆于 1964 年系统地提出了期望理论。这一理论通过人们的努力行为与预期奖酬之间的因果关系来研究激励的过程。

（1）基本内容。这种理论认为，人们对某项工作积极性的高低，取决于他对这种工作能满足其需要的程度及实现可能性大小的评价。

激发力量=效价×期望值

激发力量即激励作用的大小。

效价指目标对于满足个人需要的价值。

期望值指采取某种行动实现目标可能性的大小。

（2）对管理实践的启示。

① 一定要选择员工感兴趣、评价高，即认为效价大的项目或手段。

② 凡是想起广泛激励作用的工作项目，都应是大多数人经过努力能实现的。

【经典实例】

用“洋葱”替代“胡萝卜”的尴尬

一家制药业的巨无霸刚刚获得了一项评审极其严格的质量产品奖。广大的员工废寝忘食，牺牲了个人的正常的生活，通过半年多的努力，最终赢得了这个奖项。当宣读获得这个奖项的人员及公司的名称的时候，大家都兴奋不已。公司领导很快就召集全体员工开庆祝会。这之前他们先召开了会议，会议并没有宣布嘉奖事宜。然后，他们把员工召集到自助餐厅开庆祝会，由总裁表达对每位员工的感谢，宣布这个奖项对公司的意义。他总结性地说到：“为了庆祝这次巨大的成功，大家都会得到一份很有意义的礼物。”

此时，从后面传来一句：“现在就发吧！” 大家都笑了，那时大家的心情就像过节一样。总裁点了点头，示意公关部经理揭开了罩在神秘礼物上的帷幕。啊！竟是由无数塑料杯子搭建起的金字塔造型。会场上先是死一般的寂静，接着爆发出震耳欲聋的喊声。员工们几乎被这个场面所震惊，就像他们看到的是一个巨大的发了霉的圣诞水果蛋糕一样。

后来，大家排着队，陆续领走自己的杯子。在员工摇着头，苦笑着领走奖品时，可怜的总裁好像只剩下最后一点呼吸了。其他员工的表情也让他心凉。随后的几个星期里，杯子就成了公司里新的（令人嘲讽和挖苦的）质量的象征品了。

【分析与思考】

1. 这次庆功会开“砸了”的原因何在？涉及物质奖励与精神奖励的关系了吗？

2. 如何评价用杯子搭成金字塔这种既有纪念意义又省钱的创意？

3. 纪念品价值低就会适得其反，与“千里送鹅毛，礼轻情义重”是何关系？

启示：这个事例的启示就是要想达到预期的效果，奖品的价值需要和员工的努力以及所带来的效益成正比，要能够成为真正体现出员工价值的激励象征。记住，这份回报应该是有形的和实在的，并且具有纪念意义。“胡萝卜”的管理文化，必须有着表彰鼓励个性需求的内涵。用“洋葱类”的替代品掩饰没有“胡萝卜”的尴尬，只会给员工留下食之无味的不良口感，使所谓的奖励变得没有意义，甚至起到适得其反的作用。

4. 公平理论

公平理论是美国心理学家亚当斯于 1965 年提出来的。这一理论重点研究个人作出的贡献与所得报酬之间的比较及对激励的影响。

（1）基本内容。公平理论认为，人的工作积极性不仅受其所得的绝对报酬的影响，更重要的是受其相对报酬的影响。如图 6-6 所示。这种相对报酬是指个人付出劳动与所得到的报酬的比较值。比较包括两种。

① 横比，即在同一时间内以自身同其他人的相比较。

② 纵比，即拿自己不同时期的付出与报酬比较。

横比可称为社会比较，纵比可称为历史比较。

$$\frac{\text{个人所得报酬}}{\text{个人付出劳动}} = \frac{\text{他人（或历史上个人）所得报酬}}{\text{他人（或历史上个人）付出劳动}} \longrightarrow \text{公平的感受}$$

$$\frac{\text{个人所得报酬}}{\text{个人付出劳动}} < \frac{\text{他人（或历史上个人）所得报酬}}{\text{他人（或历史上个人）付出劳动}} \longrightarrow \text{不公平的感受}$$

图 6-6　公平理论

是否感到公平，所依据的就是付出与报酬之间比较出来的相对报酬。相对报酬如果合理，就会获得公平的感受，否则就是不公平感受。

当获得公平感受时，心情舒畅，努力工作；当得到不公平感受时，就会出现心理上的紧张、不安，从而使员工采取行动以消除或减轻这种心理状态。具体行为如，试图改变其所得报酬或付出；有意无意曲解自己或他人的报酬或付出；竭力改变他人的报酬等。

（2）对管理实践的启示。

① 在管理中要高度重视相对报酬问题。

② 尽可能实现相对报酬的公平性。

③ 当出现不公平现象时，要做好工作，积极引导，防止负面作用发生，并通过改革与管理的科学化，消除不公平，或将不公平产生的不安心理引导到正确行事的轨道上来。

5. 强化理论

强化理论也叫“行为修正理论”，是美国心理学家斯金纳提出的“以学习的强化原则为基础”的“关于理解和修正人的行为”的一种基础管理理论。

斯金纳认为人或动物为了达到某种目的，会采取一定的行为作用于环境，当这种行为的后果对他有利时，这种行为就会在以后重复出现；不利时，这种行为就会减弱或消失。所以，人们可以用这种“正强化”或“负强化”的办法来影响行为的后果，从而修正其行为。所谓强化，从其最基本的形式来讲，指的是对一种行为的肯定或否定的后果（奖励或惩罚），它在一定程度上会决定人的这种行为在今后是否会重复发生。

根据强化的性质和目的，可把强化分为“正强化”和“负强化”两种。在管理上，“正强化”指的就是奖励那些组织上需要的行为，从而加强这种行为，让这种行为延续或扩大；“负强化”就是惩罚那些与组织利益不相容的行为，从而削弱或减少这种行为。“正强化”的方法包括奖金、对成绩的认可、表扬、改善工作条件和人际关系、提升、安排担任挑战性的工作、给予学习和成长的机会等。“负强化”的方法包括批评、处分、降级等，有时不给予奖励或少给奖励也是一种负强化。

“强化理论”具体应用时必须遵守如下行为原则。

（1）经过“强化”的行为会趋向于重复发生。例如，当人的某种行为后果受人称赞时，就增加了这种行为重复发生的可能性。所以，奖励就是组织管理的必然手段。

（2）要依照强化对象的不同采用不同的强化措施。人们的年龄、性别、职业、学历、经历不同，需求就不同，强化方式也应不一样。如有的人更重视物质奖励，有的人更重视精神奖励，就应区分情况，采用不同的强化措施。

（3）小步子前进，分阶段设立目标，并对目标予以明确规定和表述。对于人的激励，首先要设立一个明确的、鼓舞人心而又切实可行的目标，只有目标明确而具体时，才能进行衡量和采取适当的强化措施。同时，还要将目标进行分解，分成许多小目标，当下属完成每个小目标都及时给予强化，这样不仅有利于目标的实现，而且通过不断的激励增强信心。

（4）及时反馈，就是通过某种形式和途径，及时将工作结果告诉下属。要取得最好的激励效果，就应该在行为发生以后尽快采取适当的强化方法。一个人在实施了某种行为以后，即使是领导者表示“已注意到这种行为”这样简单的反馈，也能起到“正强化”的作用，如果领导者对这种行为不予注意或注意不及时，这种行为重复发生的可能性就会减小以至消失。

（5）“正强化”比“负强化”更有效。在强化手段的运用上，应以“正强化”为主，也就是常说的“奖一定要重于罚”。同时，必要时也要对坏的行为予以惩罚，做到奖惩结合。“强化理论”有助于对人们行为的理解和引导，让下属们认识组织的目标和要求，从而自觉地保持与组织的一致，因而，强化理论已被广泛地应用在激励和人的行为的改造上。

三、激励手段和激励方法

【经典实例】

1980年1月，在美国旧金山一家医院里的一间隔离病房外面，一位身体硬朗、步履生风、声若洪钟的老人，正在与护士死磨硬缠地要探望一名因痢疾住院治疗的女士。但是，护士却严守规章制度毫不退让。

这位护士真是“有眼不识泰山”，她怎么也不会想到，这位衣着朴素的老者，竟是通用电气公司总裁，一位曾被公认为世界电气权威杂志——美国《电信》月刊选为“世界最佳经营家”的世界企业巨子斯通先生。护士也根本无从知晓，斯通探望的女士，并非斯通的家人，而是加利福尼亚州销售员哈桑的妻子。

哈桑后来知道了这件事，感激不已，每天工作达12小时，为的是以此报答斯通的关怀，哈桑所在的加利福尼亚州的销售业绩一度在全美各地区评比中名列前茅。正是这种有效的感情激励管理，使得通用电气公司事业蒸蒸日上。

有效的激励，必须通过适当的激励方式与手段来实现。

1. 企业激励实施系统的基本模式

企业激励的实施系统如图6-7所示。在一定的环境下，依据激励理论模式，管理者采取一定的激励方式与方法，作用于企业员工（被管理者）的需求；根据企业员工需求与动机的实际构成，激励行为通过五个子系统获得实现。

（1）目标与成就子系统。

（2）工作兴趣与体验子系统。

（3）人际关系与互动子系统。

（4）思想教育子系统。

（5）物质利益驱动子系统。

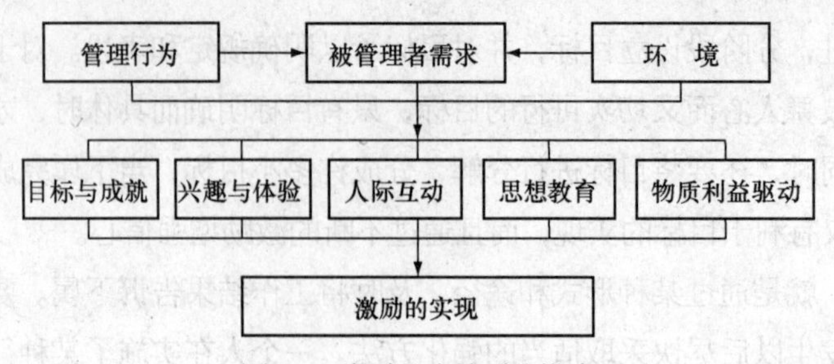

图 6-7 激励的实施系统模式

2. 激励的实施系统构成

（1）目标与成就激励系统。

① 目标激励是指以目标为诱因，通过设置先进合理的目标，激发动机，调动积极性的方式。可用以激励的目标主要有三类，工作目标、个人成长目标和个人生活目标。

• 尽可能增大目标的效价。根据弗鲁姆的期望理论，激发力量大小取决于效价及概率。管理者在设置目标时，一是要选择下级感兴趣、高度重视的内容，使所选择的目标尽可能多地满足下级的需要；二是使目标的实现与相应的奖酬或名誉、晋升挂钩，加大目标实现的效价；三是要做好说明、宣传工作，使下级能真正认识到目标的社会心理价值及其实现所带来的各种利益。

• 增加目标的可行性。目标水平要先进合理，要具有可操作性。并做好必要的说明解释工作，使其能充分认识到实现的可能性。

研讨

什么是目标？通过设立目标来激励员工能达到怎样的激励效果？

② 参与激励即以让下级参与管理为诱因，调动下级的积极性和创造性。下级参与管理或称民主管理，主要注意以下几点。

• 增强民主管理意识，建立参与的机制。
• 真正信任下级，使下级实实在在地参与决策和管理过程。
• 有效利用多种参与形式，鼓励员工参与。

③ 竞赛（竞争）激励。人们普遍存在着争强好胜的心理，这是由于人谋求实现自我价值、重视自我实现需要所决定的。在激烈竞争的现代社会，企业在内部管理中引入竞争机制是极为有效的一种激励手段。

在组织竞赛、鼓励竞争的过程中，注意以下几方面。要有明确的目标和要求，并加以正确的引导。竞争必须是公平的。竞赛与竞争的结果要有明确的评价和相应的奖励。

（2）工作兴趣与体验激励系统。按照赫茨伯格的双因素论，对人最有效的激励因素来自于工作本身，即满意于自己的工作是最大的激励。因此，管理者必须善于调整和调动各种工作因素，科学地进行工作设计，千方百计地使下级满意于自己的工作。要增强员工对自己工作的兴趣与满足程度，就应注意以下因素的运用。

工作适应性。即工作的性质和特点与从事工作的人员的条件与特长相吻合，引起其工作兴趣，使企业员工高度满意于工作。如员工对所从事的工作有特长，并有浓厚兴趣。

工作的意义与工作的挑战性。企业员工愿意从事重要的工作，并愿意接受有挑战性的工作，这反映了人们追求实现自我价值，渴望获得别人尊重的需要。

工作的完整性。人们愿意在工作实践中承担完整的工作，从而可获得一种强烈的成就感。管理者应使每个企业员工都能承担一份较为完整的工作，为他们创造获得完整工作成果的条件与机会。

工作的自主性。人们出于自尊和自我实现的需要，期望独立自主地完成工作，不愿意在别人的指使或强制下被迫工作。明确目标与任务，然后，大胆授权，放手使用，让下级进行独立运作，使其受到巨大激励。

工作扩大化。应开展企业工作设计的研究，克服单调乏味和简单重复，千方百计地增加工作的丰富性、趣味性，以吸引企业员工。应注意增加所从事工作的种类；探索实行工作延伸、工作轮换等方法。

研讨

经常的工作轮换会不会影响到员工的工作质量？

工作丰富化。让企业员工参与一些具有较高技术或管理含量的工作，即提高其工作层次，从而使其获得一种成就感，令其尊重的需要得到满足。包括将部分管理工作交给员工；吸收员工参与决策和计划；对员工进行业务培训；让员工承担一些较高技术的工作等。

及时获得工作成果反馈。管理者在工作过程中，应注意及时测量并评定、公布员工的工作成果，尽可能早地使员工得到自己取得成果的反馈。及时看到他们的工作成果，这会有效地激发其工作积极性，促其努力扩大战果。

（3）人际关系与互动激励系统。

① 感情激励即以感情作为激励的诱因，调动企业员工的积极性。感情激励主要包括以下几方面。a. 在上下级之间建立融洽和谐的关系。以增强亲和影响力。b. 促进下级之间关系的协调与融合。c. 营造健康、愉悦的团体氛围，满足组织成员的归属感。

【管理寓言】

个人式沟通：尊重每一位员工

狐狸请鹤吃饭，它准备了一锅豆子做的浓汤，而且那锅又大又浅又平。鹤每低头喝一口汤，汤便从长嘴中流出来，鹤很着急，狐狸看了却非常开心。第二天，鹤回请狐狸，它把食物装在小口的长颈瓶里。鹤把它的嘴插进瓶子里，很容易就能吃到东西，而狐狸却一口也尝不到，困窘极了。

狐狸这样的“聪明人”，不应一味地埋怨鹤的无礼，恰恰应当好好地反省一下自己。人际交往崇尚礼尚往来，有意发难；善待别人，别人才能善待你。

企业管理人在管理企业时，也应跟下属员工多进行沟通，善待下属，下属才会善待领导。

② 尊重激励即管理者应利用各种机会信任、鼓励、支持下级，努力满足员工尊重的需求。要尊重下级的人格。要尽力满足下级的成就感。支持下级自我管理，自我控制。

【管理寓言】

南风法则

"南风"法则也称为"温暖"法则，源于法国作家拉封丹写过的一则寓言。北风和南风比威力，看谁能把行人身上的大衣脱掉。北风首先来一个冷风凛冽寒冷刺骨，结果行人把大衣裹得紧紧的。南风则徐徐吹动，顿时风和日丽，行人因为觉得春意上身，而解开纽扣，继而脱掉大衣，南风获得了胜利。

这则寓言形象地说明了一个道理：温暖胜于严寒。领导者在管理中运用"南风"法则，就是要尊重和关心下属，以下属为本，多点人情味，使下属真正感觉到领导者给予的温暖，从而去掉包袱，激发其工作的积极性。

【管理寓言】

善待下属

两个旅客遭受到太阳的炙晒。正午时，他们在一棵大槐树下休息。一个旅客对另一个说："槐树真是百无一用啊，既不能结果实，对人类又没有什么实际的利益。"槐树非常生气地说："真是忘恩负义的家伙，你在我的树阴下乘凉，享受我送你的好处，嘴里却说我毫无益处！"

槐树本来给两个旅客带来树阴，但结果却遭忘恩负义的旅客说百无一用，这给管理者一个启示，对待属下员工，切要善待，特别是功劳赫赫者，更不能忽视。善待工作环境。作为领导不能傲慢，居高临下。

一个企业需要上下一心、荣辱与共的精神，在激发公司员工上下团结一致时，一定要采取善待下属的策略。

③ 榜样激励。"榜样的力量是无穷的"，管理者应注意用先进典型来激发企业员工的积极性。榜样激励主要包括两个方面。一是先进典型的榜样激励，二是管理者自身的模范作用。

（4）思想教育激励系统。这是指通过思想教育方式与手段，激发动机、调动企业员工积极性的形式。具体包括如下一些。

① 政治教育。企业管理者要有意识地用先进的思想与观念对员工进行灌输，全面提高企业成员的思想政治素质，特别注意爱国主义、奉献精神、团队精神的教育。这种政治教育的激励，在社会主义市场经济的今天，仍具有巨大的威力。

② 思想工作。人的行为是由思想动机决定的。因此，思想工作是企业中极为重要的激励手段。特别要注意各种谈心、沟通、说服等形式的运用。

③ 表扬与批评。表扬与批评既可以看作是指挥手段，也可以看做是激励形式。应用时主要应注意以下几点。坚持以表扬为主，批评为辅。必须以事实为依据。要讲究表扬与批评的方式、时

机、地点，注重实际效果。批评要对事不对人。要尽量减少批评的次数。批评与表扬的适当结合。

研讨

表扬可以提高员工工作的积极性，那么批评会不会对员工激励起到相反的作用呢？

（5）物质利益激励系统。物质利益激励是指以物质利益为诱因，通过满足企业员工物质利益需要来调动员工积极性的方式与手段。

① 奖酬激励。奖酬包括工资、奖金、各种形式的津贴及实物奖励等。

• 设计奖酬机制与体系要为实现工作目标服务。关键是奖酬与贡献直接挂钩的科学化与定量化。管理者必须善于将奖酬的重点放在管理者关注的重点上。

• 要确定适当的刺激量。奖酬激励作用主要取决于相对刺激量。要依工作完成情况、人的贡献、总体奖酬水平，公平合理地确定奖酬的增长水平和成员之间的差别。

• 奖酬要同思想工作有机结合。

② 关心照顾。管理者对企业员工在生活上给予关心照顾，不但使企业员工获得物质上的利益和帮助，而且，能获得尊重和归属感上的满足，可以产生巨大的激励作用。

③ 处罚，是负强化，属于一种特殊形式的激励。运用这种方式时要注意：处罚必须有可靠的事实根据和政策依据；方式与刺激量要适当；也要同深入的思想工作结合，注意疏导。

【案例分析】

奖赏真的是有效的激励手段吗？

哈佛商学院向全世界出版了近 4 万个案例。购买频率最高的案例是位于克里夫兰的林肯电气公司的案例。林肯公司生产工业电动产品，是世界上最大的焊接产品制造厂家。这个案例的吸引力在于林肯公司通过把报酬和绩效相联系，成功地激励了工人，公司上下 2 300 名工人都参与了这项公司的激励计划，全体员工，除了两人——公司董事长和总裁以外，都享受年度分红。公司董事长和总裁的报酬是按销售的百分比计算的，如若销售下降，他们就首当其冲降低报酬。一个委员会对每项工作进行评估，然后选出一种公平的每个小时的最低报酬率，林肯公司还实行一种计件制，工人可以根据他所生产的产品的多少来获得相应的酬劳。公司的所有工作岗位都有报酬范围（每小时报酬或薪水），这样一来，工作能力最强的人可得到他所在的那个工作岗位的报酬最高点。每六个月，公司总裁都要亲自审核 2 300 项奖励等级。每位员工按照四种绩效类型进行评定：产出，质量，依存性（无监督的工作能力），合作的能力。这项制度 50 多年来一直沿用至今，年终奖平均达到基本报酬的 95.5%。换句话说，员工因为年终分红的好处，年收入普遍翻一番。林肯公司还在行业中因其始终如一的激励制度名列世界第一，公司产品的质量相当高，公司从来没碰到过什么大的挫折。公司也没有任何债务，尽管头几年经济衰退，林肯公司仍免费举办激励管理研讨会，作为一项对产业的回报。

此外，在如何激励质量服务的问题上，很多公司当谈及为消费者提供高质量的服务时，都大谈特谈提供优质服务，但真的要付诸实施时，它们却经常强调员工的劳动生产率，并不考虑尊重员工和重视解决消费者提出的问题。他们想出高销售的激励手段，或者严加约束工作速度不很快的工人，但却仅是告诉工人，他们也想为消费者提供高质量服务。员工们可能就此感到困惑不解。加利福尼亚的GTE（美国通用电话电气公司）一直在谈论消费者服务，但是一项员工的调查显示，绝大多数人认为工作速度比消费者更重要。为了强化这种印象，GTE投入了17万美元，为850名员工开设研讨会，这些员工带薪学习。一位激励的导师诱导他们记住消费者的问题就是员工们的问题，而自称"满意妹妹"和"摇摆舞兄弟"的演员却唱起"好芙妮"的歌。但是，GTE严格控制处理电话垂询的时效，这说明，仍然还是在强调速度。有的公司是用有形的奖赏来加强优质服务，金西食品公司就创建了一种服务优质的评定制度，获得前几名的人参加寻宝活动，并保留奖金。惠普公司检查服务质量的方法，是让消费者打电话给公司的服务工程师，以此判断公司的服务质量。如果客户对他们的口碑很好，工程师就有资格增加25%的薪水和提升。相比之下，索尼公司在美国子公司的高层主管并不相信额外奖赏会产生高绩效，他们认为，拥有工作并保留工作应该就足够了。质量权威人士菲利普·克劳斯比（Philip Crosby）相信，给予奖金激励会使工作落于俗套，并淡化工作道德。他说，奖金发完之后也就是激励终止之日。

训练

角色扮演。一个人或者公司设定问题，另一个人或公司进行批评。其他同学进行评估。

综合练习

一、单项选择题

1. "士为知己者死"这一古训反映了有效的领导始于（　　）。

A. 上下级之间的友情　　B. 为下属设定崇高的目标

C. 为下属的利益不惜牺牲自己　　D. 了解下属的欲望和需要

2. 有些领导事必躬亲、劳累不堪，但管理的效果不理想，这可能是因为他忽视了（　　）。

A. 提高自己的领导能力　　B. 过分集权的弊端和分权的重要性

C. 锻炼身体的重要性　　D. 运用现代的办公设备

3. 小张大学计算机专业毕业以后，到一家计算机软件公司工作。三年来，他工作积极，取得了一定的成绩。最近他作为某项目小组的成员，与组内其他人一道奋战了三个月，成功地开发了一个系统，公司领导对此十分满意。这天，小张领到了领导亲手交给他的红包，较丰厚的奖金令其很高兴，但当他第二天无意在领导桌上看到项目小组奖金的发放名录时，目光注视了一会儿后，脸很快就阴沉下来，不久他将辞职申请交给了领导。对于这种情况，下列哪种理论可以比较恰当地给予解释？（　　）

A. 双因素理论　　B. 期望理论　　C. 公平理论　　D. 强化理论

4.（　　）是强化权威的手段。

A. 管理　B. 强制　C. 激励　D. 奖惩

5.（　　）是激励的起点与基础。

A. 动机　B. 强化　C. 需求　D. 奖惩

6. 管理者最经常性的职能是（　　）。

A. 管理　B. 组织　C. 控制　D. 领导

7. 管理过程中最经常、最关键的职能是（　　）。

A. 控制职能；　B. 领导职能　C. 组织职能　D. 计划职能

8.（　　）是社会组织动力机制中最基本的力量。

A. 物质驱动　B. 利益驱动　C. 法制驱动　D. 精神驱动

9. 马斯洛的“需求层次论”、赫茨伯格的“双因素论”、麦克莱兰的“成就需求激励理论”等激励理论属于（　　）。

A. 过程型激励理论　B. 强化激励理论

C. 复杂激励理论　D. 内容型激励理论

10. 乡村俱乐部型的领导方式位于管理方格图的（　　）格。

A. 9.1　B. 1.9　C. 5.5　D. 9.9　E. 1.1

二、多项选择题

1. 激励理论主要研究人动机激发的因素、机制与途径等问题。心理学家和管理学家进行了大量研究，形成一些著名理论。这些理论大致可划分为（　　）。

A. 强化理论　B. 内容型激励理论　C. 过程型激励理论　D. 行为改造理论

2. 领导行为理论的主要成果有（　　）。

A. 坦南鲍姆和施密特的领导方式连续统一体理论

B. 李克特的第四型领导体制

C. 卡特赖特和詹德提出的 PM 型领导模式

D. 布莱克和穆顿创立的管理方格理论

3. 马斯洛提出人的需求可分为五个层次，包括（　　）。

A. 生理需求　B. 安全需求　C. 社交需求　D. 尊重需求

E. 自我实现需求

4. 物质利益激励是指以物质利益为诱因，通过调节被管理者的物质利益来刺激其物质需要，以激发其动机的方式与手段，主要形式包括（　　）。

A. 社会心理激励　B. 奖酬激励　C. 关心照顾　D. 处罚

5. 影响管理者指挥的有效性的因素主要有（　　）。

A. 权威　B. 指挥内容的科学性　C. 指挥形式的适宜性　D. 指挥对象

E. 环境

6. 反映当代对领导方式研究的新成果包括（　　）。

A. 领袖魅力型领导 B. 变革型领导 C. 情景理论 D. 后英雄时代领导

7. 在授权中，应遵循的原则有（　　）。

A. 依目标需要授权原则 B. 适度授权原则

C. 职、责、权、利相当原则 D. 职责绝对性原则

8. 按照“途径—目标”理论，领导者可以采用的行为方式主要有（　　）。

A. 指示型领导 B. 支持型领导 C. 参与型领导 D. 成就激励型领导

9. 激励最显著的特点是（　）。

A. 以需求为基础 B. 内在驱动性 C. 指向性 D. 自觉自愿性

10. 构成激励的要素主要包括（　　）。

A. 动机 B. 需求 C. 外部刺激 D. 行为

三、名词解释

1. 领导 2. 激励 3. 动机 4. 指挥 5. 授权 6. 强化 7. 公平理论

四、简答题

1. 实行领导职能有什么作用？
2. 什么是领导权力，其来源有哪些？

3. 当代对领导方式研究的新成果有哪些，如何理解？
4. 什么是双因素理论，对企业管理实践有哪些启示？
5. 根据企业员工需求与动机的实际构成，激励行为通过哪些系统获得实现？

五、案例分析

所长的辞职说明了什么

某私营企业下属一个研究所，共有18名研究人员，还有行政人员1名。研究所所长吴大诚年过花甲，是一位从大型国有企业退休的教授级高级工程师，理论造诣高深、实际经验丰富，研究所大部分的项目均由其主持开发。同时，吴工为人正派、恪尽职守，有才气又不自傲，为了完成紧急任务，不顾年事已高经常带头加班加点，在所里员工中威信很高。

最近，吴工很不开心。半年前企业总经理召集全公司管理干部及技术人员开会，提出了一项目前处于极其艰难境况的开发项目，此项目开发是关系公司一个新产品研发成败的关键环节，任务紧急而又重要。本来这任务与研究所无关，与吴工本人也无关，但经不住总经理及其他管理人员的一再请求，吴工勉强接受了这项可干可不干的任务。当时总经理在会上面对几十名员工承诺：这个任务完成后要奖励吴工个人10万元人民币。接受任务后，吴工查资料、翻图书、上网、去图书馆，不分昼夜地工作，终于在两个月内完成了全部设计，并且被公司迅速采纳。

明眼人都看得出吴工瘦多了。有人开玩笑地说：吴工，10万元事小，身体才是本钱。其实，只有吴工心里清楚，这两个月来，白天要打理研究所的日常工作，与其他人员一起讨论设计方案、审核图纸，业余时间全部搭在这项临时的开发任务上了，许多的图纸除了家人晚上帮忙以外，吴

工甚至还请了一个老同事来帮忙。设计是被采纳了，但奖金之事迟迟没有人提起。直到上个月底兑现半年奖金时，总经理才经过人事部给研究所批了 2 万元，数量减少很多不说，人事部的通知上竟写着奖励研究所全体员工而非吴工本人的字样。

吴工去找总经理，老总回答说："一项任务就奖励给个人这么多，对于人均月收入不足 1 000 元的大多数员工而言会产生严重的分配不公；项目研究过程中使用了研究所的一些设备，也曾与有关人员进行协商，因此只能奖励研究所，由所再进行二次分配。"

吴工听后立即明白是怎么回事，除了气愤，无话可说。原来，副所长王某，一向在所里的管理问题上与吴工不和，而她又与总经理私交甚密，此次，她眼看着自己没有能力去承担这项研究，但心里又确实不服气，因而就在总经理面前说长道短，才有了今天的结局。奖金经二次分配，吴工只拿到 4 000 元，与当初总经理承诺的 10 万差距太大。所里一时议论纷纷，有人说，吴工好说话、好欺负；有人说，干活的不如拉关系的；有人说，下次有同样的事情再不会有第二个吴工了；还有人说，凭吴工的本事，不是非要在此干不可。

吴工经过再三考虑，递交了辞职报告，并且很快就到另一家公司任职去了，据说收入是以前的十倍。王某升任所长，称心如意，所里到处充满了她那自负、好强、盛气凌人的呵斥声。研究所往日团结一致、加班加点工作的情景消失了。员工们将越来越多的难题不是自己想法解决而是上交给王所长；一项又一项的科研任务误期了，研究所成了总经理在每周例会上经常批评的对象，王某也失去了往日在老总跟前说话有分量的地位，许多人都开始疏远她。研究所的员工都十分怀念与吴工共事的日子，又有 6 名技术人员辞职了，其中 4 人追随吴工而去。

1. 选择题

（1）根据案例所给资料判断，该私营企业总经理的领导方式是（　　）。

A. 专权式　B. 民主式　C. 放任式　D. 无法判断

（2）你认为下列哪种说法是比较符合管理原理和中国传统文化的？（　　）

A. 总经理应该在公开场合说明不能完全兑现奖金的原因，并向吴工表示歉意

B. 总经理承诺就应该兑现，哪怕分配不公也应兑现

C. 总经理应该兑现承诺，但也应制定相应的规定作为以后实施的准则，以降低承诺的随意性

D. 私营企业总经理就该说了算，别人无法影响他的决定

（3）以下哪种观点反映了那些辞职的技术人员的真实想法？（　　）

A. 王某的管理方式令人难以接受　B. 技术难题无人指导，工作能力提升受阻

C. 企业没有一个良好的公平的激励制度　D. 给这样说话不算数的总经理干活没劲

（4）从激励理论出发，对象吴工这种勇于承担责任的技术人员（　　）。

A. 应该视为特殊贡献，重奖以示鼓励

B. 技术难题的解决使得新产品开发成功，相对于新产品收益而言，10 万元并不多

C. 仅以分配不公为由而不兑现承诺，不但降低了总经理的威信，而且扼杀了技术人员勇挑重担的积极性，对企业文化产生了不良影响

D. 以上说法都对

（5）从案例可以看出该私营企业采用的组织结构是（ ）。

A. 简单式　B. 职能式　C. 事业部式　D. 矩阵式

（6）吴工离开企业的行为可以用下列哪种激励理论加以解释？（ ）

A. 公平理论　B. 期望理论　C. 强化理论　D. 需求层次理论

2. 简答题

（1）为何吴工在研究所威望很高，其领导影响力有哪些？

（2）私营企业的总经理拒绝给吴工 10 万元的理由成立吗；作为领导，该采取什么样的领导方式才有可能取得成功，特别是追随者的服从？

（3）用 10 万元来激励吴工恰当吗，还有没有更好的激励办法？

（4）王所长的领导为什么不能取得成功，其领导风格如何？

（5）企业是不是缺乏沟通，总经理如果将自己的想法开诚布公的与吴工交流，效果会如何；总经理与王所长在吴工事件发生前的沟通有问题吗？

六、技能训练

为所在班级制定一份激励计划

1. 训练目标

（1）加深对现代激励理论的感性认识。

（2）提高有效激励，调动人的积极性的能力。

2. 训练内容与设计

（1）调查与深入研究本班学生学习积极性以及包括奖学金在内的激励状况。

（2）以模拟公司为单位，就如何在本班进一步调动学习积极性、实现有效激励组织研讨。

（3）每人为班级起草一份激励计划。

（4）在班级组织研讨，深入分析目前的激励状况，研讨如何有效激励，充实完善同学们的激励计划。

3. 标准与评估

（1）标准：能正确分析学生的实际需求，并能正确应用激励理论与教材所介绍的激励方法制定激励计划，具有有效性、可行性。

（2）评估：① 每个人的发言提纲可作为一次作业，评定成绩；

② 根据班级讨论中的表现评定成绩。

第七章　领导职能（下）

学习目标

知识目标

1. 掌握沟通的原理；
2. 了解有效沟通的障碍；
3. 掌握协调的原则；
4. 了解上下级关系的协调。

能力目标

1. 培养人际交往和沟通的能力；
2. 认知并能有意识培养自己的管理素质；
3. 理解并能运用管理机制分析与解决管理实际问题。

导入案例

汪经理的沟通经验

某公司汪经理在实践中深深体会到，只有运用各种现代科学的管理手段，充分与员工沟通，才能调动员工的积极性，才能使企业充满活力，在竞争中立于不败之地。

首先，汪经理直接与员工沟通，避免中间环节。他告诉员工自己的电子信箱，要求员工尤其是外地员工大胆反映实际问题，积极参与企业管理，多提建议和意见。汪经理本人则每天上班时先认真阅读来信，并进行处理。

其次，为了建立与员工的沟通体制，公司又建立了经理公开见面会制度，定期召开，也可因重大事情临时召开，参加会议的员工是员工代表、特邀代表和自愿参加的员工代表。每次会议前，员工代表都广泛征求群众意见，提交经理公开见面会上解答。2012 年 12 月，调资晋级工作刚开始时，员工议论较多。公司及时召开了会议，汪经理就调资的原则、方法和步骤等做了解答，使部分员工的疑虑得以澄清和消除，保证了这项工作的顺利进行。

【分析与思考】

汪经理与员工的沟通方式上有何特点？沟通的主要类型有哪些？

第一节 沟通

一、沟通原理

1. 沟通的涵义

沟通是为了设定的目标，将信息、思想和情感以语言、文字、符号等表现形式为载体，在人与人之间、人与群体之间进行传递和反馈以达到相互理解的过程。

2. 沟通的特点

沟通具有随时性、双向性、信息传递性和相互依赖性等特点。

随时性，即所做的每一件事情都是沟通；双向性，即既要收集信息，又要给予信息；信息传递性，即信息的收集会受到传递信息的方式所影响；相互依赖性，即沟通的结果是由双方决定的。

3. 沟通的原则

（1）真实有效性原则。要求在沟通时对有意义的、真实的信息进行传递。即使整个沟通的过程完美无缺，如果所传递的信息不真实，或者已经是过时的信息，也会使沟通成为无效的或无意义的。

（2）渠道适当性原则。指沟通时将有意义的信息，通过适当的、必要的渠道，由一个主体送达至另一个主体的过程。

（3）主体关联性原则。需要沟通的内容或传递的信息必须由一个主体，通过适当的渠道传递给相关联的另一主体接受，称为主体关联性原则。通俗讲，人们要想达成有效的沟通，信息的发出者和接受者都应该是有关联的沟通主体。

（4）传递完整性原则。指沟通的内容或信息由沟通的一方发出，并通过适当的渠道，完整无缺地传送给沟通的另一方。

（5）时间限制性原则。整个沟通的过程必须在事情发生的有效期（或最佳时间）内完成，否则就失去沟通意义。如新闻报道、通知类沟通等。

（6）理解同一性原则。就是信息接受者对所接收到的信息的了解或理解，尽可能与信息发出者对信息的理解一致。

（7）沟通连续性原则。就是说，有效沟通还具有时间、内容与方式上连续性的特点。人类有依据自己的经验、情绪和愿望对各种情形做出反应、判断的特性。

（8）目标明确性原则。任何成功的沟通自然要有明确的目的或目标。不同的沟通目标，会对应不同的沟通方式和沟通行为（态度）。

二、沟通类型

（1）正式沟通与非正式沟通。

① 正式沟通可分为上行沟通、下行沟通、平行沟通三种。

• 上行沟通是指在组织或群体中从较低层次向较高层次的沟通。它是群体成员向上级提供信息、情况汇报和提出建议等。

• 下行沟通是指组织或群体中从较高层次向较低层次传递信息的过程。它是组织的领导者把组织的目标、规章制度、工作程序向下传达的沟通方式。

• 平行沟通是指组织或群体中各平行机构之间的交流，各成员之间的工作交谈等。平行沟通作用能够保证部门间的相互通气，相互配合和支持，从而减少矛盾和冲突，有利于组织中各种关系的平衡和稳定。

② 非正式沟通是指正式沟通渠道以外自由进行的各种信息传递和交流，它是正式沟通的补充，也是人们最常用的沟通方式。

（2）向沟通与双向沟通。

① 单向沟通是指信息的发送者与接受者之间相对位置不发生变化的沟通，即信息的交流是单向的流动，如演讲、报告、广播等。

② 双向沟通是指信息的发送者与接收者的位置不断变化的沟通，即信息交流是双向的活动。例如组织间的协商、讨论或是两个人之间的谈心等。

（3）直接沟通与间接沟通。

① 直接沟通是指信息发送者与接收者直接进行信息交流，无需第三者传递的沟通方式。例如面对面的交谈、电话交谈等。

② 间接沟通是指信息发送者必须经过第三者的中转才能把信息传递给接收者。

（4）语言沟通与非语言沟通。

① 语言沟通分为口头语言与书面语言。

• 口头语言沟通是指以口头语言为媒介的沟通，例如演讲、口头汇报等。口头沟通是人际关系中最常用的一种形式。

• 书面语言沟通比口头沟通更加规范、正式和完整。书面沟通是以书面文字为媒介的沟通，例如通知、文件、备忘录等。

② 非语言沟通是人们借助于自己的语音、语调、表情、目光、体姿等肢体语言所产生的信息进行交流的方式。实际上也是一种语言，只不过是通过口头或书信表达出来。

三、沟通障碍及改善方法

1. 沟通障碍形成的原因

（1）来自发送者的障碍。这方面容易出现的障碍主要有以下几种。

① 发送者表达能力不佳。发送者词不达意、口齿不清，或者字体模糊，使人难以了解其意图。

② 传送形式不协调。当信息有几种形式传送时，如果它们互相之间不协调，就使接收者难于正确理解所传信息的内容。

③ 信息来源上的问题。主要涉及的问题是过滤信息，发送者假设接受者不需要理解这些信息，就故意地扣留了一些信息。

（2）来自接收者的障碍。这方面容易出现的障碍主要有以下几种。

① 知觉的选择性。在沟通过程中，接受者会根据自己的需要、动机、经验、背景及其他个人特点，有选择性地去看和听信息，他们选择的目标往往是自己感兴趣的内容、与自己利益紧密相连的事情、自己必须负责的项目等。另外，在解码的时候，接收者还会把自己的兴趣和期望带入到信息之中。

② 信息的过滤。接收者在接受信息时，有时会按照自己的需要对信息加以过滤。

③ 对信息来源缺乏信任。这是指接受者对发送者缺乏信任，缺乏信任的主要原因是对发送者的人品、经验、地位和知识等的不信任。

（3）沟通双方的差异造成的障碍。这方面容易出现的障碍主要有以下两种。

① 双方知识经验的局限。当发送者把信息翻译成信号时，他只是在自己的知识经验范围内进行编译；同样，接受者也只能在他们自己的知识经验范围内进行编译，理解对方传送来的信息的含义。

② 沟通双方的价值观和信仰等的差异。不同的背景、经历形成了人们各不相同的标准、世界观和个人价值取向，这可能会导致对同一件事情的看法有差异，这些差异都可能造成沟通障碍。

（4）信息传递过程中的障碍。这方面容易出现的障碍主要有以下几种。

① 时机不适。信息传播的时机会增加或降低信息沟通的价值，不合时机地发出信息将成为接受者理解信息难以克服的障碍，另外，时间上的耽搁与拖延也会使信息过时而无用。

② 媒介选择不当。如果沟通渠道不对，沟通一定不能完成，因为接受者接收不到信息。如向一位在偏远山区无法上网的朋友发电子邮件，向不懂英语的员工讲英语，当然无法完成有效沟通。

③ 信息量级。这将影响沟通的质量与效果。无论信息量过少（欠载） 还是过多（超载），都是不利的。沟通中的信息以适度为宜。

（5）反馈不足。造成反馈不足的因素主要是双方的态度。一方面，如果上级不给下级机会表明他们对所接受信息的理解，这就排除了反馈的机会，降低了沟通的有效性。另一方面，若下级为了不在上级心中形成不良印象，隐瞒对自己不利的信息，或不能向上级提出自己的需要，都会造成上下级之间沟通的困难。

2. 减少有效沟通障碍的措施

（1）明确目标。要减少有效沟通的障碍，就必须知道说什么，也就是要明确沟通的目的。抓住中心思想，措辞准确清晰，处理好情感上的细微差别，将自己所要表达的观点准确无误的传递给对方，以免造成对方误解。如果目的不明确，就意味着自己也不知道说什么，自然也不可能让别人明白，自然也就达不到沟通的目的。在沟通中，沟通双方都着眼于沟通目标，这就使沟通有了一个共同的基础，彼此能够更好地了解对方。

（2）明确角色与换位思考。主导沟通者应该十分清楚自己在沟通过程中为实现沟通目标所扮演的主导角色与职能，同时进行换位思考，将心比心，使自己所运用的各种沟通要素能够为对方愉快接受。如对他人的评价，可以设问：如果别人这样评价我，我是否能接受？这样的评价对方会感到真诚吗？当批评下属之前，可以先问自己这样一些问题：是我布置任务不合适，还是没有给对方以必要的资源？是对方的能力有问题，还是态度有问题？这种先站在对方的立场思考问题的方式，其实可以渗透到生活的角角落落。在沟通过程中，要做到换位思考，必须问自己这样三个问题。第一，受众需要什么？第二，我能给受众什么？第三，如何把受众需要的和我能提供的进行有机联结？显然，在沟通过程中能够站在对方立场思考问题，能够从对方需要什么作为思考的起点，不但有助于问题的解决，而且能更好地建立并强化良好的人际关系，达到有效沟通的目标。

（3）注意恰当地使用肢体语言。在倾听他人的发言时，还应当注意通过非语言信号来表示你对对方的话的关注。比如，赞许性的点头，恰当的面部表情，积极的目光相配合，不要看表、翻阅文件、拿着笔乱画乱写。如果对方认为你对他的话很关注，他就乐意向你提供更多的信息。否则，对方有可能把自己知道的信息不向你传达。研究表明，在面对面的沟通当中，一半以上的信息不是通过词汇来传达的，而是通过肢体语言来传达的。要使沟通富有成效，就必须注意自己的肢体语言与自己所说的话的一致性。

（4）注意保持理性，避免情绪化行为。在接受信息的时候，接收者的情绪会影响到他们对信息的理解。情绪能使人无法进行客观的理性的思维活动，而代之以情绪化的判断。与他人进行沟通时，应该尽量保持理性和克制，如果情绪出现失控，则应当暂停进一步沟通，直至恢复平静。

（5）减少沟通的层级。人与人之间最常用的沟通方法是交谈。交谈的优点是快速传递和快速反馈。在这种方式下，信息可以在最短的时间内被传递，并得到对方回复。但是，当信息经过多人传送时，口头沟通的缺点就显示出来了。在此过程中传递信息的人越多，信息失真的可能性就越大。每个人都以自己的方式理解信息，当信息到达终点时，其内容常常与开始的时候大相径庭。

（6）双向沟通，及时反馈。有效的沟通应是自上而下与自下而上相结合的沟通。通畅的沟通渠道是顺利实现有效沟通的保证，包括鼓励和允许他人提出自己的问题、疑问。反馈是沟通的重要环节之一，没有反馈的沟通是单向沟通，只有通过信息反馈实现双向沟通，才能了解信息是否准确、完整地被接收者理解，并不折不扣地贯彻执行，才能发现沟通中存在的问题并及时解决。

信息反馈是沟通过程中一个重要的环节。没有信息的反馈，则不能构成一个完整的沟通过程，不能实现信息的有效沟通。在进行沟通后要注意接收者的理解和反应。通过提问调查即跟踪反馈，掌握信息被接收和被理解的程度，并在此基础上对组织的政策做出修正、完善甚至根本性的改变，组织成员则要通过信息的反馈来了解组织管理者对沟通信息的反应并以此来对组织及其管理者做出评价。

（7）选择最佳的信息沟通渠道。在渠道的选择上主导沟通者占据主导地位，要根据实际情况选择能予以最恰当表现的沟通渠道，并在语言的运用上根据沟通对象不同而做出相应的调整，但应尽量使用表述精确、直接、明晰的语句并竭力避免语句冗长和艰涩的专业术语的运用。另外着眼于沟通的有效性。沟通过程中应鼓励采用多渠道的信息沟通，但不应该彼此冲突从而引起误解。

（8）主动倾听。所谓主动倾听，就是指不仅限于被动地接受对方所传递过来的信息与事实，了解其言辞中字面的意义，而且要保持对其弦外之音的敏感，注意其表情、手势、眼神等非言语性沟通所显示出的感情，深入并清楚地发掘其真实内心意图。同时要主动做出反馈与提问，搞清真正问题之所在。这意味着要想方设法检验自己所理解的是否是对方的本意。

（9）正确运用语言文字。在沟通中能否正确运用语言文字，与沟通效果关系颇大。要做到正确运用语言文字，需要从以下几个方面加以注意：第一，要真挚动人，具有感染力；第二，要使用精确的语言文字，措词恰当，意思明确，通俗易懂；第三，酌情使用图表；第四，尽量使用短句；第五，语言文字要规范化，不要用怪词怪句，避免华而不实之词。

（10）恰当安排沟通时间。人们对信息的反应及过滤是受时间影响的。管理者对某一信息的忽视，其原因可能是时间太紧或有其他更重要信息的缘故。因此，有效沟通要注意安排恰当的时间。对管理者来说，可采取两种方式：一种是规定某一时间接收或发送特定信息；另一种是规定在繁忙工作以外的时间的接收或传达信息，这可确保注意力不致分散。

（11）选择正确的沟通方式。有效的沟通依赖于沟通方式的选择。管理沟通的主要方式可以分为三类，即口头沟通、书面沟通和其他沟通方式。口头沟通适用于企业内部信息的传递与日常交流，包括发布指示、面谈、会议、请示汇报等；书面沟通较为正式、清晰、准确，属于正式的沟通方式；其他沟通方式包括了文艺汇演、企业联欢等，此类沟通方式有利于提高员工对企业的认同感，增加企业的凝聚力。

研讨

请举例说明上述某一条或几条减少有效沟通障碍的措施。除以上减少有效沟通障碍的措施外，你还能补充其他的减少有效沟通障碍的措施吗？

四、管理者如何做好与下属的有效沟通

对管理者来说，与员工进行沟通是至关重要的。因为管理者要做出决策就必须从下属那里得

到相关的信息，而信息只能通过与下属之间的沟通才能获得；同时，决策要得到实施，又要与员工进行沟通。再好的想法，再有创新的建议，再完善的计划，离开了与员工的沟通都是无法实现的空中楼阁。做好与下属的有效沟通，必须做到以下几个方面。

（1）保证沟通信息的准确性。作为信息上传下达的关键节点，管理者在沟通的时候，最担心的就是下属误解或者对管理者的意图理解得不准确。为了减少这种问题的发生，管理者可以让员工对管理者所表达的意图作出反馈。比如，当向员工布置了一项任务之后，可以接着向员工询问："你明白了我的意思了吗？"同时要求员工把任务复述一遍。如果复述的内容与管理者的意图相一致，说明沟通是有效的；如果员工对管理者的意图的领会出现了差错，可以及时进行纠正。或者，管理者可以观察他们的眼睛和体态举动，了解他们是否正在接收信息。

（2）不同的下属使用不同的语言方式。其实这一点，主要指的是沟通的方式，也就是沟通方式因人而异。在一个部门中，不同的下属往往有不同的年龄、教育和文化背景，这就可能使他们对相同的话产生不同理解。另外，由于专业化分工不断深化，不同的员工都有不同的"行话"和技术用语。而许多管理者往往注意不到这种差别，以为自己说的话都能被其他人恰当地理解，从而给沟通造成了障碍。在语言的选择和使用上，管理者应该选择员工易于理解的词汇，使信息更加清楚明确，不能使用过多的专业词汇。在传达重要信息的时候，为了消除语言障碍带来的负面影响，可以先把信息告诉不熟悉相关内容的人。比如，在正式分配任务之前，让有可能产生误解的员工阅读书面讲话稿，对他们不明白的地方先作出解答。

（3）在沟通的过程中，要注意倾听下属的意见和反馈。倾听是一种好的工作习惯，不但让对方心理上得到了应有的尊重，而且让管理者能够在发表自己的言论前，获得更多的信息，以便校正管理者言论的正确与否。沟通是双向互动的过程，要使沟通有效，双方都应当积极投入交流。当员工发表自己的见解时，管理者也应当认真地倾听。当别人说话时，管理者在听，但是很多时候都是被动地听，而没有主动地对信息进行搜寻和理解。积极的倾听要求管理者把自己置于员工的角色上，以便于正确理解他们的意图而不是管理者自己想理解的意思。同时，倾听的时候应当客观地听取员工的发言而不冒然打断对方，或做出结论。当管理者听到与自己的不同的观点时，不要急于表达自己的意见。因为这样不但会使管理者漏掉余下的信息，而且让下属觉得该上司武断专行，以后任何建议或者意见，他们都不会向上司提出了。

【经典实例】

春秋战国时期，耕柱是一代宗师墨子的得意门生，不过，他老是挨墨子的责骂。有一次，墨子又责备了耕柱，耕柱觉得自己真是非常委屈。因为在许多门生之中，大家都公认耕柱是最优秀的人，但又偏偏常遭到墨子指责，让他没面子。一天，耕柱愤愤不平地问墨子："老师，难道在这么多学生当中，我竟是如此的差劲，以致于要时常遭您老人家责骂吗？"墨子听后，毫不动肝火："假设我现在要上太行山，依你看，我应该要用良马来拉车，还是用老牛来拖车？"耕柱回答说："再笨的人也知道要用良马来拉车。"墨子又问："那么，为什么不用老牛呢？"耕柱回答说："理由非常的简单，因为良马足以担负重任，值得驱遣。"墨子说："你答得一点也没有错，我之所以时常责骂你，也只因为你能够担负重任，值得我一再地教导与匡正你。”

虽然这只是一个很简单的故事，不过从这个故事中，可以给企业的沟通管理一些有益的启示，但愿每一个人都能够从这个故事中获益。

启示一：员工应该主动与管理者沟通。

优秀企业都有一个很显著的特征，企业从上到下都重视沟通管理，拥有良好的沟通文化。员工尤其应该注重与主管领导的沟通。一般来说，管理者要考虑的事情很多很杂，许多时间并不能为自己主动控制，因此经常会忽视与部属的沟通。更重要一点，管理者对许多工作在下达命令让员工去执行后，自己并没有亲自参与到具体工作中去，因此没有切实考虑到员工会遇到的具体问题，总认为不会出现什么差错，导致缺少主动与员工沟通的精神。作为员工应该有主动与领导沟通的精神，这样可以弥补主管因为工作繁忙和没有具体参与执行工作而忽视的沟通。试想，故事中的墨子因为要教很多的学生，一则因为繁忙没有心思找耕柱沟通，二则没有感受到耕柱心中的愤恨，如果耕柱没有主动找墨子的行动，那么结果会怎样呢？不言而喻！

启示二：管理者应该积极和部属沟通。

优秀管理者必备技能之一就是高效沟通技巧，一方面管理者要善于向更上一级沟通，另一方面管理者还必须重视与部属沟通。许多管理者喜欢高高在上，缺乏主动与部属沟通的意识，凡事喜欢下命令，忽视沟通管理。试想，故事中的墨子作为一代宗师差点就犯下大错，如果耕柱在深感不平的情况下没有主动与墨子沟通，而是采取消极抗拒，甚至远走他方的话，一则墨子会失去一个优秀的可塑之材，二则耕柱也不可能再从墨子身上学到什么，也不能得到更多的知识了。对于管理者来说，“挑毛病”尽管在人力资源管理中有着独特的作用，但是必须讲求方式方法，切不可走极端，“鸡蛋里挑骨头”，无事找事就会适得其反，挑毛病必须实事求是，在责备的过程中要告知员工改进的方法及奋斗的目标，在“鞭打快牛”的过程中又不致挫伤人才开拓进取的锐气。从这个故事中，管理者首先要学到的就是身为主管有权利也有义务主动和部属沟通，而不能只是高高在上简单布置任务！

启示三：企业忽视沟通管理就会造就无所谓的企业文化。

如果一个企业不重视沟通管理，大家都消极地对待沟通，忽视沟通文化的话，那么这个企业长期下去就会导致形成一种无所谓企业文化。任何企业中都有可能存在无所谓文化，员工对什么都无所谓，既不找领导，也不去消除心中的愤恨；管理者也对什么都无所谓，不去主动地发现问题和解决问题，因此大家共同造就了企业内部的“无所谓文化”的企业文化。在无所谓文化中，员工更注重行动而不是结果，管理者更注重布置任务而不是发现解决问题。试想故事中耕柱和墨子如果两者都认为一切都无所谓，耕柱心中愤恨不去主动积极找墨子沟通，墨子感觉耕柱心有怨言，也不积极主动找耕柱交谈以打消其不满的情绪，那么故事的结局想必很明显吧？墨子没有优秀的学生，其学问不可能产生深远的影响。耕柱呢？也就只可能是一个很普通的学生，心中愤恨日久生怨，说不定还会做出很极端的事情。

启示四：沟通是双向的，不必要的误会都可以在沟通中消除。

沟通是双方面的事情，如果任何一方积极主动，而另一方消极应对，那么沟通也是不会成功的。试想故事中的墨子和耕柱，他们忽视沟通的双向性，结果会怎样呢？在耕柱主动找墨子沟通的时候，墨子要么推诿很忙没有时间沟通，要么不积极地配合耕柱的沟通，结果耕柱就会恨上加恨，双方不欢而散，甚至耕柱最终出走。如果故事中的墨子在耕柱没有来找自己沟通的情况下，主动与耕柱沟通，然而耕柱却不积极配合，也不说出自己心中真实的想法，结果会怎样呢？双方并没有消除误会，甚至可能使误会加深，最终分道扬镳。

第二节　协调

一、协调的含义与作用

1. 协调的含义

协调是管理的重要职能，是在管理过程中引导组织之间、人员之间建立相互协作和主动配合的良好关系，有效地利用各种资源，以实现共同目标的活动。人是一切管理活动的主体，是构成组织的"基本单位"，所以，协调的对象归根结底是人员，管理协调的归根结底是人与人的关系，最终目的是建立并维护良好的人际关系，通过实现人际关系的协调带动管理组织内外诸要素的协调。

协调作为管理的重要职能之一，有自身的职能特点。

（1）平等性。平等性指协调主体和协调对象居于平等位置，没有强制力的作用。即使参与协调的是领导，只要行使的是协调职能，也主要凭借自然性影响力发挥作用。

（2）互利性。协调活动能否收到预期的效果，取决于协调措施对协调各方利益的满足度。所以要求广泛地寻找共同利益，坚持求大同存小异。

（3）对象的复杂性。对象的复杂性是指协调与控制的区别，控制是指以明确的标准为前提，通过强制力纠正偏差。而协调要面对两个以上的对象并且协调对象的思想、态度、行为都不同，相互矛盾。这就要求协调对象在坚持原则的条件下，以大局为重、互相理解，互相尊重。

2. 协调的作用

不管在古代还是在现代，不论在东方还是西方，许多现实的事例证明，无论是一个国家、一个公司，一个部门、一个家庭，如果仅仅依靠领导或个人殚精竭虑而没有员工和他人积极参与和响应，这个团队不是有效的团队，仅仅依靠某一个或某几个所谓的精英人士孤军奋战，而没有大军团的协作与支持，这个团队也是注定要失败的。协调的具体作用如下。

（1）减少内耗、增加效益的重要手段。有效协调可以使组织活动的各种相关因素相互补充、相互配合、相互促进，从而减少人力、物力、财力、时间的浪费，达到提高组织的整体效率，增加效益的目的。

（2）增强组织凝聚力的有效途径。要使组织内部人员团结，齐心协力，需要领导者以极大的精力和高超的技艺加以有效协调。只有人们心理上、权力上、利益上的各种关系协调了，才能团结统一，相互支持，齐心协力地实现共同的目标。

（3）调动员工积极性的重要方法。协调的好坏直接关系到组织目标的实现和整个领导活动的效能，协调工作搞好了，组织内部成员能团结合作，充分发挥出每个人的聪明才智，使组织工作充满生机和活力。

3. 协调的原则

（1）全员参与原则。必须了解目标、计划及与其他人员的工作关系，树立与他人配合工作是自己的职责而不是额外负担的观念，从而自觉、主动地搞好协调。

（2）有效沟通的原则。沟通是进行协调的基本手段。所谓有效沟通，一是指要有效能，即能够达到所要达到的目标；二是指有效率，即能够迅速实现协调的目的。

① 沟通目的要清晰，对通过沟通希望解决什么问题必须心中有数。

② 信息表达应当清晰无误。

③ 注意沟通的技巧，比如语言的恰当运用、说话分寸的掌握和时机的选择，善于倾听沟通对象的发言等。

④ 对信息沟通的效果进行追踪检查，及时反馈。

（3）及时协调的原则。在制订工作计划时就应该考虑各项工作会有什么协调关系，并提前拟订方案和措施。在执行计划过程中管理者应对可能发生的问题保持警觉，一旦发现就以适当的方式迅速处理，不要等积累成山再采取行动。

（4）连续性原则。

（5）直接接触的原则。一是管理者在协调各个部门或各个人员的工作关系时，一般情况下应与被协调者直接见面，这样不仅可以保证信息准确，而且可以在深入解决思想和现实问题的基础上妥善协调，特别是在关键问题上，直接接触使协调更加确定，避免节外生枝而延误时机；二是尽可能使各方被协调者直接见面，这样既可以使意见摆到桌面上来，又可以使当事者进行情感上的交流，而情感沟通往往比认识协调更具有意义。

二、协调的内容与方法

1. 协调的内容

（1）管理系统外部关系的协调包括：消费者、政府、新闻界和社区。

（2）管理系统内部关系的协调包括：生产要素、与股东关系和内部人际关系。

2. 协调的方法

（1）目标协调。通过下达目标，统一人们的思想，调节人们的行动，求得整个组织工作协调的一种方法。目标的制定必须明确、具体、可行，规定相应的约束条件，同时通过各种措施使之成为全体成员的共同愿望。

（2）组织协调。通过组织系统，利用行政方法直接干预和协调组织的各个环节和方面，使整个组织工作保持良好秩序的一种协调方法。组织协调是以权力为保障的，因而，必须强调权威的作用。

（3）经济协调。通过经济利益使组织或个人的行为方向向实现目标的方向发展的一种协调方法。其作用机制是利益诱导，通过运用工资、奖金、福利等经济手段，以及规定相应的经济合同、经济责任，从物质利益上处理各种关系，调动各方面的积极性。

（4）法纪协调。通过法律、法规或规章制度的制定和执行，来约束和规范组织或个人的行为。一般来讲，规章制度是协调活动的重要手段，也是协调所依据的准则。

三、上下级关系协调

1. 上行关系协调

正确协调好与上级领导者的关系，需要注意把握以下要点。

（1）尊重而不恭维。一般来讲，上级领导都是由一定的组织民主选举产生或委派的，在他分工负责的范围内所作的各项决定，都是代表一定的组织，而不是代表他个人。所以，对上级领导首先应该尊重。作为下级应该懂得，尊重领导者，不仅是对领导者个人的尊敬，而且是顾全大局，支持工作的表现。特别在正式的严肃的工作场合，要讲究礼节，维护领导者的威信。

尊重领导最主要的表现就是支持和服从。在工作中要主动请示汇报，自觉接受上级的领导，树立上级领导的威信，甘当无名英雄。在生活中要注意谦虚礼让，尽量给上级领导者以体面；对私下议论上级领导者的人，要好言规劝，正确引导；如果遇到上级领导的才能不如自己的情况时，不要洋洋得意，不要过分显示自己，应该多看上级领导的优点和长处；如果遇到上级领导心胸狭窄、嫉贤妒能的情况时，千万不能感情用事，要保持清醒的头脑，采用适当的方式感化上级；如果遇到上级领导偏听偏信的情况时，要注意经常请示汇报工作，使上级领导对自己的工作有一个全面的了解。

（2）服从而不盲从。在现实情况下，对于正确的领导下级理应服从，问题是对于错误的领导是否也要服从。一般来说，对于错误的领导，为了顾全大局也要服从。但这种服从不是盲从，而是在组织服从的前提下，要采取适当的方法向领导者阐明问题的严重性，在实际行动上有所保留、修正和变通；在不能及时纠正的情况下，一方面要贯彻执行，另一方面要及时向有关方面提出自己的意见，以维护党和人民的利益，这是一条重要原则。

对于那些违法乱纪或以权谋私的行为，不仅不能服从，还要坚决抵制和反对。这里需要注意三点。一是抵制和反对的必须是原则错误，大是大非问题。对于非原则的问题，副职要服从和尊重正职的意见。这叫做“大事讲原则，小事讲风格”。二是对大是大非问题，一定要坚持原则，决不能妥协，但要讲究方式方法，注意场合，考虑到效果。要尽量做到“忠言”顺耳，“良药”可口。否则，可能事与愿违，达不到预期效果。三是要胸怀坦荡，气量恢宏。能够求大同存小异，非紧急情况下，一时说不通，就暂缓一下，在适当的时候再提出来。自己一时受了委屈，要相信组织上会弄清事实，作出公正的结论。

（3）到位而不越位。要求：一是要有很强的事业心、责任感，主动积极地做好工作，而不能被动消极地应付了事；二是对于领导者临时交办的任务，一旦承担下来，就要有头有尾尽职尽力做好，让领导放心；三是对工作目标责任不清，职责权限不明的，要请示弄清楚；四是遇到超出自己职责范围的问题，要及时请示报告，并提出建议，供领导参考；五是对工作进度和问题要定期汇报，以便让领导者及时了解情况并给予必要的提示和支持；六是在工作中出现差错和过失时，要勇敢承担责任，不推卸责任，不矛盾上交。

被领导者在对上关系中的越位现象，常见的有以下几种。一是决策越位。任何决策都是有层次权限的，如果下级领导者未经请示就做出了由上级领导者决策的事情，则叫做决策越位。二是表态越位。在工作中，对某个问题该谁表态，是有一定规范的。有些问题该由上级领导者表态，如果下级领导者不加请示就自行表态，则叫做表态越位。三是工作越位。在领导活动中，每一个人都应积极主动地工作，但有的工作该由上级领导出面做的，作为被领导者抢先做了，就造成工作越位。四是场合越位。在一些公开场合，作为被领导者，如果抢了上级领导者的位置，或者张罗过头，喧宾夺主，使领导者陷入被动地位，就会造成场合越位。越位不仅危害领导活动秩序，而且是一种侵权行为，必然损害上下级关系。

（4）补台而不拆台。当上级在决策时，下级要帮助上级想得全面周到，避免出现差错；当上级出现考虑不周到的时候，下级要主动给予提醒，使其减少失误；在执行决策中，下级要密切关注事态变化，为上级及时纠正偏差献计献策；当事态发展恶化时，下级要敢于挺身而出，勇挑重担，提出补救措施补正纠偏，为上级排忧解难，起到“保驾”作用，决不能袖手旁观，更不能“喝倒彩”、“帮倒忙”、“拉倒车”。

补台而不拆台的核心是要维护领导班子的团结。实践证明，团结是聪明人的学问，团结就是力量，补台都上台，拆台都下台，分裂必垮台。在一个领导班子内部，作为下级的副职，要自觉遵守组织纪律，不利于团结的话不说，不利于团结的事不做，坚决抵制和克服自由主义，维护好正职的权威。

（5）建议而不强求。下级在协调与上级人际关系时，要特别注意善于将自己的意见用适当的方式让上级领导者采纳，进而变成领导者自己的意见。

2. 下行关系协调

（1）对亲者应保持距离。首先，领导者的责任是团结大多数人，共同把事业搞上去。其次，“保持距离”可以使上级领导者避免卷进不同观点与不同派别的争论的旋涡中去，使自己始终处于一种居高临下的有利位置。再次，“保持距离”不致使领导者与下属的违法乱纪行为打成一片，也避免使自己在错误的泥坑里越陷越深。因为关系太密切了，就容易迁就与满足下级违反原则的要求。最后，“保持距离”有利于领导者与下属保持一定深沉、持久、真挚的私人友谊。中国有句古话：“君子之交淡如水，小人之交甘若醴”就是说明这个道理。

（2）对疏者应正确对待。即使那些经过实践证明反对自己反对错了的同志，只要他愿意改正，转变立场，就应该对他们一视同仁。至于持反对意见，而实践证明他们又是正确的同志，就更应该注意虚心向他们学习，从中增长识别能力。唐人魏征说得好：“爱而知其恶，憎而知其善”。只要充分肯定疏者的优点、成绩，对他们与“亲者”一样爱护、使用，本着“亲者严，疏者宽”的精神，在分清大是大非的基础上求大同、存小异，允许疏者和自己有不一致的地方，并力图在实践中渐渐取得统一的认识，这样才能使人心情舒畅，消除隔阂，增进人际关系的协调发展。

（3）对下级要尊重礼貌。

① 尊重下级的人格。

② 尊重下级的首创精神。毛泽东说过，群众是真正的英雄，而我们往往是幼稚可笑的。就是说在群众中蕴藏着智慧和力量，只有不断吸取群众的意见和建议，才能取得事业的成功。正如诸葛亮在《察疑第五》中说的：“士为知己者死，女为悦己者容，马为策己者驰，神为通己者明。”

③ 关心信任下级。对于有才之士，最好的尊重是在政治上充分信任，在工作上大胆任用，生活上关心帮助。

④ 对纠纷宜公平处理。如何正确地协调处理下级矛盾和冲突呢？

一是不提及纠纷的具体内容，而是晓以根本大义。这种协调法就是告诉纠纷的一方或双方，个人的事再大也是小事，个人的耻辱再大也是小耻，促使他们想大事，顾大局，帮助他们解开“疙瘩”达到团结的目的。

二是不给他们说“大道理”而是晓以个人立身之道。这种调解法就是启示纠纷的一方或双方，要珍惜个人的社会信誉，珍惜朋友之间的友谊，不要因一些小事闹纠纷，使自己成为众所嫌弃的人。

三是不卷入具体争论的旋涡，而是干预、抑制双方的过分举动。

四是不纠缠旧事算老账，提倡摒弃前嫌向前看。这种调解法就是启示纠纷的一方或双方，要从当时环境分析，而不是过分追究个人责任。

3. 平行关系的协调

（1）彼此尊重，平等相待。首先，要尊重同事的人格。其次，要尊重同事的意见。最后，要尊重同事的劳动。

在自己工作取得成绩时，不要把功劳记在自己的功劳簿上，要看到其他同事对自己工作的辅助，要尊重他人的劳动。只有这样才能始终得到同事的关心帮助，工作才能取得更大的成绩。

（2）相互信任，不要权术。首先，要为人正直，光明正大。正直正派的人，总能赢得人们的赞赏和信赖，有深厚的群众基础，而那些好搞阴谋诡计的人，总会被人们识破的，早晚会被人们抛弃的。

其次，要相互信任，不乱猜疑。同事之间切记不要在上级那里打小报告，不搞别人的鬼。当听到社会上的闲言碎语时，不要听风就是雨，要认真分析，明辨是非。做到心术要正，眼睛要明，耳根要硬，不受错误东西的干扰，不让别有心机的人利用，任凭谣言起，稳坐“钓鱼台”。只有这样，才能换来他人对自己的信任。

（3）团结同志，密切合作。首先，要培养合作精神。同事之间要做到分工不分家，支持不拆台。其次，要平等竞争，甘为人梯。同事之间既是天然的“合作者”，又是潜在的“竞争者”。合作推动竞争，竞争又有助于更好的合作。一味合作而不讲竞争，最终将减弱自己的合作能力，即使合作也不可能持久而有效。竞争应该是积极的、健康的。一方面要依靠自己的不懈努力创造全优工作，以竞争来不断激励自己；另一方面，竞争中既要自觉地向同级中的强者学习，又要热情地帮助在竞争中暂时落后的同级。最后，要化解矛盾，协调关系。同事间发生矛盾，要帮助调节，不袖手旁观，更不能挑拨离间、制造矛盾。

研讨

平行关系协调的核心是什么？

【经典实例】

阎秘书的协调艺术

飞燕实业总公司张总经理与王副总经理，因为工作上的分歧，产生了误解，最近一段时间，隔阂越来越大，矛盾也在加剧。总经理办公室阎秘书想方设法在其间协调，但收效甚微，分歧和矛盾依然存在，双方都认为，是对方故意给自己过不去。

机会终于来了。一天，总经理病了，住进了医院。阎秘书到医院看望，把带来的礼品放到床头，然后对总经理说："我是代表王副总经理来的。总经理病了，王总听说后，很关心，叫我同他一起来看望你，但在来医院的路上被销售部经理叫去了，说有急事，非要他去处理不可。"张总听后很感动。过了一段时间，王副总经理病了，住进了同一家医院。阎秘书到医院看望，又买了礼品放到床头，然后对王总说："我是受张总委托来的，张总原定下班后与我一起来医院看望你，临时业务部经理有急事，硬把他给拉走了。张总要我转达他对您的问候，并祝您早日恢复健康，说公司离不开您!"躺在病床上的王总听后，感动得热泪盈眶，心想自己过去是错怪张总了，今后一定要配合张总积极工作。

经过阎秘书从中协调，缩短了两位经理之间的距离，驱散了笼罩在他们心头的乌云。王总出院后，主动与张总打招呼，张总也热情问候，两人和好如初。

问题研讨：这个案例给你什么启迪？

第三节　冲突管理

一、冲突概述

1. 冲突的概念

（1）冲突的内涵。在人类社会组织中，人与人、人与群体、群体与群体之间必然会发生这样或那样的交往和互动关系，在这些错综复杂的交往与互动过程中，人们会因为各种各样的原因而产生意见分歧、争论、竞争和对抗，从而使彼此之间的关系出现不同程度、不同表现形式的紧张状态。这种紧张状态为交往和互动双方所意识到时，就会发生"冲突"的现象。管理心理学认为，冲突是人们对重要问题意见不一致而在各方之间形成摩擦的过程，即由于目标和价值理念的不同而产生对立或争议的过程。可以从以下几个方面理解其内涵。

① 冲突是不同主体或主体的不同取向因为对特定客体处置方式的分歧，而产生的行为、心理的对立或矛盾的相互作用状态。

② 管理冲突是行为层面的人际冲突与心理层面的心理冲突的复合。客观存在的人际冲突必须经过人们去感知，内心去体验，当人们真正意识到对不同主体行为比较中的内在冲突、内心矛盾后，才能知觉到冲突。因此，冲突是否存在不仅是一个客观性问题，而且也是一个主观的知觉问题。

③ 冲突的主体可以是组织、群体或个人；冲突的客体可以是利益、权力、资源、目标、方法、意见、价值观、感情、程序、信息、关系等。

④ 冲突是一个过程，它是从人与人、人与群体、人与组织、群体与群体、组织与组织之间的相互关系和相互作用过程中发展而来，它反映了冲突主体之间交往的状况、背景和历史。

（2）冲突的特征。

① 冲突的客观存在性。冲突的客观存在性是指任何组织、群体或个人都会遇到形形色色的冲突，冲突是一种不以人们意志为转移的社会现象，是群体或组织管理的本质内容之一，是任何社会主体无法逃避的客观现实存在，社会主体在与冲突的际遇互动中的唯一的区别，只是冲突的类型、程度和性质的差异。

② 冲突的主观知觉性。正如冲突内涵所表述过的那样，客观存在的各种各样的冲突必须经过人们自身去感知，内心去体验。当客观存在的分歧、争论、竞争、对抗等现实状况反映成为人们大脑或心理中的内在矛盾斗争，导致人们进入紧张状态时，人们才能意识到冲突，知觉到冲突。所以冲突又具有主观的知觉性。

③ 冲突作用的两重性。冲突作用的两重性是根据冲突的相互作用观念，从冲突作用影响角度对其一般特性的概括。抽象而言，冲突对于组织、群体或个人既具有建设性、有益性，有着产生积极影响的可能性，又具有破坏性、有害性，有着产生消极影响的可能性。以前者特性为主的冲突，人们称之为“建设性冲突”或“功能正常的冲突”；而以后者特性占上风的冲突人们称之为“破坏性冲突”或“功能失调的冲突”。破坏性冲突多是由于冲突各方的目标和利益悬殊而引起的功能失调性冲突，会危及组织的根本利益和长远目标；建设性冲突多是由于冲突各方目标和根本利害差别不大，但手段、方式等不同而引起的功能正常的冲突，它不仅不会危害而且会促进组织的根本利益和长远目标。

2. 冲突的作用

根据相互作用的观点，认为冲突都是好的或都是坏的看法显然并不恰当也不符合实际情况，因此有必要具体分析冲突的积极作用和消极作用。

（1）冲突的积极作用。

① 解决冲突的过程有可能激发组织中的积极变革。人们为了消除冲突，就要寻求改变现有方式和方法的途径。寻求解决冲突的途径，不仅可以导致革新和变革，而且可能使得变革更容易为下属所接受，甚至为员工所期望。

【经典实例】

99+1=0

在 20 世纪 90 年代初，一家工厂行政处发生了一件事，一名事业部员工到行政处要求给计算机换电池，因具体负责该项工作的人员不在而多次扑空。这名员工和行政处发生的冲突引起了行政处领导的重视，在解决冲突的同时，进而提出“99+1=0”的观念，意思是说99项工作做好了，只有一项工作没做好，其是总的工作效果就等于零。该厂厂长又在此公式的基础上，根据市场经济的要求和工厂的实际对“99+1”的内涵给予了新的界定：“企业的一切工作以市场为导向，99项工作做好了，没有市场等于零；99项工作做好，顾客不满意等于零；99项工作做好了，要抓住市场，要争取用户满意，必须从零开始。”现在99+1=0已成为该厂的管理理念，成为指导企业各项工作的指导思想。

② 在决策的过程中有意地激发冲突，可提高决策的有效性。在群体决策过程中，由于从众压力或由于某权威控制局面，或凝聚力强的群体为了取得内部一致，而不愿考虑更多的备选方案，就可能因方案未能列举充分而造成决策失误，如果以提出反对意见或提出多种不同看法的方式来激发冲突，就可能提出更多的创意，提高决策的正确性和有效性。

③ 冲突可能形成的一种竞争气氛，促使员工振奋精神、更加努力。引起一个或多个目标发生冲突的竞争，也有一定好处，如果员工觉得在工作绩效方面存在着一种竞争气氛，就可能振奋精神，以求得在竞争中名列前茅。

（2）冲突的消极作用。

① 冲突可能分散资源。冲突可能分散人们为实现目标而做出的努力，组织的资源不是主要用来实现既定目标，而是消耗在解决冲突上，时间和金钱就是常被分散到消除冲突上去的两种重要资源。

② 冲突有损员工的心理健康。有一些研究表明，置身于对立的意见中，会造成“敌意”、紧张和焦虑。随着时间的推移，冲突的存在可能使相互支持，相互信任的关系难以建立和维持。

③ 要求内部竞争而引发的冲突，可能对群体效率产生不良影响。内部竞争可能引发冲突，如当两个销售公司为了扩大销售额以赢得总公司的奖励，就可能因追求局部利益，在争夺资金、人员等方面产生冲突，如果处理不当，就可能对总公司整体效益产生影响。如果企业鼓励员工多做努力制定一定的产量目标，人们就可能重视产品数量，而牺牲产品质量。

二、冲突的层次

组织中不仅具有不同类型的冲突，而且还存在不同层次的冲突，组织中可能出现的主要冲突层次及其相互关系如图7-1所示。

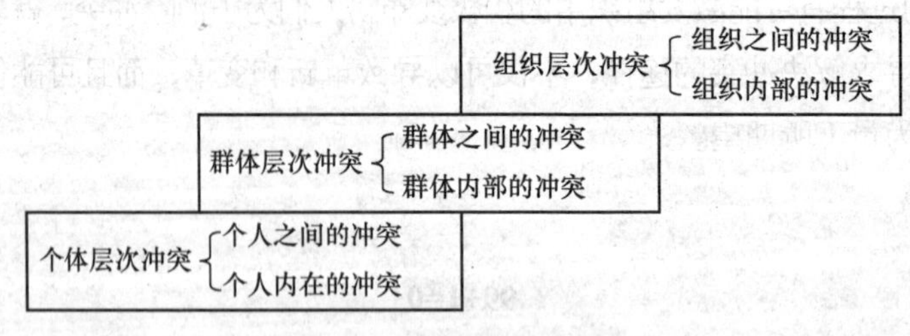

图7-1　组织中的冲突层次

由上图可知，组织中的冲突可以分为个人层次（或个体层次）、群体层次和组织层次这样三大层次的冲突。其中，个人层次的冲突又可分为人际冲突（个人之间的冲突）和个人内在冲突两个小的层次，个人内在冲突又可进一步分为个人的内心冲突和个人的角色冲突；群体层次的冲突也叫团队或团体层次的冲突，该层次的冲突又可分为群体之间冲突和群体内部的冲突两个较小层次，群体内部冲突包括了个人与群体之间的冲突以及群体内的人际冲突；组织层次的冲突又可分为组织内部冲突和组织之间的冲突，组织之间的冲突也有称之为组织与外部环境之间冲突的，组织内部的冲突广义上则应当包括组织与群体、组织与个人以及上述所有层次的冲突。

1. 个体层次的冲突

个体层次冲突是组织层次冲突和群体层次冲突的基础和构件。

（1）个人内心的冲突。这种层次冲突发生于个人的内心或内部，常常涉及个人某种形式的目标、价值、判断、认识或感情等。当因为不确定性或被推向相反方向，个人难以做出决定，或者个人行为将导致相互排斥的结果，导致个人内心的紧张冲突时，就会引发个人内心的冲突。

（2）个人角色冲突。个人在社会组织中的角色通常是指个人在组织中所处的位置，必须执行的一组相关活动，以及被要求承担的职责和表示出的形象等。当一个人被要求扮演两种或两种以上的相互矛盾、排斥或不一致角色时，就会发生个人的角色冲突。比如，组织中的基层管理者由于经常面临上级领导的角色要求与下属的对己的角色期望不一致而陷于角色冲突之中。

个人角色冲突与个人所面临的压力，个人对工作的不满意程度，个人缺乏组织的认同感，失去对工作的信心等存在较紧密的联系。

（3）人际间冲突。人际间冲突又叫个人与个人之间冲突或人际关系冲突，主要是指两个或两个以上个人在其认识、态度、价值观、行为或所追求目标的矛盾、分歧和不一致时，所发生的对抗或对抗性行为方式。人际间冲突既可能发生在同一组织或群体成员之间，也可能发生在不同组织或群体的成员之间，是一种普遍存在的冲突类型，也是其他各种冲突的基础和诱因。组织或群体内的形形色色的矛盾和问题常常直接或间接地表现为形式各异的人际间的冲突。

人际间冲突与个人的内心冲突和角色冲突密切相关，后者常常是前者的诱因。

2. 群体层次的冲突

群体层次的冲突处于一种“承上启下”的中间层级，是组织行为学重点研究的一类冲突问题。

（1）群体内部冲突。群体内部冲突包括群体内部个人之间的冲突和个体成员与群体之间冲突两种情形：

① 群体内部成员之间的冲突实际上是群体内部一些成员或所有成员之间的冲突，即是群体范围内的人际冲突，这种冲突常常影响群体的进程和有效性。

② 个人与群体间的冲突。任何群体都有其特定目标，都要维护其运行秩序，都会对其成员提出一些要求和限制，主张和提倡符合群体目标的“非人格化”的个人行为；然而每个人会有其个人目标、利益、愿望和“人格化”的行为，当两者之间不能协调一致，产生分歧、摩擦乃至对抗时，就会发生个人与群体间的冲突。应当看到个人与群体之间冲突发生的必然性和普遍性，这种冲突也是群体内部冲突的常见形式之一。

个人与群体的冲突研究以往多为人们所忽视，只是到了近些年，这一形式的冲突才逐渐引起了人们的重视。

（2）群体间的冲突。群体间的冲突一般指的是组织内部群体或团队之间在相互交往和互动过程中，由于诸如强调自身的立场观点、利益，忽略对方和共同的利益等多种原因，彼此间发生分歧、争论、对抗行为，使得相互关系出现一定程度的紧张状态并为双方所意识到的对立情形或现象。例如，在一家公司中，工会与资方因为员工的劳动条件与劳动保护水平而发生矛盾纠纷就属于典型的群体间冲突。

群体之间发生冲突后，会对群体内部成员、群体整体以及群体的外部交往对象产生行为上的影响，从而直接或间接影响到群体绩效和整个组织的绩效。

3. 组织层次的冲突

组织层次的冲突可以分为组织内部的冲突与组织之间的冲突两种类型。组织内的冲突实际包括了个人层次冲突和群体层次冲突的所有类型，再加上个人与整个组织之间的冲突。由于个人与组织间的冲突与前述个人与群体之间的冲突比较类似，这里就不再讨论。组织间冲突比起组织内的冲突更为复杂，涉及因素更多，但前者的原理、形成机制及解决方法与后者大致相同，因此，这里仅就组织间冲突的一些特征作一介绍。

系统管理学派的创始人巴纳德认为，组织是一个“由两个或两个以上的人有意识地加以协调的活动或效力的系统”。任何组织都是一种生存于特定环境中的开放系统。当不同组织为了自身的生存与发展，在与外界环境之间进行各种要素的交换过程中，必须与其生存环境中的其他一些组织发生关系，当发生关系的组织之间由于目标、利益的不一致，由于市场、资源、人才等的竞争（或争夺）而形成矛盾、对立、对抗时，就会发生多种多样的组织之间的冲突。

任何组织都属于一个更为广泛的环境系统中的系统，任何组织都难以避免与其他组织之间的冲突，任何成功的组织都是在正确地处理与其他组织之间的冲突中强壮与发展的。现代企业有关满足“利益相关者”、建立“战略联盟”、企业“竞争发展战略”等理论与实践，都包含了处理组织间冲突的宝贵思想与方法。

三、冲突的管理

发现冲突，认识冲突是分析冲突的前提，分析冲突是处理冲突的基础，而处理冲突，正确有效地管理好冲突则是研究冲突的目的和主体。

1. 冲突管理的基本概念

（1）冲突管理的基本含义。冲突管理有广义与狭义之分。广义的冲突管理应当包括冲突主体对于冲突问题的发现、认识、分析、处理、解决的全过程和所有相关工作，也就是对于潜在冲突（潜在的对立或不一致阶段）—知觉冲突（认识和个性化阶段）—意向冲突（行为意向阶段）—行为冲突（行为阶段）—结果冲突（结果阶段）的全过程进行研究管理。狭义的冲突管理则着重把冲突的行为意向和冲突中的实际行为以及反应行为作为研究对象，研究冲突在这两个阶段的内在规律，应对策略和方法技巧，以便有效地管理好实际冲突。迄今所见的论述冲突管理的大部分文献多立足于狭义冲突管理的范畴。

（2）冲突管理的基本原则。得法者事半功倍，失法者事倍功半。法者章法也，原则也。冲突管理若失去“章法”，把握不住原则，则不仅会事倍功半，而且可能事与愿违，适得其反。因此，冲突管理的原则也是值得认真研究的课题之一，这里仅就不同文献的普遍提法归纳如下。

① 倡导建设性冲突，避免破坏性冲突，把冲突控制在适当水平的原则。根据前述冲突的相互作用观念和冲突的特性等内容，冲突既有积极影响的一面又有消极影响的一面，冲突水平的过高和过低都会给组织和群体带来危害。因此，在冲突管理中应当奉行这一原则，对于引起冲突的各种因素、冲突过程、冲突行为加以正确处理和控制，努力把已出现的冲突引向建设性轨道，尽量避免破坏性冲突的发生和发展，适度地诱发建设性冲突并把冲突维持在所需的水平之内，以便达成“弃其弊而用其利”的冲突管理目标。

② 实行全面系统的冲突管理，而不是局限于事后的冲突控制和解决冲突的原则。传统的冲突管理把工作的重点放在冲突发生后的控制或解决上，比较被动、片面，实际冲突的形成、发展和影响是一个系统过程，公开冲突发生后的处理和控制只涉及第一和第二个阶段，只能说是冲突管理的一部分内容。现代冲突管理理论认为，冲突管理不仅仅是公开冲突发生后的事情，而且应当是潜在冲突、知觉冲突、意向冲突、行为冲突（公开冲突）、结局冲突等所有冲突阶段的事情，必须对冲突产生、发展、变化、结果的全过程，所有因素、矛盾和问题进行全面管理，才能把原则落到实处，尽量减少破坏性冲突的消极作用，充分发挥建设性冲突的积极作用，最大限度减少冲突管理的成本。

③ 不走极端，持中、贵和的处理冲突原则。这一原则源于中国传统文化的儒家思想，在现代冲突管理理论中也有所体现。在儒家思想中，所谓“持中”就是坚持“中庸之道”，凡事不能走极端，去其两端择其中以达和谐之境界。所谓“贵和”即和为贵、和为本、和为美，和而不同之意，以和统一差异性、多样性，以和作为解决矛盾的上策和根本。

持中、贵和的思想与现代冲突管理的实践尤其是处理冲突的经验是相同或相近的，很有指导原则上的价值。在冲突管理中要注重和谐局面的保持，处理冲突时，不可极端而为，应当采取适当措施，求大同存小异，追求“共赢”，维护整体利益，从而减少冲突的恶性发展风险和冲突管理的成本。

④ 具体问题具体分析，随机制宜处理冲突的原则。这就是说不存在一成不变，适用于一切组织和一切情况放之四海而皆准的冲突管理理论和管理方法。必须针对具体的情况，根据所处的环境条件，实事求是地分析问题、认识问题，灵活采用适宜的策略和方法随机应变地处理冲突，力求提高冲突管理的有效性。

2. 冲突管理的五种基本策略

冲突管理或冲突处理的策略模式有多种，应用最广的通用策略模式是美国行为科学家托马斯（K · Thomas）用二维空间描述的冲突模式，如图 7-2 所示。

托马斯模式中的横坐标维度“关心他人”，表示冲突主体在追求自身利益过程中与对方的合作程度，也就是其试图使他人的关心点得到满足的程度；纵坐标维度“关心自己”，表示冲突主

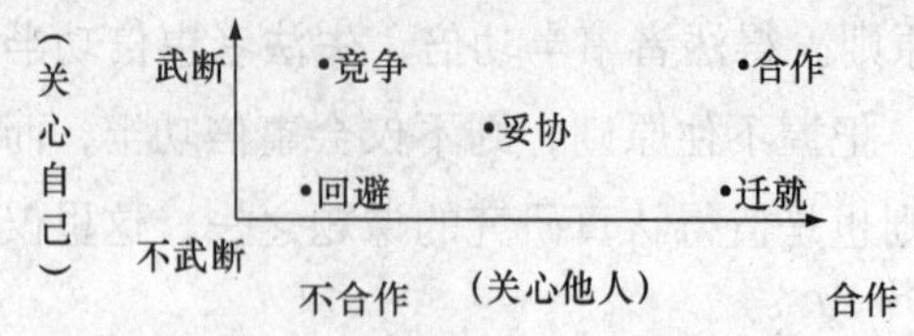

图 7-2 托马斯冲突管理模式

体在追求自己利益过程中的武断程度，也就是其试图使自己的关心点得到满足或坚持已见的程度。托马斯以冲突主体的潜在行为意向为基础，通过这样的纵、横坐标轴，定义了如图所示的冲突行为的二维空间，并组合形成了通用的五种冲突管理基本策略。

冲突管理的五种基本策略及其表现形式如下。

（1）竞争策略。又被称为强制策略，是一种“我赢你输”，武断而不合作的冲突管理策略。奉行这种策略者，往往只图满足自身目标和利益却无视他方的目标和利益，常常通过权力、地位、资源、信息等优势向对方施加压力，迫使对方退让、放弃或失败来解决冲突问题。这种策略难以使对方心悦诚服，但在冲突主体实力悬殊或应付危机时较为有效。

竞争策略经常发生或常被使用于以下场合。

① 冲突各方中有一方具有压倒性力量；

② 冲突发展在未来没有很大的利害关系；

③ 冲突中获胜的成本很高，赢的“赌注”很大；

④ 冲突一方独断专行，另一方则消极而为；

⑤ 冲突各方的利益彼此独立，难以找到共赢或相容部分；

⑥ 冲突一方或多方坚持不合作立场，竞争策略也包含了诉讼与仲裁方式。

（2）回避策略。回避策略是指既不合作又不武断，既不满足自身利益又不满足对方利益的冲突管理策略。奉行这一策略者无视双方之间的差异和矛盾对立，或者保持中立姿态，试图将自己置身事外，任凭冲突事态自然发展，回避冲突的紧张和挫折局面，以“退避三舍”，“难得糊涂”的方式处理冲突问题。回避策略可以避免冲突问题扩大化。当冲突主体相互依赖性很低时，还可避免冲突或减少冲突的消极结果；但当冲突双方相互依赖性很强时，回避则会影响工作，降低绩效，并可能会忽略某些重要的看法、意见和机会，招致对手的受挫、非议和影响冲突的解决，长期使用回避策略时，务必三思而后行。

回避策略会导致冲突各方进入僵局或僵局结果，所以也有人称之为回避——僵局方法。回避策略常被使用或经常发生在以下场合。

① 冲突主体中没有一方有足够力量去解决问题；

② 与冲突主体自身利益不相干或输赢价值很低；

③ 冲突一方或多方不关心、不合作。

（3）合作策略。合作策略指的是在高度合作精神和武断的情况下，尽可能地满足冲突主体各方利益的冲突管理策略模式。奉行这种策略者必须既考虑自己关心点满足的程度，又考虑使他人关心点得到满足的程度；尽可能地扩大合作利益，追求冲突解决的“双赢”局面。

合作策略的基本观点（或基本前提）如下。

① 冲突是双方不可避免的共同问题；

② 冲突双方相信彼此平等，应有平等待遇；

③ 双方充分沟通，信任对方，了解冲突情景；

④ 每一方都积极理解对方的需求和观点，寻找“双赢”方案。

合作策略经常被使用或经常发生于以下场合。

① 冲突双方不参与权力斗争；

② 双方未来的正面关系很重要，未来结果的赌注很高；

③ 双方都是独立的问题解决者；

④ 冲突各方力量对等或利益互相依赖。

（4）迁就策略（克制策略）。迁就策略又被称为克制策略或迎和策略，指的是一种高度合作且武断程度较低（不坚持己见），当事者主要考虑对方的利益、要求，或屈从对方意愿，压制或牺牲自己的利益及意愿的冲突管理策略。通常的迁就策略奉行者要么旨在从长远角度出发换取对方的合作，要么是不得不屈从于对手的势力和意愿。

迁就策略的核心是迎合对别人或其他群体的利益让步，或将己方需求的利益让予他人(他方)。此策略常被使用的场合如下。

① 利益极端相互依赖，必须牺牲某些利益去维持正面关系；

② 力量过于悬殊，希望以让步换取维持自身利益或在未来其他问题上的合作；

③ 己方缺乏使用其他策略处理冲突的能力；

④ 己方对冲突结果的期望值低或低度投资，采取消极的或犹豫不决的态度，这其中有着正面和负面两类理由。

（5）妥协策略。妥协实质上是一种交易，也有人称之为谈判策略。妥协策略指的是一种合作性和武断性均处于中间状态，适度（居中）的满足自己的关心点和满足他人关心点，通过一系列的谈判、让步，避免陷入僵局，“讨价还价”的部分满足双方要求和利益的冲突管理策略。妥协策略是一种被人们广泛使用的处理冲突方式，它反映了处理冲突问题的实利主义态度，有助于改善和保持冲突双方的和协关系，尤其在促成双方一致的愿望时十分有效。奉行此策略时，应在满足对方最小期望的同时作出让步，冲突双方应当相互信任并保持灵活应变的态度，着重要防止满足短期利益在前，牺牲长远利益在后的妥协方案或妥协策略的消极影响。

妥协策略可能发生或经常使用于以下场合。

① 冲突双方无一方有能力占上风，从而决定按各方所有的有限资源和利益来分配（结果）；

② 双方未来的利益有一定的相互依赖性和相容性，有某些合作、磋商或交换的余地；

③ 双方实力相当，任何一方都不能强迫或压服对方；

④ 双方各自独立，互不信任，无法共同解决问题，但是问题的解决又能给双方带来好处。

四、冲突管理的方法

冲突管理的实际操作需要用到沟通、数据搜集与分析、冲突管理的规划、谈判、促进方案完成、直接处理冲突、仲裁等多种多样的技术方法。其中，沟通、仲裁等技术方法已在本书前面的相关内容部分作了介绍，这里扼要介绍冲突管理的常用技术方法。

1. 预防有害冲突的方法

管理冲突应以预防为主，预防对群体、组织以至个人的有害冲突或破坏性冲突为主，预防工作可以从实际出发，适当选用以下方法。

（1）合理选人，优化结构。即为了预防有害冲突，在组建群体或组织时，应当选择性格、素质、价值观、利益取向、人际关系等相匹配的人员，合理结构组织，切不可让格格不入的成员“搭配”，埋下有害冲突的种子。

（2）共同利益导向，把“蛋糕”做大。当前所述，冲突尤其是有害冲突的重要根源之一是由于冲突各方对于稀缺货源的争夺而造成的。所以，在群体和组织管理中，要设计好大家的共同利益、共同目标和共同任务，决定各种分配时，把个体或各方的利益尽可能与共同利益捆在一起，“锅里有碗里才有”，努力把蛋糕做大，各自才能适得所需，减少因有限资源争夺而导致的有害冲突。

（3）建设组织文化，诱导组织风气。一个组织或群体的冲突水平、冲突频率和冲突处置方式会受到其组织文化、组织风气的潜在影响。通过建设和推行理性看待冲突，崇尚合作，加强沟通等积极内容的组织文化和风气，培养员工正确处理冲突，控制有害冲突发生的精神和素质。

（4）信息共享，加强交流。通过建立健全组织内或组织间的信息沟通渠道，加强各种主体和各种形式的交流沟通，实行信息共享，增进人们之间的互识、互信和感情，有效降低由于人们的差异性，由于信息掌握程度不同或理解不同等原因引发的有害冲突。

（5）推行工作分析，责权利界定清晰。许多有害的冲突是由于个人、群体的工作责任权力和利益界限不清楚或配置不当，招致彼此在工作中的扯皮、争夺、对立等行为而产生的。因此，应当在组织中大力推行人力资源管理、科学的工作分析技术，把不同群体和岗位的工作目标、工作内容、职责范围、责权利关系等科学地加以界定，使个人和群体的工作走向标准化、科学化，从而防范有害冲突的发生。

（6）实行工作轮换，提高换位思考能力。由于人与人、群体与群体在组织中承担的任务不同，存在环境不同等因素所造成的角色差别和思维定式也是产生有害冲突的根源之一。因此，在组织中建立工作轮换制度，加强人们对更多工作角色的了解，提高人们换位思考的能力，可以有效预防由此而引发的有害冲突。

2. 激发功能正常冲突的方法

一个健康有活力的组织应当保持功能正常的冲突，或者说能使冲突保持在适当水平的组织才是一个健康而有生命力的组织。这就需要，当冲突水平过高时，组织要设法降低冲突；当冲突水平过低时，组织要设法激发或加强冲突。

（1）改变组织文化来激发冲突。即在组织文化中容纳合理的冲突，给予功能正常的冲突以合法地位，摈弃视冲突为“洪水猛兽”，完全否定一切冲突的传统观念。通过正面信息传播、示范加薪、晋升等强化手段，倡导敢于向现状挑战，倡议革新观念，敢于提出不同看法，进行独创性思考的组织文化，从而激发功能正常的冲突。

（2）改革组织结构，打破现状来激发冲突。重新建构组织，重新组合工作群体，改变原有组织关系和规章制度，变革组织、群体和个人之间的互动和互相依赖关系等，都会因为打破了组织原有平衡和利益格局而提高冲突水平。

（3）利用信息和信息沟通渠道来激发冲突。一般而言，具有威胁性或模棱两可的信息可以用来促进人们积极思维，减少漠然态度，提高冲突水平。

比如，某些组织的领导者在任命重要职位干部时，先把可能的人选信息通过非正式的沟通渠道散布为“小道消息”，试探和激发公众的不同反映与冲突，当导致的负面反应强烈，冲突水平过高时，即可正式否认或消除信息源；若冲突水平适当，正面反应占主导时，则可正式推出任命。

（4）利用“鲶鱼效应”激发冲突。常见方法之一是引进外人来激发冲突。引进外人是指从外界招聘或内部调动方式引进一个或一些在背景、态度、价值观和管理风格方面与目前群体成员不相同的个体，来增加群体中的新思想、新看法、新做法，造成新与旧的碰撞、刺激、互动，从而激发有益的冲突提高群体或组织的活力。常见方法之二是任命一名“批评者”来激发冲突，即人们所说的“任命一名吹毛求疵者”，给组织或群体中安排或任命一位总是具有“与众不同的看法”的角色，让其专挑毛病，专唱对台戏，从而打破定向思维、从众效应、“过去惯例”，激发必要的冲突。

3. 处理有害冲突的方法

处理有害冲突的方法也叫解决冲突的方法技巧，指的是当有害冲突不可避免地出现后，有效地对其加以处理，从而控制或减少其破坏性作用的具体方法与技巧。

冲突具有不同层次和不同类型，真可谓多种多样、千变万化、特点各异，不同的冲突有其相对适宜的冲突处理方式。如果冲突处理方式选择不当，冲突管理就可能事倍功半，难以处理。冲突的常见处理方式有以下一些。

（1）冲突双方自助式解决冲突。即冲突双方各自代表自身利益，面对面地采取讨论、谈判、磋商、沟通等方法来解决冲突的方式。

（2）冲突双方代理式解决冲突。即冲突双方委托代理人（如律师、朋友、雇员、工会领导等）来解决冲突的方式。

（3）第三方调停式解决冲突。即当冲突双方无法自行解决冲突时，双方共同邀请非当事人的第三方或上级使用劝说、讲道理、建议新的解决方案等办法来加以调停解决冲突的方式。

（4）第三方强制式解决冲突。即当冲突双方或请第三方调停都无法解决冲突时，由非当事人的第三方运用强力、权威或法定权力强行制止和处理双方的冲突。如冲突事件的仲裁、法院裁决或上级行政处理意见等即为此种方式。

研讨

除文中提及的处理冲突的方法外，还有没有其他冲突管理的办法呢？

【经典实例】

亚通网络公司的冲突管理分析

亚通网络公司是一家专门从事通信产品生产和电脑网络服务的中日合资企业。公司自1991年7月成立以来发展迅速，销售额每年增长50%以上。与此同时，公司内部存在着不少冲突，影响着公司绩效的继续提高。

因为是合资企业，日方管理人员带来了许多先进的管理方法。但是日本式的管理模式未必完全适合中国员工。例如，在日本，加班加点不仅司空见惯，而且没有报酬。亚通公司经常让中国员工长时间加班，引起了大家的不满，一些优秀员工还因此离开了亚通公司。

亚通公司的组织结构是直线职能制，部门之间的协调非常困难。例如，销售部经常抱怨研发部开发的产品偏离顾客的需求，生产部的效率太低，使自己错过了销售时机；生产部则抱怨研发部开发的产品不符合生产标准，销售部门的订单无法达到成本要求。

研发部胡经理虽然技术水平首屈一指，但是心胸狭窄，总怕他人超越自己。因此，常常压制其他工程师。这使得工程部人心涣散，士气低落。

问题讨论：

（1）亚通公司的冲突有哪些，原因是什么？

（2）如何解决亚通公司存在的冲突？

综合练习

一、单项选择题

1. 协调最基本的手段就是（　　）。

A. 加强信息沟通　B. 制定规章制度　C. 强调组织纪律　D. 运用组织的凝聚力

2. 企业要顺利运转，必须根据企业经营目标，对各生产要素进行统筹安排和全面调度，这就是（　　）。

A. 管理　B. 协调　C. 组织　D. 指挥

3. 为保持个人目标与组织目标相一致，以促进组织总目标的实现，管理者的协调工作必须围绕总目标进行。从此意义上讲，实现组织分工与协作的有效工具是（　　）。

A. 制订计划　B. 加强沟通　C. 目标管理　D. 明确责任

4. 管理需要信息沟通，而信息沟通必须具备的三个关键要素是（　　）。

A. 传递者、接受者、信息渠道　B. 发送者、传递者、信息内容

C. 发送者、接收者、信息内容　D. 发送者、传递者、接收者

5. 以下哪项不是冲突管理的基本策略？（　）。

A. 竞争策略（强制策略）　　B. 迎头策略

C. 合作策略　　D. 妥协策略

二、判断题

1. 管理制度是为了规范组织内以及组织与外部各种关系而制定的各项制度，是协调的主要依据。（　）

2. 企业与股东的关系是重要的外部关系，良好的股东关系是企业生存和发展的基础。（　）

3. 信息源、要传递的信息和信息接受者是沟通取得成效的关键环节。（　）

4. 非正式沟通是指通过正式组织途径以外的信息流通，这类沟通经常会给组织带来负面影响，因此应杜绝非正式沟通。（　）

5. 非正式沟通是正式沟通的重要补充形式。（　）

三、名词解释

1. 沟通　2. 协调　3. 正式沟通　4. 非正式沟通　5. 双向沟通　6. 冲突

四、简答题

1. 管理者应怎样看待和管理非正式的沟通?

2. 减少有效沟通障碍的措施?

3. 协调的作用?

4. 协调的方法?

5. 冲突管理的基本原则?

五、案例分析

当领导与别人争吵时

东兴供销社业务员小刘一脚踏进办公室，上气不接下气地冲着唐友说："唐主任，快，快，快去劝劝赖主任，他和陈厂长吵起来啦!"

赖主任是供销社主任，陈厂长是花溪酒厂厂长，两家企业常有业务往来。上次，因酒厂失约，给供销社经营造成了一定亏损，赖主任很不满意。昨天，陈厂长来供销社推销香槟酒，赖主任不冷不热地说："哟，陈大厂长，还记得起我们这小小供销社啊？你找的是哪家医生，怕是吃错了药哟!"陈厂长自然知道这句话的含义，但想到目前产品积压，资金紧张，又不得不忍气吞声向对方求情。结果，双方仍是不欢而散。

今天，陈厂长再次登门，在门市部找到了赖主任。赖主任指着货架上的"花溪香槟酒"没好气地说："你看看，这就是你们厂生产的酒，我这里还有上百瓶存货呢！嫁不出的女儿就往我这里送，我们是收破烂的吗！"陈厂长一时性起："你话说得那么难听做啥哟！你赖主任今后就不求人啦，皇帝老儿死了还要借铲锹呢！我给你那么多优惠条件，你还说三道四，难道今后就不打交道了吗？"

办公室唐主任和业务员小刘来到门市部时，只见两人都伸长脖颈，争得面红耳赤。这种难堪场面，使看热闹的人越聚越多。唐主任知道再这样下去，两位领导都下不了台，对双方都没有好处。

刚才，陈厂长所说的优惠条件是指：花溪酒厂以出厂价给东兴供销社五千瓶香槟酒，供销社先付款五分之一，其余五个月以后一次付清。供销社管业务的戴副主任同业务员小刘详细算了一笔账，觉得这生意可做。除税金外，这笔资金供销社还可以借用三个月。再说，目前春天来临，香槟酒容易推销。这是刚才小刘在路上告诉唐主任的。

这时，只见唐主任落落大方地走进人群。他先向陈厂长点头，以示对客人的尊重，同时，分别递给赖主任和陈厂长一支“红塔山”香烟，又给他们分别点上火。这些都是在悄无声息中进行的，然而，“此时无声胜有声”。唐主任知道赖主任见了“红塔山”，即使气冲牛头，也会安静下来。然后，唐主任凑近赖主任耳语了几句，小刘便同赖主任离开了门市部。这时，唐主任又转过身来说：“陈厂长，怠慢了，对不起！走，去办公室坐坐吧！”

以后的事情，自然可以料定了。

问题讨论：请分析一下唐主任是怎样化解两位领导的矛盾的？

第八章　控制职能

学习目标

知识目标

1. 理解管理控制的含义、目的；
2. 了解控制的类型和控制过程；
3. 理解控制过程中的行为反应；
4. 理解管理控制的各种方法。

能力目标

1. 掌握管理控制的基本理论；
2. 理解管理控制的各种策略，能应用控制理论和策略对企业现象进行分析。

导入案例

比特丽公司是美国一家大型联合公司，总部设在芝加哥，下设 450 个分公司，经营着 9 000 多种产品，其中许多产品，如克拉克棒棒糖、乔氏中国食品等，都是名牌产品。公司每年的销售额达 90 多亿美元。

多年来，比特丽公司都采用购买其他公司来发展自己的积极进取战略，因而取得了迅速的发展。公司的传统做法是：每当购买一家公司或厂家以后，一般都保持其原来的产品，使其成为联合公司一个新产品的市场；另一方面是对下属各分公司都采用分权的形式。允许新购买的分公司或工厂保持其原来的生产管理结构，这些都不受联合公司的限制和约束。由于实行了这种战略，公司变成由许多没有统一目标，彼此又没有什么联系的分公司组成的联合公司。1976 年，负责发展战略的董事长退休以后，德姆被任命为董事长。新董事长德姆的意图是要使公司朝着他新制定的方向发展。根据他新制定的战略，德姆卖掉了下属56个分公司，但同时又买下了西北饮料工业公司。据德姆的说法，公司除了面临发展方向方面的问题外，还面临着另外两个主要问题。一个是下属各分公司都面临着向社会介绍并推销新产品的问题，为了刺激各分公司的工作，德姆决定采用奖金制，对下属干得出色的分公司经理每年奖励1万美元。但是，对于这些收入远远超过1万元的分公司经理人员来说，1万元奖金恐怕起不了多大的刺激作用。另一个面临的更严重的问题是，在维持原来的分权制度下，应如何提高对增派参谋人员必要性的认识，应如何发挥直线与参谋人员的作用问题。德姆决定要给下属每个部门增派参谋人员，以更好地帮助各个小组开展工作。但是，有些管理人员则认为只增派参谋人员是不够的，有的人则认为，没有必要增派参谋人员，可以采用单一联络人联系几个单位的方法，即集权管理的方法。公司专门设有一个财务部门，但是这个财务部门根本就无法控制这么多分公司的财务活动，因此造成联合公司总部甚至无法了解并掌握下属部门支付支票的情况等。

问题

（1）比特丽公司可以在分权方面做得更好吗？

（2）参谋人员有何作用，如何协调直线和参谋人员之间的关系？

第一节　控制概述

一、控制的含义和目的

1. 控制的含义

控制可以定义为，监视各项活动以保证它们按计划进行并纠正各种重要偏差的过程。所有的管理者都应当承担控制的职责，即便他的部门是完全按照计划运作着。因为管理者对已经完成的工作与计划所应达到的标准进行比较之前，他并不知道他的部门的工作是否进行得正常。一个有效的控制系统可以保证各项行动完成的方向是朝着达到组织目标的。控制系统越是完善，管理者实现组织的目标就越是容易。

管理的控制职能，为了确保组织的目标以及为此而拟定的计划能够得以实现，各级主管人员根据事先确定的标准或因发展的需要而重新拟定的标准，对下级的工作进行衡量、测量和评价，并在出现偏差时进行纠正，以防止偏差继续发展或今后再度发生；或者，根据组织内外环境的变化和组织的发展需要，在计划的执行过程中，对原计划进行修订或制订新的计划，并调整整个管理工作过程。因此，控制工作是每个主管人员的职能。主管人员常常忽视了这一点，似乎控制工作是上层主管部门和中层主管部门的事。实际上，无论哪一层次的主管人员，不仅要对自己的工作负责，而已都还必须对整个计划的实施和目标的实现负责，因为他们本人的工作是计划的一部分，他们下级的工作也是计划的一部分。因此各级的主管人员，包括基层主管人员都必须承担实施控制上作这一重要职能的责任。

2. 控制的目的

在早期的管理活动中，往往是通过财务审计来进行控制工作的。那时的组织规模不大，涉及范围也较小，业务活动种类也比较简单，所以进行财务审计的目的是防止有限的资金在使用过程中出现浪费或流失，并保障能获得最大的收益。随着社会和科学技术的进步，组织的活动规模越来越大，活动内容也增加且日益复杂，因而控制工作的内容也越来越多，已不仅仅是财务审计所能概括得了的。但尽管如此，财务审计仍不失为一种重要的控制方法。

在现代的管理活动中，无论采用哪种方法来进行控制工作，要达到的第一个目的，也就是控制工作的基本目的是要“维持现状”，即在变化着的内外环境中，通过控制工作，随时将计划的执行结果与标准进行比较，若发现有超过计划容许范围的偏差时，则及时采取必要的纠正措施，以使系统的活动趋于相对稳定，实现组织的既定目标。控制工作要达到的第二个目的是要“打破现状”。在某些情况下，变化的内外部环境会对组织提出新的要求，主管人员对现状不满，要改革，要创新，要开拓新局面。这时，就势必要打破现状，即修改已定的计划，确定新的现实目标和管理控制标准，使之更先进、更合理。

二、控制的基本类型

计划工作一旦付诸实施，就会产生许多信息。这些信息以不同的方式，通过不同的渠道反映到各级主管人员那里，经过分析、整理，主管人员对不同的控制对象确定了不同的控制工作重点，并采用不同的控制工作类型进行控制。

控制工作的类型，按照不同的标志可分成许多种。

（1）按照业务范围可把控制工作分为生产（作业）控制、质量控制、成本控制和资金控制等。

（2）按照控制对象的全面性，又可分为局部控制和全面控制。

（3）根据纠正措施的作用环节不同，将控制工作分为现场控制、反馈控制和前馈控制三类。

（4）根据主管人员改进他们将来工作的方式不同，将控制工作分为间接控制和直接控制。

三、控制的基本过程

对于资金、办事规程、产品质量、员工情绪或其他控制对象所构成的控制系统和所运用的控制技术在本质上都是一样的。基本的控制过程都包括三个步骤：拟定标准；根据标准评定活动成效；采取纠正措施，消除偏离标准和计划的情况。

1. 拟定标准

管理控制过程的第一步就是拟定具体标准，即评定成效的尺度。它是从整个计划方案中选出的对工作成效进行评价的关键指标，这些指标是可以用来对实际行动进行度量的。所以标准必须从计划中产生，计划必须先于控制。常用的拟定标准的方法有三种。

（1）统计方法，相应的标准称为统计标准。它是根据企业的历史数据记录或是对比同类企业的水平，运用统计学方法确定的。最常用的有统计平均值、极大（或极小）值和指数等。统计方法常用于拟定与企业的经营活动和经济效益有关的标准。

（2）经验估计法，它是由有经验的管理人员凭经验确定的，一般是作为统计方法和下面将要提到的工程方法的补充。

（3）工程方法，相应的标准称为工程标准。它是以确的技术参数和实测的数据为基础的，例如，确定机器的产出标准，就是根据设计的生产能力确定的。

2.评定活动成效

如果有了合理的标准，又有能确切评定下属人员实际工作情况的手段，那么对实际的或预期的执行情况进行评价就会容易得多。事实上，如何评定管理活动成效的问题，在拟定标准时就已经部分地得到了解决。也就是说，通过制定可考核的标准，同时也就将计量的单位、计算的方法，统计的口径等确定下来。因此，对于评定成效而言，剩下的主要问题是如何及时地收集适用的和可靠的信息，并将其传递到对某项工作负责而且有权采取纠正措施的主管人员手中。在这里，从管理控制工作职能的角度看，除了要求信息的准确性以外，还对信息的及时性、可靠性和适用性提出了更高的要求。

3. 采取纠正措施

尽管有了明确的标准，可以依据明确的标准和及时而准确适用的信息来评定工作成效并找出偏差，但采取纠正措施，通常并不那么简单，甚至要困难得多。

一方面，偏差可能是由复杂的原因引起的。必须花大力气找出造成偏差的真正原因，而不能仅仅是头痛医头、脚痛医脚。例如，销售收入的明显下降，无论是用同期比较的方法，还是用年度计划目标来衡量都很容易发现问题，但引起销售收入下降的原因，却不那么容易一下就找准：到底是销售部门营销工作中的问题或是对销售部门授权不够；还是制造部门制造质量下降或不能按期交货；还是技术部门新产品开发进度太慢致使产品老化，竞争力下降；或是由于宏观经济调整造成的，等等。每一种可能的原因与假设都不可能通过简单的判断确定下来。而对造成偏差的原因判断得不准确，纠正措施就会是无的放矢，不可能奏效。

另一方面，在查明原因后，纠正偏差的工作可能涉及一些主要的管理职能。针对偏差产生的原因，主管人员可能采用重新制订计划或修改目标的方法来纠正偏差；也可能利用组织手段来进一步明确职责、补充授权或是对组织机构进行调整；还可能用撤换责任部门的主管或是增配人员的办法来纠正偏差；此外，他们还可能通过改善领导方式增加物质鼓励等办法来纠正偏差。总之，对计划执行过程中出现的偏差进行纠正，说明管理是一个连续的过程。控制工作职能与其他管理职能的交错重叠，则说明了主管人员的职能（亦即管理的职能）是一个统一的完整的系统。

四、控制工作原理

任何一个负责任的主管人员，都希望有一个适宜的、有效的控制系统来帮助他们确保各项活动都符合计划要求。但是，主管人员却往往认识不到他们所进行的控制工作，是必须针对计划要求、组织结构、关键环节和下级主管人员的特点来设计的。他们往往不能全面了解设计控制系统的原理。因此，要使控制工作发挥有效的作用，在建立控制系统时必须遵循一些基本的原理。

1. 反映计划要求原理

控制是实现计划的保证，控制的目的是为了实现计划，因此，计划越是明确、全面、完整，所设计的控制系统越是能反映这样的计划，则控制工作也就越有效。每一项计划每一种工作都各有其特点。所以，为实现每一项计划和完成每一种工作所设计的控制系统和所进行的控制工作，尽管基本过程是一样的，但在确定什么标准、控制哪些关键点和重要参数、收集什么信息、如何收集信息、采用何种方法评定成效，以及由谁来控制和采取纠正措施等方面，都必须按不同计划的特殊要求和具体情况来设计。

2. 组织适宜性原理

若一个组织结构的设计越是明确、完整和完善，所设计的控制系统越是符合组织机构中的职责和职务的要求，就越有助于纠正脱离计划的偏差。组织适宜性原理的另一层含义是，控制系统必须切合每个主管人员的特点。也就是说，在设计控制系统时，不仅要考虑具体的职务要求，还应考虑到担当该项职务的主管人员的个性。

3. 控制关键点原理

为了进行有效的控制，需要特别注意在根据各种计划来衡量工作成效时有关键意义的那些因素。对一个主管人员来说，随时注意计划执行情况的每一个细节，通常是浪费时间精力和没有必要的。他们应当也只能够将注意力集中于计划执行中的一些主要影响因素上。事实上，控制住了关键点，也就控制住了全局。选择关键控制点的能力是管理工作的一种艺术，有效的控制在很大程度上取决于这种能力。

4. 控制趋势原理

对控制全局的主管人员来说，重要的是现状所预示的趋势，而不是现状本身。控制变化的趋势比仅仅改善现状重要得多，也困难得多。一般来说，趋势是多种复杂因素综合作用的结果，是在一段较长的时期内逐渐形成的，并对管理工作成效起着长期的制约作用。趋势往往容易被现象所掩盖，它不易觉察，也不易控制和扭转。控制趋势的关键在于从现状中揭示倾向，特别是在趋势刚显露苗头时就敏锐地觉察到。

5. 例外原理

主管人员越是只注意一些重要的例外偏差，也就是说越是把控制的主要注意力集中在那些超出一般情况的特别好或特别坏的情况，控制工作的效能和效率就越高。质量控制中广泛地运用例外原理来控制工序质量。工序质量控制的目的是检查生产过程是否稳定。如果影响产品质量的主要因素，例如原材料、工具、设备、操作工人等无显著变化，那么产品质量也就不会发生很大差异。这时可以认为生产过程是稳定的，或者说工序质量处于控制状态中。反之，如果生产过程出现违反规律性的异常状态时，应立即查明原因，采取措施使之恢复稳定。

6. 直接控制原理

直接控制，是相对于间接控制而言的。一个人，无论他是主管人员还是非主管人员，在工作过程中常常会犯错误，或者往往不能觉察到即将出现的问题。这样，在控制工作时，就只能在出现了偏差后，通过分析偏差产生的原因，然后才去追究其个人责任，并使他们在今后的工作中加以改正，这种控制方式，称之为“间接控制”。这种控制的缺陷是在出现了偏差后才去进行纠正。针对这个缺陷，直接控制原理可表述为：主管人员及其下属的工作质量越高，就越不需要进行间接控制。这是因为主管人员对他所负担的职务能够胜任，也就越能在事先觉察出偏离计划的误差，并及时采取措施来预防它们的发生。这意味着任何一种控制的最直接方式，就是采取措施来尽可能地保证主管人员的质量。

五、控制过程中的行为反应与管理

1. 控制过程的行为反应

人们对标准、测度、报表以及其他控制措施的反应自然是取决于各自的情况。一个人对其上级的感觉印象、他是否喜欢他的工作、他所具有的自我表现的机会，以及其他一些类似的因素都将影响他对控制和其他管理活动的反应。下面讨论一下控制本身有些什么东西使得如此之多的人反对它？

（1）不能接受目标。人们为什么不喜欢控制的一个原因是他们对完成控制目标没有真正的兴趣。每个人的精力都是有限的，但却有众多个自己想做的事。一项控制活动就其本性来说是要推动人们向某一具体方面花费更多的精力。如果控制指导去做的事并不像所做的其他事情那样令人感兴趣，那么人们对这种推动就会感到厌烦。

（2）感觉标准不合理。一个人可能会同意某一目标，但却不喜欢某种控制，因为他认为有关成效的标准定得过高。特别让接受控制的人感到不满的是变化不定的标准。

（3）认为测度不恰当。当有关人员对测度缺乏信赖时，控制即可能引起部门之间的争吵。因此，监督员手册中常有这样一句忠告：“在你批评人前，首先搞准你掌握的事实情况。”

（4）厌弃使人不愉快的事情。另一个控制不受人欢迎的根本原因是控制报告总是一次又一次地带来坏消息。每一个人对工作都有个人自己的期望，即包含希望，也包含自己的推断。一个受挫的人很自然地将自己的部分指责归咎于告之其成绩并非自己想象的那样好的控制机制。

（5）“非正统”的调整压力。一旦企业建立起其内部社会结构，人们就将对何种行动是正统的这一点变得非常敏感。一个部门很难接受来自其他部门的建议和意见，他们会认为这是对他们的干预或认为只有直线管理人员才有批评和指导的权利。因此来自公司总部或公司更高层的控制就会变得让人难以接受。

（6）与公司控制相抵触的社会压力。当群体直接反对管理者建立的标准时，群体的态度常常是很严厉的。群体对控制的态度并不是无法预测的，也不是一成不变的。这种态度产生于群体成员以往的经验，特别是非正式领导人的经验。

2. 控制过程的管理

在控制过程中对人的行为进行管理的方法一般有以下一些。

（1）不带偏见的控制观。一旦在控制过程中涉及两个或两个以上的人时，特别是在纠正行动的阶段，常常会做出动情感的反应，会从个人身上查找和思考他们为什么这样干，为什么他们反对。一个成功的管理者将不是对他作出一个人应如何行动的道德评断和发怒，而是学习毫无偏见的和有分析的解决控制上的问题。

（2）参与制定目标。让下属参与制定他们能接受的目标、行动的标准和测度的方法等有助于控制工作的开展。当一个人真正地参与了筹划计划和制定标准时，他会在心理上觉得介入了该项工作，会觉得自己应当也愿意承担责任，至少对该事情有更充分的了解。

（3）实情控制。实情控制强调任何纠正行动应是根据某一环境中的事实提出的，而不应根据来自一位监督管理人员的压力而提出。实情控制的目的并非希望人们尽全力来完成工作，相反，对工作的控制和给员工的压力取决于工作事实的需要。

（4）控制制度应具有弹性。如果人们觉得某项有关成效的标准未能很好地考虑具体的局部的某些因素时，那么对于他们来说这项标准即是“不合理”。因此任何正规的确立标准的制度都不能缺乏弹性。只要稍具独创性即可能使控制制度具有灵活性，只要这种调整能使被控制的人相信这个制度是“合理的”，那么这一制度取得成功的机会就能增大。

（5）敏觉地实施控制。在控制管理过程中要对人们对正统控制行动的情感和群体对控制的反应保持较高敏感度。群体的情感是非常难以捉摸的，告诉一个群体他们应该改变他们的观点的做法很少能取得什么结果，最好的方法是与群体成员个别地进行工作。特别是当这些人是该群体的非正式领导人时，群体的感情可能会出现不自觉的转变。

【案例分析】

“巨人”倒下

1984 年，史玉柱毕业于浙江大学数学系，到深圳大学攻读软科学硕士后，分配至安徽省统计局，随即下海创业。

1989 年，推出桌面中文电脑软件 M—6401，4 个月后营业收入即超过 100 万元。随后推出 M—6402 汉卡。

1991 年，巨人公司成立，推出桌面中文电脑软件 M—6403。

1992 年，巨人总部从深圳迁往珠海。同年，巨人的汉卡销量一跃而居全国同类产品之首。史玉柱被评为“广东省十大优秀科技企业家”，中央领导人纷纷视察巨人公司。

1992 年，38 层的巨人大厦设计方案出台。后来这一方案一改再改，从 38 层增加到 54 层，再到 64 层，后来又改成至 70 层。

巨人成为位居四通之后的中国第二大民营高科技企业。下半年美国的王安电脑公司破产，史玉柱认为巨人需要新的产业支柱。

1994 年初，巨人大厦一期工程动土。史玉柱在一次全体员工大会上直截了当地剖析了巨人集团的五大隐患，并明确提出巨人“二次创业”的构想。同月，巨人推出脑黄金，一炮打响。史玉柱当选“中国十大改革风云人物”。

1995 年 5 月 18 日，巨人在全国上百家主要报纸上以整版广告的形式，一次性推出电脑、保健品、药品三大系列的 30 个新品，投放广告 1 个亿。不到半年，巨人集团的子公司从 38 家发展到了创纪录的228家，人员从200人骤增到2 000人。同年，史玉柱被《福布斯》列为大陆富豪第8位。

1995年7月，史玉柱宣布“创业整顿”。

1996年初，史玉柱开始从全面出击转为重点战役，全力推广减肥食品“巨不肥”。

1996年，巨人大厦资金告急，史玉柱被迫抽调保健品公司的流动资金填补到巨人大厦的建设中。保健品方面因为巨人大厦“抽血”过量，加上管理不善，迅速盛极而衰。

1997年初，巨人大厦未按期完工，国内楼盘投资者纷纷上门要求退款，巨人与媒体的关系迅速恶化，媒体地毯式报道巨人财务危机。巨人被迫在杭州召开联合新闻发布会，公开向娃哈哈道歉。这一道歉风波，成为巨人大滑坡的一次标志性事件。不久巨人大厦停工。巨人名存实亡。

1998年8月，史玉柱短暂出现，与四川希望集团总裁刘永行进行了一次关于多元化的对话。

2000年5月至7月，史玉柱突然出现并接受中央电视台采访，迅即又开始回避媒体。有报道称，正旺销市场的神秘保健品“脑白金”与史玉柱有关。

思考题：从管理控制的角度分析巨人倒下的原因。

提示

分析参考巨人集团倒闭的原因，从企业管理控制的角度分析，不论是巨人大厦的建设，公司的多元化经营，还是公司规模的扩张，都缺乏公司控制标准和控制计划制定，更多体现的是人的主观意愿。即缺乏对企业的全面控制和局部控制，也缺乏对企业资金和多元化投资的风险控制。

第二节　控制工作方法

管理控制工作中采用了许多不同种类的控制手段和方法，从大类来分主要分为预算控制和非预算控制两种。预算控制可分为零基预算和项目预算；非预算控制分为传统控制方法、程序控制、计划评审技术和管理工作绩效的综合控制。许多控制方法同时也是计划方法，说明了控制和计划是一个问题的两个方面，控制的任务就是使计划得以实现。因此，控制必须反映计划。

一、预算控制

预算就是用数字编制未来某一个时期的计划，也就是用财务数字或非财务数字来表明预期的结果。由于预算是以数量化的方式来表明管理工作的标准，从而本身就具有可考核性，因而有利于根据标准来评定工作成效，找出偏差，并采取纠正措施，消除偏差。无疑，编制预算能使确定目标和拟定标准的计划工作得到改进。但是，预算的最大价值还在于它对改进协调和控制的贡献。当为组织的各个职能部门都编制了预算时，就为协调组织的活动提供了基础。同时，由于对预期结果的偏离将更容易被查明和评定，预算也为控制工作中的纠正措施奠定了基础。所以，预算有助于更好地进行计划和协调，并为控制提供基础，这正是编制预算的基本目的。

1. 零基预算

美国得克萨斯仪器公司的彼德·A.菲尔（Peter.A.Pyhrr）在 1970 年提出了“零基预算法”的概念。它的含义，大体可以表述如下：在每个预算年度开始时，将所有还在进行的管理活动都看作重新开始，即以“零”为基础。根据组织目标，重新审查每项活动对实现组织目标的意义和效果，并在费用一效益分析的基础上，重新排出各项管理活动的优先次序。资金和其他资源的分配，是按重新排出的优先次序，即按每个方案与其他同时点方案相比的优点进行的，而不采用过去那种外推的办法。

零基预算法的程序包括以下四个步骤。

（1）在审查预算前，主持这一工作的主管人员首先应明确组织的目标，并将长远目标、近期目标、定量目标和非定量化目标之间的关系和重要次序搞清，建立起一种可考核的目标体系。

（2）在开始审查预算时，将所有过去的活动都当作重新开始。要求凡是在下一年度继续进行的活动或续建的项目，都提交计划完成情况的报告；凡是新增的项目都必须提交可行性分析报告；所有要继续进行的活动和项目都必须向专门的审核机构证明自已确有存在的必要；所有申请预算的项目和部门都必须提交下一年度的计划，说明各项开支要达到的目标和效益。

（3）在确定出哪些项目是真正必要的之后，根据已定出的目标体系重新排出各项活动的优先次序。

（4）编制预算。资金按重新排出的优先次序分配。尽可能满足排在前面的需要，如果分配到最后，对于一些可进行但不是必须进行的活动，已无多少剩余的资金可供分配，那么最好将这些活动暂时放弃。

2. 项目预算

项目预算法基本上是一种寻求最有效地调配资源以实现目标的系统方法。由于这种方法强调的是目标和实现目标的规划，以及是按规划的项目或方案拨款而不是按职能部门上年的预算基数增加或减少一笔开支，所以它克服了各种预算（包括企业预算）中所共有的缺点，摆脱了过分地受会计计算周期（月度、季度、年度）时间框的限制。项目预算法强调选取实现目标的最佳途径，也就是要对各种可能的方案进行费用效果分析。因为规划中的失误是不能通过其后的计划和预算来弥补的。所谓费用效果分析，即是对不同方案实现目标的效果和所需的费用进行综合的对比分析，然后根据一定的标准来选取最佳方案。选择的标准可能是以最少的费用实现一个既定的目标，或是以现有的资源实现最大的效果。通常要采用数学模型对费用和效果的变化模式以及费用和效果的关系进行走量化描述。

二、非预算控制

非预算控制分为传统控制方法、程序控制、计划评审技术和管理工作绩效的综合控制。

1. 传统控制方法

（1）视察。视察也许算得上是一种最古老、最直接的控制方法，它的基本作用就在于获得第一手的信息。作业层（基层）的主管人员通过视察，可以判断出产量、质量的完成情况以及设备运转情况和劳动纪律的执行情况等；职能部门的主管人员通过视察，可以了解到工艺文件是否得到彻底贯彻，生产计划是否按预定进度执行，劳动保护等规章制度是否被严格遵守，以及生产过程中存在哪些偏差和隐患等；而上层主管人员通过视察，可以了解到组织的方针、目标和政策是否深入人心，可以发现职能部门的情况报告是否属实以及员工的合理化建议是否得到认真对待，还可以从与员工的交谈中了解他们的情绪和士气等。所有这些，都是主管人员最需要了解的，但却是正式报告中见不到的第一手信息。但是，视察的优点还不仅仅在于能掌握第一手信息，它还能够使得组织的管理者保持和不断更新自己对组织的感觉，使他们感觉到事情是否进展得顺利以及组织这个系统是否运转得正常。视察还能够使得上层主管人员发现被埋没的人才，并从下属的建议中获得不少启发和灵感。此外，亲自视察本身就有一种激励下级的作用，它使得下属感到上级在关心着他们。所以，坚持经常亲临现场视察，有利于创造一种良好的组织气氛。当然，主管人员也必须注意视察可能引起的消极作用。

（2）报告。报告是用来向负责实施计划的主管人员全面地、系统地阐述计划的进展情况、存在的问题及原因、已经采取了哪些措施、收到了什么效果、预计可能出现的问题等情况的一种重要方式。控制报告的主要目的是提供一种如有必要，即可用作纠正措施依据的信息。对控制报告的基本要求是必须做到：适时；突出重点；指出例外情况；尽量简明扼要。通常，运用报告进行控制的效果，取决于主管人员对报告的要求。管理实践表明，大多数主管人员对下属应当向他报告什么，缺乏明确的要求。随着组织规模及其经营活动规模的日益扩大，管理也日益复杂，而主管人员的精力和时间是有限的，因而，定期的情况报告也就越发显得重要。

（3）比率分析法。对于组织经营活动中的各种不同度量之间的比率分析，是一项非常有益的和必需的控制技术或方法。有比较才会有鉴别，也就是说，信息都是通过事物之间的差异传达的。企业经营活动分析中常用的比率可以分为两大类，即财务比率和经营比率。前者主要用于说明企业的财务状况；后者主要用于说明企业经营活动的状况。

（4）盈亏分析法。所谓盈亏分析，就是根据销售量、成本和利润三者之间的相互依赖关系，对企业的盈亏平衡点和盈利情况的变化进行分析的一种方法，又称“量、本、利”分析。它是一种很有用的控制方法和计划方法。在盈亏分析中，将企业的总成本按照性质分为固定成本和变动成本（或可变成本）。所谓固定成本是指不随销售量变化而变化的那部分成本，例如折旧费、设备大修理费、办公费、新产品研制费等。变动成本则是指随销售量变化而变化的那部分成本，例如原材料、工时费、燃料和动力费等。

2. 程序控制

程序是对操作或事务处理流程的一种描述、计划和规定。组织中常见的程序很多，例如决策程序、投资审批程序、主要管理活动的计划与控制程序、会计核算程序、操作程序、工作程序等。凡是连续进行的、由多道工序组成的管理活动或生产技术活动，只要它具有重复发生的性质，就都应当为其制定程序。它通过文字说明、格式说明和流程图等方式，把一项业务的处理方法规定得一清二楚，从而，既便于执行者遵守，也便于主管人员进行检查和控制。程序所隐含的基本假设是，管理中的种种问题都是因为没有程序或没有遵守程序而造成的。

3. 计划评审技术

计划评审技术是把工程项目当作一个系统，用网络图或表格或矩阵来表示各项具体工作的先后顺序和相互关系，以时间为中心，找出从开工到完工所需时间最长的关键线路，并围绕关键线路对系统进行统筹规划、合理安排以及对各项工作的完成进度进行严密控制，以达到用最少的时间和资源消耗来完成系统预定目标的一种计划与控制方法。计划评审技术除了可以用于进度的计划和控制，还可以在资源有限的情况下进行负荷平衡，以求得工期尽可能短并能够充分利用资源的最优方案。此外，还可以对工程的费用开支进行优化以及对工程按期完工的可能性进行估算等。

4. 管理工作绩效的综合控制

一般而言，大多数控制方法都是根据特定的控制对象而具体设计的，例如政策控制、程序控制、产品质量控制、生产费用控制、现金预算等。这些控制方法一般只针对组织某一方面的工作，其控制的重点是管理过程本身或是其中的某个环节，而不是管理工作的全部绩效和最终成果。但经验表明，高效率不一定带来高效益。因此，还必须提出一些能够控制企业整个工作绩效的方法。此外，在一些实行分权管理或事业部制的企业中，如何对那些具有相对独立性的单位或部门进行有效的控制，在不干预其内部管理过程的前提下使之达到预期的目标，也需要有一些有效的综合控制方法。

综合控制首先要解决的问题是确定衡量全部绩效的标准。从根本上说，衡量一个组织全部工作绩效的综合标准和最终标准应是经济方面的指标（对企业来讲就是利润和利润率）。因此，一般说来，综合控制主要是财务方面的控制，也就是说从财务的角度控制那些直接影响经济指标大小的因素，例如投资、收入、支出、负债等。但是，利润和利润率高并不意味着企业就一定是管理完善，因为即使管理得很差，也可能因为在经营方面，例如销售、投资或利用环境机会方面做得出色而取得成就。因此，组织绩效的综合控制，还应包括对管理工作质量和水平的评价和控制。

（1）损益控制法。损益控制法是根据一个企业的损益表，对其经营和管理成效进行综合控制的方法。由于损益表能够反映该企业在一定期间内收入与支出的具体情况，从而有助于从收支方面说明影响企业绩效的直接原因，并有利于从收入和支出的方面进 步查明影响利润的原因。所以，损益控制的实质，是对利润和直接影响利润的因素进行控制。显然，如果损益表能采取预测的形式，将会使控制更为有效。

（2）投资报酬率控制法。投资报酬率控制法是以投资额和利润额之比，从绝对数和相对数两方面来衡量整个企业或企业内部某一部门的绩效。这种方法与损益控制法的主要区别在于，它不是把利润看成一个绝对的数字，而是把它理解为企业运用投资的效果。由于企业的投资最终来源于利润，因此，如果企业的投资报酬率只相当于或者甚至低于银行利率，那么企业的投资来源便会趋于枯竭，从而使企业发展陷于停滞。所以，企业的目标不仅是最大限度的利润额，更应当是最大限度的投资报酬率。

（3）管理审核与经营审核。管理审核是指系统地评价鉴定全部管理工作绩效的一种控制方法。经营审核一般是指系统地评价鉴定经营活动工作质量的一种控制方法。如同管理与经营一样，二者既有区别又有密切联系。管理审核侧重于管理职能方面的审核，其中包括对于计划工作、组织工作、人员配备、指导与领导工作，以及控制工作的评价；经营审核则侧重于管理决策方面的审核，其中包括对组织中关于计划、工程技术、生产、营销、人事、会计，以及财务方面长期性决策质量的评价。二者的区别类似于评价主管人员的管理能力和评价主管人员在制定和实现目标方面的能力之间的差别。在实际工作中，这两种审核的内容与范围，有相当程度的重合与交叉，因此也就很难作严格的区分。按照执行审核工作的人的不同，两种不同的审核都有外部与内部审核之分。外部审核是指由组织以外的专门机构（例如咨询公司）或专家对本组织的经营与管理情况进行审核。内部审核则是由组织内在上层主管人员领导下组织有关部门的人员进行的审核。

【经典实例】

澳柯玛大股东资金占用

2006年4月14日，G澳柯玛（600336.SH）发布重大事项公告：公司接到青岛市人民政府国有资产监督管理委员会《关于青岛澳柯玛集团公司占用上市公司资金处置事项的决定》，青岛市人民政府将采取措施化解澳柯玛集团面临的困难。至此，澳柯玛危机事件公开化。

澳柯玛危机的最直接导火索，就是母公司澳柯玛集团公司挪用上市公司 19.47 亿元资金。澳柯玛集团利用大股东优势，占用上市子公司的资金，用于非关联性多元化投资（包括家用电器、锂电池、电动自行车、海洋生物、房地产、金融投资等），投资决策失误造成巨大损失。资金链断裂、巨额债务、高层变动、投资失误、多元化困局等众多因素，使得澳柯玛形势异常危急。

澳柯玛症结并非仅仅是多元化投资带来的资金问题，关键问题还有自身的管理模式，即鲁群生近17年的家长式管理模式。鲁群生在特定环境中创业成功，然而在扩张中缺乏应有的风险意识，澳柯玛近亲繁殖现象使得企业对市场缺乏应有的敏感度。

第三节　管理过程中的控制策略

一、不丧失控制的授权

当管理者向其下属授权工作，也就产生了他需要知道该工作进行得满意与否的问题，因而授权就不可避免要产生控制问题。在简单的情况下，监督员可在工作进行时进行观察，但是当授权的工作增大，通过直接观察来进行监督就不再可能，因此授权要做到不丧失控制。

（1）改变控制方式。当一个管理人员向其下属授权大量的计划工作时，他应当准备改变他的控制方式。当决策集中时，管理者要为工作的各个阶段制订详细的有关工作方法和产出标准。当管理者越来越多地把计划和决策的职权授出时，他应当将注意力从作业的细节转向取得的成绩。

（2）保留安全措施。当授权程度增大时，通常采用警告信号式的控制，注意即将出现的问题，排除正常情况下一般控制信息的影响。对某些重大行动，如巨额资本支出或主要经理人员的任命等通常采用事前控制。另外一种安全措施是坚持低层管理使用某种具体的控制手段，尽管高层管理人员自己可能并不为其制订标准。

（3）增强自我控制。控制问题部分是态度和习惯问题。在传统的做法一直是集中控制的情况下，作业人员自然而然是会依赖于上级管理和他们的参谋人员来发现错误并采取纠正行动。当职权下放给他们，他们就需求形成一种新态度。同时也需要重新指导设计信息流，以使下层人员能获得信息自我控制所需的信息。

（4）增加辅导，减少命令。由于管理者不再注意日常作业中的细小问题，也不再试图解决大量的现场存在问题，自然会减少命令。管理者应该在他和下属之间建立起一种辅导性关系来替代命令关系。

（5）设置良好环境。不失控制的授权只有在有利的气氛下才能成长起来。经理人员本身应该调整自己的行为，授权涉及的双方必须互相配合和互相信任。缺少或减弱良好的环境，不丧失控制的授权将会相应降低。

二、使领导了解情况

对管理工作过程的控制采用多种方法的目的是解除管理人员对细小事情的控制，让他们有更多的时间和精力进行别的更重要的事情。但是又不能使管理者脱离实际的作业活动，从而使他们不了解实际正在发生的事情，因此管理一般要了解的信息如下。

（1）评价成果；

（2）预告重大问题；

（3）确保政策和标准方法得到遵守；

（4）解决例外事情的资料；

（5）进行事先批准的基础；

（6）制订长期计划、新政策等；

（7）与外界的接触建立背景知识；

（8）辅导与仲裁。

三、在控制中使用参谋人员

企业在制定控制标准时常常使用参谋人员。制订标准可能需要特殊的技能，同时也很费时间，而一位职业经理人不可能对一切细节都注意，因此制定控制制度时，参谋人员就是积极的参与者。让参谋人员参与的好处有如下。

（1）客观的评价。当控制标准以精确的方式或金钱来表示时，实际成效与标准的比较是比较简单的，但是测评的尺度常常是模糊的。作为经理人在评价工作时常常缺乏客观性，特别是制订新计划时，管理者通常将花费更多的时间来进行构思，而参谋人员的评价和建议将起到很大作用。

（2）事前控制。在特殊情况下，参谋人员可以行使事前控制，也就是说他们具有同意权。他们可以在自己熟悉领域内发布建议和意见，虽不能作为最后决定，但是他们的建议和意见对决策者和执行者都具有影响力。

（3）只能监督，减少纠正。控制中的一部分工作是属于监督人员的工作，参谋人员可以在监督过程中提供某种类型的信息，而激励、限制以及调整工作计划等纠正行动是属于直线管理人员的职能。

四、通过领导行动加强控制

管理工作实施过程中的标准对于那些被控制的人来说，都是向他们指明了什么是必须做好的工作，以及什么是无关紧要的工作。领导风格、控制数目和性质之间的很好匹配对于控制的实效和领导人的成功都是非常重要的。

五、用于控制的沟通网络设计

组织中具有大量的通过非正式的和面对面进行的信息交流。因而，为了确保良好的控制，组织需要建立一个沟通网络。每一个管理人员都注意他自已部门和公司的沟通体系是否能将适宜的信息，在适宜的时候传递给适宜的人，以使其对工作的控制富有实效。一般的沟通形式有以下两种。

（1）反馈环。由于组织内部存在大量的控制，所以产生了各种不同的信息反馈路线。作为一般原则，人们总是希望反馈环越短越快越好。

（2）定期评价报告流程。为了保证使适宜的人都得到可用的信息，同时努力发现在准备和散发报告方面的经济性，需要不时地对控制报告内容、收受情况和报告的时间等进行检查。

六、平衡控制的结构

通常经理人员容易出现一个时期注意力集中在某个方面，而另一时期注意力集中在另一方面，缺少不时地从整体角度来考虑控制问题。没有什么简单的方法可以用来警告何时控制的问题过多或过少了，控制的标准点取决于各项工作的性质、授权程度、公司的传统、实施控制的方式以及其他一些因素。但考虑任何一项控制时，都应当想到整个控制制度。

（1）直接和间接控制的作用。对某方面的控制可能导致对其他方面不那么注意，因而，在设计控制时必须注意直接影响，同时也得注意其间接影响。在各项控制中保持平衡的最大困难之一是工作测量的难易程度的偏爱和选择。往往容易将控制集中于一些可见因素，结果可能造成更大的不平衡。

（2）控制结构与计划层次结构的配合。根据各单位部门的目标层次结构而设计的有效的控制结构，能为员工提供一种一体化的机制，以使公司中的各种不同的活动汇集起来，完成公司的共同目标。

七、将控制与新计划相联系

在控制信息被用于计划工作时，再一次看到了管理无止境的循环，第一轮的计划、领导和控制融合于下一轮的循环。然而，控制服务于计划工作这一点不应给予任何夸大。如果想要使计划具有动态特性，必须考虑和研究完成工作的新方式。作业条件变化了，未来的机会可能增加或者减少，因而，在进行计划中，常常需要控制提供的信息更为全面或者更多样化的信息。

【经典实例】

福临汽车配件有限责任公司对人事权的下放

福临汽车配件有限责任公司位于珠江三角洲，是乔国栋在20世纪90年代创办的，专门生产活塞、活塞环、气门之类的产品，是个人合股企业。乔国栋是公司董事长兼总经理，傅立朝是副总，主管生产，手下还有位生产厂长，叫刘志仁，是傅总自己找来的。事实上创业之初，厂区布局、车间设备、工艺、质量标准，直至4 位车间主任的人选，全由傅总包揽，第一批生产工人中的不少人也是他招考进来的。乔总并未全力关注公司发展的全局和战略，至少 1/4 的精力花在他爱干也擅长的营销、采购和公关上了，好在当时公司规模不大，市场也有利，这么干下来效益相当不错。

从一开始，公司的做法就是大胆放权，各车间主任和科室负责人都各自包下自己单位的人事职能，对自己手下人，从招聘、委派、考核、升迁、奖惩都由他们说了算，公司领导基本不过问。经过7年发展，公司规模扩大到 340 人左右，业务也复杂起来。乔总发现当初全公司“和睦大家庭”的气氛消退了，员工士气在不断下降。领导班子开会研究，一致决定，该专门设一个管人事职能的办公室了。但这办公室设在哪一级，班子的意见是不一致的。争辩再三，才决定设在生产厂长之下，该办公室有主任1名，并配1名秘书。

公司财务科有位成本会计师，叫郭翰文。他 6 年前从北方一所大学工商管理专业毕业，经他的父亲，乔总的一位亲戚推荐，来公司财务科工作。那时公司还小，工作分工不细，他聪明能干，科长让他管成本控制，不久他就熟练了。他的工作使他跟生产与营销两方面的人都多有接触，人缘甚佳，乔总和傅总都觉得这小伙工作自觉，受到大家喜爱。但他常说，我并不喜欢做财会，我其实爱搞人事工作，喜欢跟人打交道，不爱跟数字打交道。他那天在食堂，正巧跟总经理秘书小周同桌吃饭，他从小周处听到公司要设“人事部”的消息，于是他闻风而动，马上递上书面申请，要求当这“人事部”主任，又分头向乔、傅、关“三巨头”口头汇报，找领导软磨硬缠，后来他终于如愿以偿，当上了“人事办公室主任”。上任前，乔总关照说：“你人事办公室工作干得好坏，对全厂工作很重要。”郭主任新官上任三把火，上任伊始，他就向各车间的主任发出书面通知说：“为适应公司的扩展，公司决定对全厂员工的人事管理实行集权。为此成立本办公室。今后各车间一切人事方面的决定，未经本主任批准，一概不得擅自执行。”

通知下发后，车间主任们对此政策变化的不满便接踵而至。刘厂长有一回见到一位车间主任，问为什么生产下降了，主任抱怨说：“工人们已经跟第一批招来时的不同，难管多了。”又说：“我的手脚给捆住了，还怎么管得了工人。如今奖励、惩罚、招聘、辞退，我都没了权，叫我怎么控制得了他们？怎么让他们出活？”

有一天，有位姓林的女工闯进人事办公室气冲冲地说，她被车间主任无缘无故地辞退了。郭主任说：“别急，让我先搞清楚情况。”就给那车间主任挂了电话：“喂，三车间张主任吗？我是郭翰文。你们车间小林是怎么回事？”“我炒了她鱿鱼。”“这我知道，但为什么？”“很简单，我不喜欢她。”“你知道，没有人事办批准，你是不能随便辞退工人的。”“是吗？可是我已经辞退她了。”“老张，你不能这么办。你总得有个站得住脚的理由才……”“我不喜欢她这一点就够了。”电话到此给挂断了。

郭主任把这事向刘厂长作了汇报。刘厂长做了不少工作，并坚持让小林复职，这事才平息下来。但车间主任们关于招的工人质量差，自己没有人事权，管不了的抱怨却有增无减，并主张人事部应当管的事越少越好。这事终于闹到傅总那里，但乔总出差走访客户去了。刘厂长对傅总说，看来，现在这厂的规模还不算大，用不着设一个专门的人事职能部门。他还建议用行之有效的老办法，让各车间主任自己管各车间的人事工作，郭主任还是回他财务科去做原来的成本会计为好。傅总左思右想，觉得恐怕只好按刘厂长意见办。但他说还是等几天乔总回来后，请示了再定。

综合练习

一、单项选择题

1. 注重于对已发生的错误进行检查改进属于（　　）。

A. 前馈控制　B. 现场控制　C. 反馈控制　D. 直接控制

2. 在控制的基本过程中，衡量实际工作主要解决的问题是（　　）。

A. 衡量什么　B. 制订标准　C. 如何衡量　D. A和C选项

3. 实施控制的关键性步骤是（　　）。

A. 选择关键点　B. 拟订标准　C. 选择控制技术　D. 建立控制系统

4. 控制工作得以展开的前提是（　　）。

A. 建立控制标准　B. 分析偏差原因　C. 采取矫正措施　D. 明确问题性质

5. “治病不如防病，防病不如讲究卫生”根据这一说法，以下几种控制方式中，哪一种方式最重要？（　　）。

A. 前馈控制　B. 现场控制　C. 反馈控制　D. 直接控制

6. 控制过程的第一步是（　　）。

A. 进行预测　B. 科学决策　C. 分析判断　D. 确定标准

7. 控制工作的基本目的是（　　）。

A. 维持现状　B. 打破现状　C. 激励现状　D. 突破现状

8. 统计分析表明，“关键的事总是少数，一般的事常是多数”，这意味着控制工作最应重视（　　）。

A. 突出重点，强调例外　B. 灵活、及时和适度

C. 客观、精确和具体　D. 协调计划和组织工作

9. 控制工作使管理过程形成了一个（　　）的系统。

A. 相对封闭　B. 绝对封闭　C. 相对开放　D. 绝对开放

10. 进行控制时，首先要建立标准。关于建立标准，下列四种说法中哪一种是正确的？（　　）

A. 标准应该越高越好　　B. 标准应考虑实施成本

C. 标准应考虑实际可能　　D. 标准应考虑顾客需求

二、多项选择题

1. 下列哪几项是控制的性质？（　　）。

A. 目的性　　B. 实践性　　C. 人为性　　D. 整体性

E. 适度性

2. 控制的类型按方式分有（　　）。

A. 现场控制　　B. 直接控制　　C. 管理控制　　D. 间接控制

E. 事后控制

3. 控制的基本过程包括（　　）。

A. 制订计划　　B. 确定标准　　C. 衡量绩效　　D. 诊断原因

E. 纠正偏差

4. 下列哪几项是有效控制系统的特征？（　　）

A. 关键性　　B. 目的性　　C. 整合性　　D. 客观性

E. 先进性

5. 控制过程中遇到阻力的主要原因有（　　）。

A. 控制不及　　B. 控制对象不当　　C. 控制点不当　　D. 标准不科学

E. 控制手段不当

三、判断题

1. 控制过程就是管理人员对下属行为进行评价考核的过程。（　　）
2. 管理控制最重要的是对人的控制。（　　）
3. 控制职能贯穿管理的全过程。（　　）
4. 通过建立控制系统对被控制对象进行的控制属于直接控制。（　　）
5. 通过提高主管人员的素质来进行控制工作属于间接控制。（　　）
6. 最佳的控制是防止问题的发生。（　　）

四、简答讨论题

1. 你认为控制越全面、越严格是否越好？按照控制的关键点原理和例外原理进行控制，是否有可能导致控制工作的无效或不力？依你看来，成功地运用控制关键点原理和例外原理的关键是什么？

2. 无论是在学校读书，还是在企业工作，你都不难发现有一系列的规章制度存在。对规章制度的控制作用，你是怎么看的？

3. 探讨中国快餐和“洋快餐”的竞争状况，并进一步分析从控制的角度讨论中国快餐业应如何发展？

五、案例分析

（一）查克停车公司的两项业务

要是在美国好莱坞或贝弗利山举办一个晚会，肯定会有这样一些名人来参加：尼科尔森、麦当娜、克鲁斯、切尔、查克·皮克。

“查克·皮克？”

“当然！”

没有停车服务员，不可能成功地举办晚会。在南加州，停车业内响当当的名字就数查克·皮克了。

查克停车公司是一家小企业，但每年的营业额有几百万美元。公司拥有雇员 100 多人，其中大部分为兼职人员。每个星期，查克停车公司至少要为几十个晚会料理停车业务。在最忙的周六晚上，公司可能要同时为 6～7 个晚会提供停车服务，每一个晚会可能需要 3～15 位服务员。

查克停车公司经营的业务包含两项：一是为晚会料理停车事宜；另一个是为一个乡村俱乐部办理停车经营特许权合同。这个乡村俱乐部要求提供 2～3 个服务员，每周 7 天都是这样。但查克的主要业务还是来自私人晚会。他每天的主要工作就是拜访那些富人或名人，评价道路和停车设施，并告诉他们需要多少个服务员来处理停车的问题。一个小型的晚会可能只要 3～4 个服务员，花费大约 400 美元。然而一个特别大型的晚会的停车费用可能高达 2 000 美元。

尽管私人晚会和乡村俱乐部的合同都涉及停车业务，但它们为查克提供收入的方式却很不相同。私人晚会是以当时出价的方式进行的。查克首先估计大约需要多少服务员为晚会服务，然后按每人每小时多少钱给出一个总价格，同时，他绝对禁止服务员收取小费。如果顾客愿意“买”他的服务，查克就会在晚会结束后寄出一份账单。在乡村俱乐部，查克根据合同规定，每月要付给俱乐部一定数量的租金来换取停车场的经营权，而他收入的唯一来源却是服务员为顾客服务所获得的小费。

【问题】

1. 你是否认为查克停车公司的控制问题在两种场合下是不同的；如确实如此，为什么？

2. 在前馈、反馈和现场控制三种类型中，查克应采取哪一种手段对乡村俱乐部业务进行控制；对私人晚会停车业务，又适宜采取何种控制手段？

（二）戴尔公司与电脑显示屏供应商

戴尔公司创建于 1984 年，是美国一家以直销方式经销个人电脑的电子计算机制造商，其经营规模已迅速发展到当前 120 多亿美元销售额的水平。戴尔公司是以网络型组织形式来运作的企业，它联结有许多为其供应计算机硬件和软件的厂商。其中有一家供应厂商，电脑显示屏做得非常好。戴尔公司先是花很大的力气和投资使这家供应商做到每百万件产品中只能有 1 000 件瑕疵品，并通过绩效评估确信这家供应商达到要求的水准后，戴尔公司就完全放心地让他们的产品直接打上“Dell”商标，并取消了对这种供应品的验收、库存。类似的做法也发生在戴尔其他外购零部件的供应商中。

通常情况下，供应商需将供应的零部件运送到买方那里，经过开箱、触摸、检验、重新包装，经验收合格后，产品组装商便将其存放在仓库中备用。为确保供货不出现脱节，公司往往要贮备未来一段时间内可能需要的各种零部件。这是一般的商业惯例。因此，当戴尔公司对这家电脑显示屏供应商说：“这款显示屏我们今年会购买 400 万～500 万台，贵公司为什么不干脆让我们的人随时需要、随时提货”的时候，商界人士无不感到惊讶，甚至以为戴尔公司疯了。戴尔公司的经理们则这样认为，开箱验货和库存零部件只是传统的做法，并不是现代企业运营所必要的步骤，遂将这些“多余的”环节给取消了。

戴尔公司的做法就是，当物流部门从电子数据库得知公司某日将从自己的组装厂提出某型号电脑的数量时，便在早上向这家供应商发出领多少数量显示屏的指令信息，这样等到当天傍晚时分，一台台电脑便可打包完毕分送到顾客手中。如此，不但可以节约检验和库存成本，也加快了发货速度，提高了服务质量。

【问题】

1. 你认为，戴尔公司对电脑显示屏供应厂商是否完全放弃和取消了控制；如果是，戴尔公司的经营业绩来源于哪里，如果不是，那它所采取的控制方式与传统的方式有何不同？

2. 戴尔公司的做法对于中国的企业有适用性吗，为什么？

六、技能训练

了解学校各项规章制度对学生的生活、学习和思想进步的控制。

第九章　创新职能

学习目标

知识目标

1. 掌握创新和管理创新的含义；
2. 理解并掌握创新的基本内容；
3. 了解创新的特点；
4. 理解并掌握企业技术创新的主要内容；
5. 理解并掌握企业组织创新的主要内容。

能力目标

1. 认识到企业创新的重要性；
2. 培养创新的意识和思维能力；
3. 理解并能运用所学知识解决企业实际问题。

导入案例

创新的思维

从前，有个国王在大臣们的陪同下，来到御花园散步。国王瞧着面前的水池，忽然心血来潮，问身边的大臣：“这水池里共有几桶水？”众臣一听面面相觑，全答不上来。国王发出圣旨：“给你们三天考虑，回答上来重赏，回答不上来重罚！”眨眼三天到了，大臣们仍一筹莫展。就在此时，一个小孩走向宫殿，声称自己知道池塘里有多少桶水。国王命令那些战战兢兢的大臣带小孩去看池塘。小孩却笑道：“不用看了，这个问题太容易了！”国王乐了“哦，那你就说说吧。”孩子眨了眨眼说：

“这要看那是怎样的桶。如果和水池一般大，那池里就有一桶水；如果桶只有水池的一半大，那池里就有两桶水；如果桶只有水池的三分之一大，那池里就有三桶水，如果……”“行了，完全正确！”国王重赏了这个小孩。大臣们为什么解不开国王的问题呢？就在于他们全掉进了常规思维的陷阱，被自己的思维定式所困，越思考陷得就越深，越不能自拔。而那个小孩并没受到人们常规思维的限制，撇开了池塘里水的多少，而从桶的大小的角度来思考问题，一下子就迎刃而解。这说明，跳出思维陷阱进行非常规思维，有时只需换一种思维方式或换一个思维角度。

第一节　创新概述

一、作为管理基本职能的创新

1. 创新的概念

对创新一词的定义，是多种多样的。不同的学者和专家都曾根据自己的理解从不同的角度和侧重点给出不同的定义。

中文“创新”一词，出现较早，不过，词意与现代不同，主要是指制度方面的改革、变革、革新和改造，并不包括科学技术的创新。

在国外，美国经济学家熊彼特（J.A.Sehumpeter）于 1912 年最先在德文版《经济发展理论》一书中提出了“创新理论”（Innovation Theory），成为创新理论研究的鼻祖。他在书中对创新做的定义如下。

① 采用一种新的产品——也就是消费者还不熟悉的产品。

② 采用一种新的生产方法，也就是在有关的制造部门中尚未通过检验检定的方法，这种新的方法一般需要建立在科学新的发现的基础之上。

③ 开辟一个新的市场，不管这个市场以前是否存在过。

④ 掠取或控制原材料或半制成品的一种新的供应来源，也不问这种来源是否已存在，还是第一次创造出来的。

⑤ 实现任何一种工业的新的组织，比如造成一种垄断地位（例如通过‘托拉斯化’），或打破一种垄断地位。

熊彼特的创新概念包含的范围很广，如涉及技术性变化的创新及非技术性变化的组织创新。其他的学者和专家，也有提及“创新”一词。

创新是企业家的具体工具，也就是他们借以利用变化作为开创一种新的事业和一项新的服务的机会的手段。企业家们需要有意识地去寻找创新的源泉，去寻找表明存在进行成功创新机会的情况变化的征兆。他们还需要懂得进行成功的创新的原则并加以运用。——彼得·德鲁克，美国管理学权威

在识别创新思想方面最成功的公司总裁，总是善于同有创新意识的人打交道的，善于倾听他

们的意见，包括听来有点古怪的意见。为了获取创新思想，作为公司总裁必须乐于承认和接受由创新思想带来的种种不愉快。——斯威尼，美国管理学家

不断变革创新，就会充满青春活力；否则，就可能会变得僵化。——歌德

综合以上观点，本书对创新一词下的简单定义为：创新是一种思想及在这种思想指导下的实践，是一种原则以及在这种原则指导下的活动，是管理的一种基本职能。

研讨

对照多种创新定义，谈谈你对创新含义的理解。

2. 管理创新的概念

芮明杰教授于 1994 年在其出版的著作《超越一流的智慧——现代企业管理的创新》中提出管理创新概念。管理创新的概念源于管理的概念。

管理创新是指创造一种新的更有效的资源整合范式，这种范式既可以是新的有效整合资源以达到组织目标和责任的全过程管理，也可以是新的具体资源整合及目标制定等方面的细节管理。这个概念至少包括下列五种情况。

（1）提出一种新发展思路并加以有效实施。

（2）创设一个新的组织机构并使之有效运转。

（3）提出一个新的管理方式方法。

（4）设计一种新的管理模式。

（5）进行一项制度的创新。

管理创新就是按照社会化大生产和生产力发展以及人的全面发展的要求，在管理实践中引入新思维、新组织、新方法、新手段、新的管理制度和管理模式，以不断改进和完善企业的决策、计划、组织、指挥、控制、协调、领导与用人、激励、沟通等管理职能，提高组织运行效率和促进组织发展的活动。

研讨

结合自己的理解，你认为什么是管理创新？

二、创新的特点

（1）创新是一个系统。创新由创新主体、创新对象、创新手段与创新环境四个基本要素构成。创新主体是系统中唯一具有能动性的、活的要素，而人的意识的能动性形式是一切事物中最高级最复杂的能动性形式，可以开辟创新的深度、广度等可能性空间。在创新系统中，创新的各个要素是通过人的认识的创新和实践的创新的组织结合而形成有机整体的。认识的创新是一种具有开创性意义的思维活动，是人们以知识和经验的积累为前提，运用新的认识方法、手段以及特有的思维视角，开拓新的认知对象和领域，取得新的认识成果的思维活动，其表现形式是新的思维方

法、新的世界观的产生以及新的理论、新的学说的建立。它是创新的先导并贯穿于整个创新活动之中，是取得新成果的关键。例如，哥白尼提出的日心说，打破了对于感官直接提示给人们的东西的无限信赖。哥白尼的发现确立了抽象思维的更大的决定性作用，使人类认识能够透过直接的外观，进入到现象后面的本质，重新审视和描绘世界图景。实践的创新则是各种具体创新的共性概括与哲学表述，是构想和现实相统一、意识和能力相融合的产物，是认识的创新的实践性展开，其表现形式是具有直接现实性的新成果。

（2）创新是一个过程。它是从思想到行动、从构想到现实的知行统一的发展过程。从哲学的角度看，创新是使整个世界由简单到复杂、由低级到高级、由旧质到新质，有规律的运动变化的发展过程。因而，创新意味着发展，不仅是人的主观世界认识发展的过程，也是实践改变客观世界发展的过程，是改造主观世界与改造客观世界统一、认识与实践统一的运动发展过程。

（3）认识的创新与实践的创新彼此影响、交互作用，共同推动着创新系统的运动变化与发展。思维创新、理论创新的作用体现于人们的认识活动领域，发生的是客观见之于主观及客体主体化活动，最本质特征是具有主观能动性；实践创新的作用体现于人们的实践活动领域，发生的是主观见之于客观及主体客体化活动。由于认识活动具有不可直接感知性，而实践活动具有直接感知性，这就使认识活动的本质特征只有通过实践活动才能得以实现，从而表现为实践活动的能动性。实践是一切创新的基础，创新是“实践的事情”。从现实意义上讲，认识与实践不可分割，坚持实践第一的观点实际上就应是坚持“实践是由认识活动作指导的一切现实中的感性活动”，认识对实践起着指导作用。所以，认识的创新是创新过程的根本，创新是属于意识的，是创新主体对客体在实践基础之上的“能动的反映”，这与创新是“实践的事情”并不矛盾。

研讨

结合实践经验，谈谈自己对创新的特点的认识。

三、创新的基本内容

1. 观念创新

观念创新就是创造和运用体现现代进步的新思想、新方法处理现实问题的过程。思路决定出路，没有创新的思维就没有创新的方法，没有创新的方法就不可能解决新问题。观念创新要首先战胜自己，观念创新必须打破已有的利益格局，观念创新的基础在于学习，观念创新面临着巨大的风险。

观念创新所面临的风险主要有两个方面。

（1）观念创新是摈弃原有社会条件下的思想，而创造一种前所未有的新的观念，这种新的观念可能不被组织甚至社会所接受，可能遭受组织以至于社会各方面的排斥和打击，有时候甚至需要付出很大的代价。

（2）当创新者首次提出一种创新观念时，只是对改变现状、走向未来的一种假说，往往没有什么证据能够证明其观念的正确性与合理性，这种观念是否符合社会发展的需要具有很大的不确定性。

【案例】

据说篮球运动刚诞生的时候，篮板上钉的是真正的篮子。每当球投进的时候，就有一个专门的人踩在梯子上把球拿出来。为此，比赛不得不断断续续地进行，缺少激烈紧张的气氛。为了让比赛更顺畅地进行，人们想了很多取出篮球的方法，都不太理想。有位发明家甚至制造了一种机器，在下面一拉就能把球弹出来，不过这种方法仍没能让篮球比赛紧张激烈起来。

终于有一天，一位父亲带着他的儿子来看球赛。小男孩看到大人们一次次不辞劳苦地取出篮球，不由大惑不解，为什么不把篮筐的底去掉呢？一语惊醒梦中人，大人们如梦初醒，于是才有了今天的篮球网的样式。

2. 技术创新

技术创新是企业创新的主要内容，企业中出现的大量创新活动是有关技术方面的，因此，有人甚至把技术创新视为企业创新的同义语。

技术水平是反映企业经营实力的一个重要标志，企业要在激烈的市场竞争中处于主动地位，就必须顺应甚至引导社会进步的方面，不断地进行技术创新。企业的技术创新主要表现在要素创新、要素组合方法的创新以及产品的创新等方面。

【案例】

一位青年在美国的一家石油公司工作，他的工作很简单，就是巡视并确认石油罐有没有自动焊接好。石油罐在输送上移动至旋转台上，焊接剂便自动地流下，沿着盖子回转一周，作业就算结束。这位青年每天要重复几百次地注视着这种作业，厌烦极了。有一天他数了一下，焊接一个石油罐盖滴了39滴焊接剂。他想，如果焊接剂减少一、两滴，是不是能节省点成本？于是他经过一番研究，终于研制出“37滴型焊接机”。

但是，利用这种机器焊接出的石油罐，偶尔会漏油，并不理想。但他没灰心，又研制出“38滴型焊接机”。这次发明非常完美，公司对他的评价很高，不久便在生产中改用新的焊接方式。虽然每个石油罐只节省一滴焊接剂，但公司每年却由此增加了5亿美元的利润。

这位青年，就是后来掌握全美石油业95%实权的石油大王——洛克菲勒。

3. 知识创新

知识创新是随着知识经济的兴起而出现的新概念，最初由爱米顿（Debra M. Amidon）在1993年提出。他将知识创新（Knowledge Innovation）定义为：“通过创造、演进、交流和应用，将新的思想转化为可销售的产品和服务，以取得企业经营成功，国家经济振兴和社会全面繁荣。”我国学者认为知识创新是通过科学研究获得新的基础科学和技术科学知识的过程。知识创新的目的是追求新发现、探索新规律、创立新学说、创造新方法和积累新知识。知识创新是技术创新的基础，是新技术和新发明的源泉，是促进科技进步和经济增长的革命性力量，知识创新是技术创新的起点和基础，技术创新是知识创新的延伸和落脚点。

4. 制度创新

所谓制度创新，就是指随着生产力的发展，要不断对企业制度进行变革，因而通常也可以称之为企业制度再造。企业制度创新对企业来讲是极其重要的，因为企业本身就是一种生产要素的组合体，企业对各生产要素的组合，实际上就是依靠企业制度而组合起来的。正是因为如此，所以不少人在谈到企业的定义的时候，往往都认为企业就是一个将各种生产要素按一定制度而组合起来的经营主体。由此可见，企业制度对于企业来说，是极其重要的。现代企业制度创新是为了实现管理目的，将企业的生产方式、经营方式、分配方式、经营观念等规范化设计与安排的创新活动。制度创新是把思维创新、技术创新和组织创新活动制度化、规范化，同时又具有引导思维创新、技术创新和组织创新的功效。它是管理创新的最高层次，是管理创新实现的根本保证。企业制度创新的目的是建立一种更优的制度安排，调整企业中所有者、经营者、劳动者的权力和利益关系，使企业具有更高的活动效率。

【案例】

Dell 的成功，离不开其创始人戴尔的偶发灵感。正如戴尔本人所说，Dell 的成功来自于他们拥有一个很好的商业模式——那就是著名的“戴尔模式”。早在 Dell 成立之初，IBM 等知名电脑公司的销售商品方式无一不是代理销售，然而戴尔打破了这一模式。Dell 紧紧抓住客户管理，员工服务与供应商这三者关系，形成了他的成功秘诀。众所周知，如今只要上网或一个电话，你便可订购 Dell 的电脑。然而 Dell 在全球的客服中心，并没有任何库存，当接到订单，便依据订单从配件供应商提供的零配件开始组装，一台 PC 从原料入厂到打包出厂不出 5、6 小时，而组装只需 5、6 分钟。这便是“戴尔模式”的效率体现，这大大缩小了必要劳动时间，提高了劳动生产率，这也是为何 Dell 如此迅速发展的原因。

“戴尔模式”还成功于简化了流程，妥善管理存货，并与供应商联盟。Dell 建立了一个超高效的供应链和生产流程管理，依照定单生产，不囤积大量配件，避免占用资金，并且与配件供应商联盟，直接配送。这都大大降低了成本，也是 Dell 电脑价格比其他电脑便宜的原因。

5. 环境创新

环境是企业经营的土壤，同时也制约着企业的经营。企业与环境的关系，不是单纯地去适应，而是在适应的同时去改变、去引导，甚至去创造。环境创新不是指企业为适应外界变化而调整内部结构或活动，而是指通过企业积极的创新活动去改变环境，去引导环境朝着有利于企业经营的方向变化。例如，通过企业的公关活动影响社区政府政策的制定；通过企业的技术创新，影响社会技术进步的方向等。就企业来说，环境创新的主要内容是市场创新。市场创新主要是指通过企业的活动去引导消费，创造需求的主要途径。其实，市场创新的许多内容是通过企业的营销活动来进行的，即在产品的材料、结构、性能不变的前提下，或通过市场的物理转移，或通过提示产品新的使用价值，来寻找新用户，再或通过广告宣传等促销工作，来赋予产品以一定的心理使用价值影响人们对某种消费行为的社会评价，从而诱发和强化消费者的购买动机，增加产品的销售量。

研讨

结合自己的日常生活，你认为有哪些创新的例子？

四、创新的过程

1. 创新的过程

（1）寻找机会。创新活动是从发现和利用旧秩序内部的不协调现象开始的。不协调为创新提供了契机。旧秩序中的不协调既可存在于系统的内部，也可产生于对系统有影响的外部。

（2）提出构想。敏锐地观察到了不协调现象的产生以后，还要透过现象究其原因，并据此分析和预测不协调现象的未来变化趋势，估计它们可能给组织带来的积极或消极的后果；提出多种解决问题、消除不协调、使系统在更高层次实现平衡的创新构想。

（3）迅速行动。创新成功的秘密主要在于迅速行动。创新的构想只有在不断地尝试中才能逐渐完善，企业只有迅速行动才能有效地利用“不协调”提供的机会。

（4）坚持不懈。构想经过尝试才能成熟，而尝试是有风险的，是可能失败的。创新的过程是不断尝试、不断失败、不断提高的过程。

2. 创新过程的管理

创新过程的管理非常重要，在创新的过程中要时刻牢记三大目标：保证设计质量、利用资源的效率和时间因素。

保证设计质量是衡量创新是否成功的最重要的一个标准。为了满足消费者的需求，管理者必须要保证设计的质量。

创新项目要取得成功，不仅仅需要资金，还需要人力资源。经常发现如下情况：企业的资金很充裕，却没有合适的人员来开发新产品或将它投放市场。例如，需要软件专家帮助实现创新的公司对优秀编程人员的匮乏深有体会。

时间标准不如前二者那样明显，因此常常得不到足够的重视。人们已经认识到良好的时间管理是非常必要的，但是通常又认为缩短产品开发与投放市场所需要的时间会花费大量的金钱。据推测，如果要将软件产品的开发时间减少一半，编程人员的数量需要增加一倍以上，甚至可能达到原人数的三倍，这样很可能出现得不偿失的情况。此外，人们还普遍认为缩短创新项目的时间会影响设计的质量。从创新观念的产生到投入市场，这段时间间隔对创新来说至关重要。日本FANUC公司的创始人、总经理Seiuemon博士告诫他的工程师们说：“一件产品，无论它的性能多好，除非能够在恰当的时机推向市场，否则是不会成功的。”

研讨

创新过程包括哪些阶段的工作，如何进行有效的创新？

第二节　企业技术创新

一、技术创新及其贡献

1. 技术创新的概念

根据技术创新的狭义定义，技术创新是指与新产品制造、新工艺过程或设备的首次商业应用有关的包括技术、设计、生产及商业的活动。技术创新一般涉及“硬技术”的变化，侧重于对产品和生产过程的改变。但技术创新并非只是一个技术问题，而是一个涉及技术、生产、管理、财务和市场等一系列环节的综合化的过程。

技术创新和产品创新有密切关系，又有所区别。技术的创新可能带来但未必带来产品的创新，产品的创新可能需要但未必需要技术的创新。一般来说，运用同样的技术可以生产不同的产品，生产同样的产品可以采用不同的技术。产品创新侧重于商业和设计行为，具有成果的特征，因而具有更外在的表现；技术创新具有过程的特征，往往表现得更加内在。产品创新可能包含技术创新的成分，还可能包含商业创新和设计创新的成分。技术创新可能并不带来产品的改变，而仅仅带来成本的降低、效率的提高，例如改善生产工艺、优化作业过程从而减少资源消费、能源消耗、人工耗费或者提高作业速度。另一方面，新技术的诞生，往往可能带来全新的产品，技术研发往往对应于产品或者着眼于产品创新；而新的产品构想，往往需要新的技术才能实现。

2. 技术创新的内涵

与企业生产制造有关的技术创新，其内容也是非常丰富的。从生产过程的角度来分析，可以将其分为以下几个方面。

（1）材料创新。材料既是产品和物质生产手段的基础，也是生产工艺和加工方法作用的对象。因此，在技术创新的各种类型中，技术创新可能是影响最为重要、意义最为深远的。材料创新或迟或早会引起整个技术水平的提高。

由于迄今为止作为工业生产基础的材料主要是由大自然提供的，因此材料创新的主要内容是寻找和发现现有材料，特别是自然提供的原材料的新用途，以使人类从大自然的恩赐中得到更多的实惠。随着科学的发展，人们对材料的认识渐趋充分，利用新知识和新技术制造的合成材料不断出现，材料创新的内容也正在逐渐地向合成材料的创造这个方向转移。

（2）产品创新。产品是企业的象征，任何企业都是通过向市场上提供某种或某些在某种程度上不可替代的产品来表现并实现其社会存在的。产品在国内和国际市场上的受欢迎程度是企业市场竞争成败的主要标志。只有不断地组织并实现产品创新，企业才能保持持久的竞争优势，充满生命力。

产品创新包括新产品的开发和老产品的改造。这种开发和改造是指对产品的结构、性能、材质、技术特征等一方面或几方面进行改进、提高或独创。它既可以是利用新原理、新技术、新结构开发出一种全新型产品，也可以是在原有产品的基础上，部分采用新技术制造出来适合新用途、满足新需要的换代型新产品，还可以是对原有产品的性能、规格、款式、品种进行完善，但在原理、技术水平和结构上并无突破性的改变。

产品在企业经营中的作用决定了产品创新是技术创新的核心和主要内容，其他创新都是围绕着产品的创新进行的，而且其成果也最终在产品创新上得到体现。

（3）工艺创新。工艺创新包括生产工艺的改革和操作方法的改进。生产工艺是企业制造产品的总体流程和方法，包括工艺过程、工艺参数和工艺配方等；操作方法是劳动者利用生产设备在具体生产环节对原材料、零部件或半成品加工的方法。生产工艺和操作方法的创新既要求在设备创新的基础上，改变产品制造的工艺、过程和具体方法，也要求在不改变现有物质生产条件的同时，不断研究和改进具体的操作技术，调整工艺顺序和工艺配方，使生产过程更加合理，现有设备得到充分的利用，现有材料得到更充分的加工。

（4）手段创新。手段创新主要指生产的物质条件的改造和更新。任何产品的制造都需要借助一定的机器设备等物质生产条件才能完成。生产手段的技术状况是企业生产力水平的具有决定性意义的标志。

生产手段的创新主要包括两个方面的内容：一是将先进的科学技术成果用于改造和革新原有的设备，以延长其技术寿命或提高其效能，比如用单板机把一般机床改装成自动控制的机床，用计算机把老式的织布机改装成计算机控制的织布机等；二是用更先进、更经济的生产手段取代陈旧、落后、过时的机器设备，以使企业生产建立在更加先进的物质基础之上，比如用气流纺纱取代旧式的纺纱机，用电视卫星传播系统取代原有的电视地面传播系统，等等。

上述几个方面的创新，既是相互区别，又是相互联系、相互促进的。材料创新不仅会带来产品制造技术的革命，而且会导致产品物质结构的调整；产品的创新不仅是产品功能的增加、完整或更趋完善，而且必然要求产品制造工艺的改革；工艺的创新不仅导致生产方法的更加成熟，而且必然要求生产过程中利用这些新的工艺方法的各种物质生产手段的改进。反过来，机器设备的创新也会带来加工方法的调整或促进产品功能的更加完善，工艺或产品的创新也会对材料的种类、性能或质地提出更高的要求。总之，上述各类创新虽然侧重点各有不同，但任何一种创新都必然会促进整个生产过程的技术改进，从而必然会带来企业整体技术水平的提高。

3. 技术创新的贡献

从技术创新的内涵分析中不难看出，技术或者依附于物质产品而存在，或者是为物质产品的实体形成而服务的。因此，不论是何种内容的技术创新，最终都会在一定程度上促进产品竞争力和企业竞争力的提高。

产品竞争力和企业竞争力的强弱从根本上来说取决于产品对消费者的吸引力。消费者对某种产品是否感兴趣，不仅要受到该产品的功能完整和完善程度的影响，还取决于这种或这些功能实现的费用总和。功能的完整和完善程度决定着消费者能否从该种产品的使用中获得不同于其他产品的满足，功能实现的费用（包括产品的购买费用和使用、维修费用）则决定着消费者为获得此种产品而需付的代价。因此，产品竞争力主要表现为产品的成本竞争力与产品的特色竞争力。

技术创新促进企业竞争力的提高便是通过影响产品的成本或特色而起作用的。材料的创新不仅为企业提供了以数量丰富、价格低廉的原材料取代价格昂贵的稀缺资源的机会，而且有可能通过材质的改善促进企业产品质量的提高；产品创新既可使企业为消费者带来新的满足，亦可使企业原先生产的产品表现出新的吸引力；工艺创新既可为产品质量的形成提供更可靠的保证，亦可能降低产品的生产成本；物质生产条件的创新则直接带来劳动强度的下降和劳动生产率的提高，从而直接促进着产品生产成本的下降和价格竞争力的增强。

综合起来看，技术创新一方面通过降低成本而使企业产品在市场上更具价格竞争优势，另一方面通过增加用途、完善功能、改进质量以及保证使用而使产品对消费者更具特色吸引力，从而在整体上推动着企业竞争力不断提高。

研讨

企业为什么要进行技术创新？

二、技术创新战略及其选择

随着科技的发展，经济一体化、市场全球化已成为世界经济发展不可阻挡的潮流。研究表明，通过不断的技术创新所带来的核心专长，将是企业在未来激烈的市场竞争中得以生存与发展的主要支撑。企业技术创新在企业未来的发展中将扮演越来越重要的角色。

企业技术创新战略是指企业进行技术创新经济活动的总的谋划，是企业在正确地分析自身的内部条件和外部环境的基础上所做出的企业技术创新总体目标部署，以及为实现创新目标做出的根本对策，主要是解决企业技术创新的基本原则，根本目标和主要规划等企业技术创新经济活动中一些带有全局性、长远性、和方向性的问题。企业制定其技术创新战略需要有一个完整的过程。而且企业技术创新战略的制定需要持续的调整，这样才能符合企业的实际情况，满足企业的快速发展，为企业的短期目标和长远目标作贡献。

1. 技术创新战略的类型

对技术创新战略可以从不同的角度进行划分：按技术来源分类，可划分为自主开发战略、合作开发战略、引进消化吸收创新战略和模仿战略类型；按技术竞争态势分类，可划分为领先战略、跟随和模仿战略类型；按市场竞争策略分类，可划分为市场最大化战略、市场细分化战略和成本最小化战略类型；按行为方式分类，可划分为进攻战略、防御战略和游戏战略类型。本文依据技术源将企业技术创新战略划分为三种基本类型：自主创新战略、模仿创新战略和合作创新战略。

（1）自主创新战略是指企业依靠自身的努力产生核心技术或概念的突破，并在此基础上完成创新的后续环节，实现科技成果商品化的一类创新行为。自主创新战略首先强调技术突破的内生性，即不要求企业在研究开发方面独立攻克每一个技术环节，但其中的核心主导技术必须是企业依靠自身的技术力量而获得的。其次，自主创新战略强调技术与市场开发的率先性，即在技术成果的申请上，要率先注册以寻求法律保护，同时技术成果要率先推向市场，以防止跟随者抢占市场。最后，自主创新战略强调知识和能力支持的内在性，即在研究开发、设计、生产、销售等创新链的每一环节都需要有相应的企业自身积累的知识和能力支持。

自主创新具有非常突出的优点。

① 自主创新使企业在激烈的市场竞争中占据有利的地位。

② 自主创新成功后可以带动一批在技术上与之相关的新产品的诞生。

③ 自主创新企业的产品率先进入市场，领导本行业或相关行业的标准和技术规范，对跟进者形成技术锁定，从而能够稳固其在行业中的核心地位。

④ 自主创新企业是新市场的开拓者，可能比其他企业较早建立起原料供应和产品销售网，从而获得竞争优势。

⑤ 自主创新企业可以通过转让新技术专利和技术诀窍获得相当可观的收入。

自主创新的缺点主要表现两个方面。

① 投入大。由于自主创新战略强调技术与市场开发的率先性，因此自主创新企业一般需要大量高素质的科研人员以及精良的研发设施，技术研发费用大，同时也需要大量的市场开发费用。

② 风险高。由于自主创新企业完全依靠自己的力量进行技术的研发和技术成果的转化，因此一旦失败，企业将承担较大的资金损失。

（2）模仿创新战略是指企业通过引进购买和反求破译等合法手段，吸收和掌握率先创新者的核心技术和技术秘密，充分吸取率先者成功的经验和失败的教训，并在此基础上对率先者技术进行改进和完善，进一步开发和生产富有竞争力的产品，参与市场竞争的一种创新行为。

模仿创新战略的重要特点是模仿跟随性。表现在技术方面，模仿创新企业不做新技术的开拓探索者和率先使用者，而是做有价值的新技术的积极跟随学习者。表现在市场方面，模仿创新企业也不独自开辟新市场，而是充分利用并进一步发展率先者所开辟的市场。其次，模仿创新战略具有开拓性。模仿创新不是一种纯粹简单的照搬行为和拿来主义，而属于一种渐进型的创新行为。其投入的研究开发力量一部分用于消化吸收率先者的核心技术，另一部分用于对率先创新技术的改善和进一步开发。最后，模仿创新战略的投资具有后倾性。由于模仿创新者省去了新技术探索性开发的大量投资，因而能够在创新链的设计、生产、营销等下游环节投入较多的人力物力，在工艺改进、质量控制、大批量生产管理、市场营销等方面形成自己的特色。

模仿创新具有的优点是：投入少、风险小、效率高。

① 从技术方面来说，模仿创新回避了率先性的研发活动，它可以向多个技术先驱学习、最大限度地吸取率先成功者的经验和成果，同时它可以对众多的方案进行比较、选择最成功的技术成果引进购买，将自己的研发活动集中在特定的领域，以最低的本获取最高的产出。

② 从市场开拓方面来说，模仿创新企业可以充分利用并进一步开发率先创新者的市场领域，享受率先创新者开辟新市场投入的诸多外溢效应，减少新市场开发初期的需求和市场行为的不确定性风险。

模仿创新也具有自身的局限性。

① 时滞性。由于模仿创新者产品的推出相较于率先创新者在时间上有一定的延迟性，因此，

在这段时间内，可能有大量其他模仿者进入该产品领域，竞争也将会越来越激烈。

② 被动性。模仿创新者在技术上易受制于人，难以在市场竞争中占据主动地位，甚至会陷入技术追赶陷阱不能自拔。

③ 技术的获取难度增加。随着知识产权保护意识的不断增强，专利制度的不断完善，要获得效益显著的技术并不是一件很容易的事情。同时，由于率先创新者都加强了对所拥有的关键技术的有效保护，使得模仿者进行技术破译的难度增加。

（3）合作创新战略是指企业与企业或企业与科研单位、高等院校之间发挥各自的优势，联合进行研究开发，生产销售，以尽快开发、实施技术创新的一种创新行为。合作创新战略通常以合作伙伴的共同利益为基础，以资源共享或优势互补为前提，有明确的合作目标、合作条件和合作规则，合作各方在技术创新的全过程或某些环节共同投入、共同参与、共享成果和共担风险，可发挥各方优势加快开发速度。与自主创新相比，合作创新要求企业只需具有某一方面特长的专业研究开发人员或技术、设备，投资费用明显下降，同时技术成果的商品化速度加快。

合作创新能够产生共生经济。所谓共生经济是指独立的经济组织之间以同类资源共享或异类资源互补为目的形成共生体，所导致的经济组织内部和外部的直接或间接的资源配置效率的改善。合作创新可以改善资源结构、分散和降低风险、缩短创新周期、扩大创新空间、减少无效投资、降低交易成本，从而带来效率和效益的提高。

2. 技术创新战略的选择

（1）我国大型企业应当以自主创新为主。我国大型企业、特大型企业一般应当以自主率先创新为主。因为这种类型的企业一般都具有如下条件：科技投入强度大、科技实力雄厚、技术积累丰厚，科研、试验、生产条件优越。国内外实践证明，自主率先创新都是高技术与高投入的有机结合，是具有市场观念的科学家与具有战略观念的企业家的有机结合，是市场机会（需求）与技术机会（发展）的有机结合。

（2）我国中小企业技术创新战略的选择。中小企业在新生、成长、成熟、衰退各个时期，都受到政治、经济、行业环境和企业所处的地理环境等因素的限制，因此，在它的不同阶段，所选择的技术创新战略也是有所不同的。中小企业必须结合自身技术创新的优势和劣势，根据市场需求环境的变化，遵循战略定位原则，扬长避短，选择合适的技术创新战略。

中小企业在新生期和成长的初期，企业的规模小，创新能力一般都较弱，表现为资金缺乏、人力资源不足、试生产能力欠缺，承受创新失败风险的能力也较弱，所以在这一阶段，中小企业一般应当先选择以技术引进为主的模仿创新战略。同时，这阶段企业经营者的特点表现为权力大、善独裁，另一方面又表现出机动性、成本意识、担当风险的勇气、有个性、强烈的责任感及开拓精神，因此，企业选择何种技术创新战略在一定程度上取决于高层领导者的创新和风险意识。值得强调的是，模仿创新战略的重点不在于技术引进而在于引进技术的消化吸收和再创新。中小企业必须在模仿时充分利用自己已有的技术和经济能力在创新上下大力气，而不是单纯意义上的模仿。在实践中，很多逐渐成长为大企业的中小企业在成长初期引进模仿外国产品的同时，都是努力吸收其中的先进技术和营销技巧，并在新推出的产品中越来越多地加进自己的东西，在模仿中实现技术和经验的持续积累，积蓄经济实力，直到最后赶上并超越强大的竞争对手，产生后发优势。因此，中小企业通过成功的技术引进再创新可以使自己在较短的时间内提高技术水平和自主创新的能力，增强企业的竞争力。

在成长后期及成熟期，中小企业人员逐步增多，组织不断壮大，决策量增多，同时在技术、资金及其他资源方面已积累了一定的实力。这时企业生产已经具有一定规模，产品成本降低，产品已逐步打开市场，并且在市场上占有一定的地位。因此，在这一阶段企业要想在规模和实力上获得进一步的发展，使自己在竞争中立于不败之地，就需要从以模仿创新为主逐步过渡到以自主创新为主。纯粹模仿的产品不可能具有很强的竞争力，中小企业仅靠模仿也不可能获得好的成长。中小企业在这一阶段的技术创新战略又可分为技术创新市场渗透战略、技术创新市场开发战略和技术创新产品开发战略。但是，从实际情况来看，我国大多数中小企业在成熟期仍然没有完全摆脱模仿创新，采取的是模仿创新为基础的二次创新。实践证明，这种战略选择是适合我国中小企业发展的。

研讨

企业技术创新战略的类型有哪些？

三、技术创新过程模型

企业的技术创新过程主要包括设计创新构思产生、研究开发、技术管理与组织、工程设计与制造、用户参与以及市场营销等一系列的活动。在创新过程中，这些活动相互联系，相互连接，有时又形成循环交叉或并行的操作。这些活动以不同的方式联系起来，就形成了不同的企业技术创新过程模型。从 20 世纪 60 年代以来，国际上出现了五代具有代表性的企业技术创新过程模型。

1. 技术推动的创新过程模型

人们早期对创新过程的认识是研究开发（R&D）或科学发现是创新的主要来源，技术创新是由技术成果引发的一种线性过程。这一过程起始于 R&D，经过生产和销售最终将某项新技术产品引入市场，市场是研究开发成果的被动接受者。体现这种观点的是技术推动的创新过程模型。

技术推动的技术创新过程模型的特点是：技术创新是由技术成果引发的一种线性过程，起始于研究开发，终止于市场实现，市场是研究开发成果的被动接受者。

2. 需求拉动的创新过程模型

20 世纪 60 年代中期，通过对大量技术创新的实证研究和分析，人们发现大多数创新特别是渐进性创新，并不是由技术推动引发的。实证研究表明，用于 R&D 的资源投入不一定多，如果只强调 R&D 投入而忽视创新过程其他阶段的管理和市场导向，技术成果就可能没有商业价值，技术创新就无法实现。研究表明，出现在各个领域的重要创新，有 60%～80% 是市场需求和生产需要所激发的。市场的扩展和原材料成本的上升都会刺激企业创新，前一种创新的目的是为了创造更多的细分市场，抢占更大的市场份额，后一种创新的目的是为了减少相对昂贵的原材料的用量。

于是有人提出了需求拉动（或市场拉动）的创新过程模型。在需求拉动的创新过程模型中，强调市场是 R&D 构思的来源，市场需求为产品和工艺创新创造了机会，并激发为之寻找可行的技术方案的研究与开发活动，技术创新是市场需求引发的结果，市场需求在创新过程中起到了关键性的作用。在需求拉动的模型中，市场需求为技术创新创造了机会，刺激了研究开发为之寻找可行的技术方案。

然而，由于消费者需求变化的有限性和消费者需求变化测度的困难性，尽管市场需求可能会引发大量的技术创新，但这些创新大都属于渐进性创新，而不像技术推动那样能引发根本性创新。渐进性创新风险小、成本低，常常有重大的商业价值，能大大提高创新者的生产效率和竞争地位。所以企业往往偏爱这些创新。然而，只考虑市场这一种因素，将公司所有资源全部投向单纯来自市场需求的创新项目而不考虑潜在的技术变化，也是不明智的。

3. 技术与市场交互作用的创新过程模型

20 世纪 70 年代和 80 年代初期，人们提出了第三代创新过程模型，即技术与市场交互作用的创新过程模型。技术与市场交互作用的创新过程模型强调创新全过程中技术与市场这两大创新要素的有机结合，认为技术创新是技术和市场交互作用共同引发的，技术推动和需求拉动在产品生命周期及创新过程的不同阶段有着不同的作用，单纯的技术推动和需求拉动创新过程模型只是技术和市场交互作用创新过程模型的特例。

技术与市场交互作用模型加强了技术推动和需求拉动模型中营销与技术的联结，意味着创新管理是将市场需求与新技术能力相匹配，营销与研究开发之间的反馈是实质性的环节。

4. 一体化创新过程模型

一体化创新过程模型是 20 世纪 80 年代后期出现的第四代创新过程模型，它不是将创新过程看作是从一个职能到另一个职能的序列性过程，而是将创新过程看做是同时涉及创新构思的产生、设计制造和市场营销的并行的过程。它强调 R&D 部门、设计生产部门、供应商和用户之间的联系、沟通和密切合作。波音公司在新型飞机的开发生产中采用了一体化创新方式，大大缩短了新型飞机的研制生产周期。

5. 系统集成网络模型

20 世纪 90 年代初，人们提出了第五代创新过程模型，即系统集成网络模型，它是一体化模型的进一步发展。其最显著的特征是强调合作企业之间更密切的战略联系，更多地借助于专家系统进行研究开发，利用仿真模型替代实物原型，并采用创新过程一体化的计算机辅助设计与计算机集成制造系统。它认为创新过程不仅是一体化的职能交叉过程，而且是多机构系统集成网络联结的过程。例如美国政府组织的最新半导体芯片的开发过程就是多机构系统集成网络联结的过程。

研讨

企业技术创新过程的模型有哪些？

第三节　企业组织创新

企业组织创新是指随着生产的不断发展而产生的新的企业组织形式，如股份制、股份合作制、基金会制等。换句话说就是改变企业原有的财产组织形式或法律形式使其更适合经济发展和技术进步。组织创新是企业管理创新的关键，现代企业组织创新就是为了实现管理目的，将企业资源进行重组与重置，采用新的管理方式和方法，新的组织结构和比例关系，使企业发挥更大效益的创新活动。本书主要从企业制度、企业层级结构、企业文化三个方面来说明企业组织创新。

一、企业制度创新

所谓企业制度创新，就是指随着生产力的发展，要不断对企业制度进行变革，因而通常也可以称之为企业制度再造。企业制度创新对企业来讲是极其重要的，因为企业本身就是一种生产要素的组合体，企业对各生产要素的组合，实际上就是依靠企业制度而组合起来的。正是因为如此，所以不少人在谈到企业的定义的时候，往往都认为企业就是一个将各种生产要素按一定制度组合起来的经营主体。由此可见，企业制度对于企业来说，是极其重要的。

现代企业制度创新是为了实现管理目的，将企业的生产方式、经营方式、分配方式、经营观念等规范化设计与安排的创新活动。制度创新是把思维创新、技术创新和组织创新活动制度化、规范化，同时又具有引导思维创新、技术创新和组织创新的功效。它是管理创新的最高层次，是管理创新实现的根本保证。企业制度创新的目的是建立一种更优的制度安排，调整企业中所有者、经营者、劳动者的权力和利益关系，使企业具有更高的活动效率。

1. 企业制度的重要性

企业制度的重要性，主要体现在以下几个方面。

（1）企业制度是企业赖以存在的体制基础。企业作为各种生产要素的组合体，实际上就是通过制度安排来组织各种生产要素的，因而企业制度是各种生产要素进行组合的核心纽带和基础。有人讲，企业就是出资人之间的合约，也就是出资人以契约方式规定企业制度，然后按照所规定的企业制度来组建企业。因此，没有企业制度，就根本谈不到企业的存在，当然更谈不到企业的发展，因而企业存在和发展的体制基础，就是企业制度。

（2）企业制度是企业及其构成机构的行为准则。因为企业本身的运行行为以及企业内部的各种组织机构的活动行为，都要受到企业制度的约束，所以企业制度决定了企业本身以及企业的构成机构的行为规则和行为规范。企业及企业中的各种组织机构，都必须遵守企业制度的安排，不能违反企业制度的任何一种安排。正是基于此，人们通常说，企业制度实际上是企业本身以及企业的构成机构的行为准则。

（3）企业制度是企业员工的行为规范。企业员工作为企业的组成人员，无论是 CEO，还是一般的普通员工，其行为都必须遵守体现企业制度要求的各种规则，也就是要按照企业制度的要求对员工的行为进行规范，而规范员工的行为的准则，就是企业制度。正是基于此，人们通常把企业制度称之为员工的行为规范。

（4）企业制度是企业高效发展的活力源泉。企业活力虽然来自于许多方面，但主要是来自于企业制度安排。如果企业制度的安排非常有利于调动企业中的各种生产要素的积极性，那么这个时候企业就是最有活力的。反之，如果企业制度的安排非常不利于调动企业中的各个生产要素的积极性，那么这个时候企业就是最没有活力的。就像我国原来的国有企业之所以没有活力，一个极其重要的原因，就是因为它们的企业制度安排有问题，它们的企业制度安排无法充分调动各种生产要素的积极性。因此，企业制度是企业活力的最重要的保证，没有良好的企业制度，就根本不可能有企业的活力。

（5）企业制度是企业有序化运行的体制框架。企业要有序化运行，就必须要按照一定的程序运行，而要按照一定的程序运行，就必须要有一个运行的程序，程序要对企业运行有约束，那么约束企业运行的程序是什么？不是别的，就是企业制度。因此，企业制度实际上就是约束企业各种生产要素的行为以及企业本身行为的一种准则。正是因为如此，所以企业的有序化发展，就必须有良好的企业制度。没有良好的企业制度，就没有企业的有序化运行。例如，有的民营企业之所以无法有序化地运行，就是因为缺乏一个良好的企业制度，因而有的民营企业虽然在一定时期内活力是很充足的，但是没过几年就消亡了，原因就在于它的企业制度设计不合理，企业制度设计也可能确实调动了各种生产要素的积极性及企业的活力，但是却没有形成一个良好的有效约束，因而很快就消亡了，成为短命的企业。由此可见，企业制度是企业有序化运行的一个极其重要的保障。

（6）企业制度是企业经营活动的体制保证。企业的所有经营活动，无论是生产经营活动，还是资本经营活动，都必须要在一定的体制框架中进行，这种体制框架，就是企业制度。因此，可以说，没有一种合理的企业制度安排，就不可能有企业的高效经营活动，因为没有企业良好的企业制度，企业经营的活动就没有体制保障，从而企业的经营活动就根本无法高效地展开。正是基于此，所以人们通常说，高效的企业经营活动实际上是有赖于良好的企业制度的。

正因为企业制度有着上述这六个方面的重要性，所以讨论企业问题，首先要讨论的是企业制度创新问题。也就是说，所有要研究企业问题的人以及经营企业的人，都首先要考虑企业制度的创新问题。就经营企业的人来说，如果企业制度问题解决不好，就谈不到企业充满活力的问题，也就谈不到企业的有序化发展的问题，当然更谈不到企业高效益经营的问题。就研究企业问题的人来说，如果搞不清楚企业制度创新问题，就根本不可能深入地把握企业的实质性问题，从而不可能正确地研究企业问题。由此可见，讨论企业问题，往往首先需要研究的，就是企业的制度创新问题。

2. 我国企业制度创新的内容

制度创新是指引入新的制度安排，如组织的结构、组织运行规范等。大的如整个国家的经济体制，小的如具体企业的组织形态、运行机制。我国的经济体制改革就是逐步建立起社会主义市场经济体制。而作为市场微观基础的企业组织要适应这一巨大的变革，必须要建立适应市场经济体制运作的各种规章制度及运作方式，也就是建立现代企业制度。目前，我国企业制度创新主要表现在以下几个方面。

（1）建立出资人制度。变国有企业为国家投资企业，经过资产评估或清产核资，量化对企业投资的总量，国家对国有资产的管理从委托、授权转变为运营和投资。政资分离后，那些代表国家专营国有资产的部门、控股公司、资产运营公司承担出资人的有限责任。

（2）建立法人财产权制度。企业总资产一方面来自出资人，一方面来自债权人，企业具有对总资产所表现出来的如资金、物资、人力、设备、物业等多种资源形态的优化、处置、组合权力，以其达到资产增值和扩充的目的。

（3）所有者权益制度。国有出资人对投资企业，已经组织起集团的母公司对控股子公司，充分建立起所有者权益制度，它表现为对经营者选择的控制、对投资回报的控制、对重大经营决策的控制。

（4）建立法人治理结构。科学地规范和健全企业的治理结构，实现股东会、董事会、经理层的各司其职、相互制约是企业领导体制的重大变革。

（5）企业的配套制度。主要指与制度创新的配套展开相关的基本制度，如人事制度、分配制度、财务制度、投资管理制度等。

企业制度创新是一个多层次的体系，需要各不同主体包括政府、企业和个人，形成“合力”才能完成。

研讨

企业制度创新的重要性有哪些？

二、企业层级结构创新

1. 工业社会的企业层级结构及其特征

在利用制度结构规范参与者类群间权力与利益关系的同时，工业经济中的企业试图通过层级结构来规范作为单个成员的参与者在企业活动中的关系和行为。层级结构曾是人类组织结构的伟大创新，19 世纪下半叶以后在工业企业中开始广泛运用，目前仍是企业的主要特征。

工业经济的发展首先表现为生产规模的不断扩大。当企业规模相对较小，活动内容相对较不复杂的时候，业主借助个人的知识和能力便足以应付管理的需要了。但是，随着活动规模的扩大和内容的渐趋复杂，业主个人就难以应付了。在同一时空聚集了数万甚至数十万工人从事大规模生产的条件下，要使这些人的活动有序地进行，必须在对这些人的劳动进行合理分工的基础上进行指挥和协调。首先在政府组织中被运用的层级结构便是在这样的背景下被逐渐移植到工业经济中来的。

作为工业企业的主要组织形式，层级结构曾表现出如下主要特征：直线指挥，分层授权；分工细致，权责明确；标准统一，关系正式。

（1）直线指挥，分层授权。在层级结构中，从理论上来说，企业的最高行政长官（业主或其代理人）有权安排和指挥每一个企业成员的工作。但由于时间与精力的原因，他的有效管理幅度是有限的，因此必须把本应属于自己的部分工作及其相关的权力委托给一些下属去完成和行使。下属由于同样的原因必须将工作与权力再分解，再委托。这样，企业组织便成为一个等级结构的金字塔。金字塔中的每一个层次都根据直线上级的要求，组织完成相应的工作任务，并行使相关的权力，同时又将接受到的任务分解给下一个层次去完成，并利用受托行使的权力去命令下属的工作。层级组织的基本特征便是利用直线指挥与分层授权来规范成员间的关系，影响他们在企业活动中的行为表现。

（2）分工细致，权责明确。层级结构的工业企业实行细致的劳动分工。分工原则不仅体现在与产品制造过程相关的生产劳动中，而且体现在与生产过程协调有关的管理劳动中。分工劳动使得生产者与管理者的知识和技能不断完善。相关劳动的熟练程度不断提高，从而促进了组织劳动生产率的增长。分工劳动不仅严格规定了组织成员应该履行的职责，而且明确了相应职务的工作人员为履行职责而可以行使的权力。

（3）标准统一，关系正式。标准统一首先是作业方法的标准化。在泰勒理论的影响下，企业在生产过程组织合理化的同时，使作业方法标准化。在生产过程的不同环节和岗位上，生产者按照标准的方法来完成作业。这种标准化也逐渐被移植到管理劳动的组织中。不论是谁，在处理同类的管理业务时，都按照一套标准的程序和方法来操作。其次，标准统一还表现为企业政策的一致性。制约管理人员行动及其行为的政策和规则是由企业最高权力机构统一制定，统一推行的，层级结构中的工作人员必须严格依循这些政策和规则。政策和规则的这种一致性，不仅决定了企业组织能以整齐划一的方式表现其行为，而且使得组织中各部门、各层次的管理者之间的关系不具有个人感情色彩，层级组织中成员之间的关系，是职务或岗位所规定的角色关系，而非个人关系。企业的“组织框架图”和“说明书”确定了每个成员应该扮演的角色，每个角色扮演者应该以理智而非感情的方式来完成其职责。组织所倚重的是角色间的正式关系，而非个人间的非正式关系。

目前在许多企业中采用的事业部制实际上也是层级结构。事业部制企业可以被视为传统的直线组织的联盟，因为每一个事业部都是按照上述层级结构的三个主要特征组织起来的。

2. 知识经济与企业层级结构的再造

层级结构的上述特征曾经促进了工业企业的成功：直线指挥分层授权保证了企业行动的迅速；分工细致权责明确促进了效率的提高；而标准统一正式的角色关系则保证了企业活动的有序性。但是层级结构发挥作用并取得成功是以一定的环境条件和假设作为前提条件的。

层级结构在企业中的广泛运用是以市场环境为背景的：消费者的诸多需求尚未得到充分满足；这些需求基本是无差异的；消费需求以及影响企业经营的其他环境因素基本上稳定的，或虽有变化，但变化具有连续性的特征，从而基本上是可以预测的。诸多需求的未充分满足使得任何产品都存在极大的市场，因此企业可以组织大规模生产，消费需求的无差异性使得企业可以组织标准化生产；而需求与市场的相对稳定或后者变化的可预测性则使得企业内部生产及其管理的改善主要依赖于经验的累积和总结。经验的累积和总结过程主要是组织记忆的形成。在这种条件下，企业活动的组织调整主要是企业管理中枢的职责。在这样的背景中经营，不仅生产操作工人可以凭借主要以过去经验为基础形成的标准方法作业，而且管理中枢也主要利用组织记忆形成过程中不断累积和总结的经验，即有关过去的知识，借助细致的分工和统一指挥来比较集权地组织生产过程中工人的标准化作业及其调整。

在知识经济到来的今天，层级结构赖于成功的上述背景正在或已经发生变化：消费者日趋成熟，消费者有关消费知识的渐趋丰富使得消费需求越来越具有多样化和个性化的特点；影响企业经营的环境不仅日益复杂，而且越来越不稳定，其变化不仅无法控制，而且也越来越难以预测。多样化的个性需求使企业正在失去标准化生产和一致性政策的基础；市场变化的频繁要求企业活动的内容与方式及时调整。满足个性化的消费需求，要求企业生产组织更具弹性，活动内容与方式的适应性调整则要求相关的权力从管理中枢向下分散。实际上，只有与外部环境直接相连的调整才可能是适时有效的。

弹性的、分权化的企业是不可能完全以组织记忆为基础来组织运行的。实际上，满足个性化需求的生产作业，应付环境变化的适时调整，是难以在已经累积的知识中找到现成答案的。这些工作必然要求相关的成员和部门在知识积累的基础上进行知识的创新。因此，新形势下的企业组织必须是有利于企业成员的学习和知识创新的组织。

研讨

企业层级结构的特征有哪些?

三、企业文化创新

1. 企业文化创新的内涵

利用制度结构和层级结构来规范和制约参与者在企业活动中的行为，要求对这些关系和行为的范围和形式做事先的界定。然而，企业活动的复杂性决定了并非所有的关系或行为的范围和形式都是可以事先预测的。在工业社会中，企业文化的功能便是在企业制度和层级结构不能触及的地方发挥作用，即用来调节不同成员在企业活动中的非正式关系。

企业文化创新是指为了使企业的发展与环境相匹配，根据本身的性质和特点形成体现企业共同价值观的企业文化，并不断创新和发展的活动过程。企业文化创新的实质在于企业文化建设中突破与企业经营管理实际脱节的僵化的文化理念和观点的束缚，实现向贯穿于全部创新过程的新型经营管理方式的转变。面对日益深化、日益激烈的国内外市场竞争环境，越来越多的企业不仅从思想上认识到创新是企业文化建设的灵魂，是不断提高企业竞争力的关键，而且逐步深入地把创新贯彻到企业文化建设的各个层面，落实到企业经营管理的实践中。

企业文化创新要以对传统企业文化的批判为前提，对构成企业文化诸要素包括经营理念、企业宗旨、管理制度、经营流程、仪式、语言等进行全方位系统性的弘扬、重建或重新表述，使之与企业的生产力发展步伐和外部环境变化相适应。

2. 企业文化创新的基本思路

企业文化创新要以对传统企业文化的批判为前提，对构成企业文化诸要素包括经营理念、企业宗旨、管理制度、经营流程、仪式、语言等进行全方位系统性的弘扬、重建或重新表述，使之与企业的生产力发展步伐和外部环境变化相适应。

（1）企业领导者应当加强自身修养，担当企业文化创新的领头人。从某种意义上说，企业文化是企业家的文化，是企业家的人格化，是其事业心和责任感、人生追求、价值取向、创新精神等的综合反映。他们必须通过自己的行动向全体成员灌输企业的价值观念。这正如我国著名企业家张瑞敏在分析他个人在海尔公司充当的角色时所说的，“第一是设计师，在企业发展中如何使组织结构适应企业发展；第二是牧师，不断地布道，使员工接受企业文化，把员工自身价值的体现和企业目标的实现结合起来。”

企业文化创新的前提是企业经营管理者观念的转变。因此，进行企业文化创新，企业经营管理者必须转变观念，提高素质。

① 要对企业文化的内涵有更全面更深层次的理解。要彻底从过去那种认为搞企业文化就是组织唱唱歌、跳跳舞、举办书法、摄影等比赛的思维定式中走出来，真正将企业文化的概念定位在企业经营理念、企业价值观、企业精神和企业形象上。

② 要积极进行思想观念的转变。要从原来的自我封闭、行政命令、平均主义和粗放经营中走出来，牢固树立适应市场要求的全新的发展观念、改革观念、市场化经营观念、竞争观念、效益观念，等等。

③ 要认真掌握现代化的管理知识和技能，同时要积极吸收国外优秀的管理经验，用于企业发展，并且在文化上要积极融入世界，为企业走国际化道路做好准备。

④ 要有强烈的创新精神，思维活动和心理状态要保持一种非凡的活力，双眼紧盯着国际、国内各种信息，紧盯着市场需求，大脑中要能及时地将外界的信息重新组合构造出新的创新决策。

（2）企业文化创新与人力资源开发相结合。人力资源开发在企业文化的推广中起到不可替代的作用。全员培训是推动企业文化变革的根本手段。企业文化对于企业的推动作用得以实现，关键在于全体员工的理解认同与身体力行。为此，在企业文化变革的过程中，必须注重培训计划的设计和实施，督促全体员工接受培训、学习。通过专门培训，可以增进员工对企业文化的认识和理解，增强员工的参与积极性，使新的企业文化能够在员工接受的基础上顺利推进。即采取诱致性变迁的方式，就是指基于员工自愿支持的观念更新与行为模式的转变。除了正式或非正式的培训活动外，还可以利用会议以及其他各种舆论工具，如企业内部刊物、标语、板报等大力宣传企业的价值观，使员工时刻都处于充满企业价值观的氛围之中。

相应的激励和约束机制是企业文化创新的不竭动力。强制性制度变迁过程往往会在下级组织招致变相的扭曲或其他阻力，况且价值观的形成是一种个性心理的累积过程，这不仅需要很长的时间，而且需要给予不断的强化。因而新的企业文化的建立和运行过程必须通过相应的激励和约束机制予以强化和保障，使之形成习惯稳定下来。比如分配机制的变革就可以作为一个切入点，因为分配机制同时体现了激励和约束机制的有机结合。另外，也要注意精神激励的重要性，按照马斯洛的需求理论，在物质的满足达到一定程度后，对自我实现的评价将压倒其他因素。企业应该增强管理过程的透明度，对员工实行公正对待。

现代企业间的竞争主要是人才的竞争，也是企业凝聚力的较量。这归根结底又是以人为本的企业文化的竞争。顽强的企业团队精神，是企业获得巨大成功的基础条件。要把企业成千上万名员工凝聚起来，只靠金钱是不够的，企业必须具备共同的价值观、目标和信念。对共同价值的认同会使员工产生稳定的归属感，从而吸引和留住人才。事实证明，企业只有形成了优秀的企业文化，才能打造一支战无不胜的员工队伍。

（3）建立学习型组织。企业间竞争是人才的竞争，实际上应该是学习能力的竞争。如果说企业文化是核心竞争力，那么其中的关键是企业的学习能力。建立学习型组织和业务流程再造，是当今最前沿的管理理念。为了在知识经济条件下增强企业的竞争力，世界排名前 100 家企业中，已有 40%的企业以“学习型组织”为样本，进行脱胎换骨的改造。知识经济、知识资本成为企业成长的关键性资源，企业文化作为企业的核心竞争力的根基将受到前所未有的重视。成功的企业将是学习型组织，学习越来越成为企业生命力的源泉。企业要生存与发展，提高企业的核心竞争力，就必须强化知识管理，从根本上提高企业综合素质。

企业文化的创新与发展是一个大课题，需要有一个逐步探索，逐步深入的过程，才能实现质的突破，才能在现代企业制度的环境下，实现真正意义上的企业文化创新与发展，这是时代的要求，是企业追求的永恒主题。

研讨

企业如何进行文化创新？

【经典案例】

苹果公司的创新举措

苹果电脑的软、硬件及配件绝大部分不能与其他电脑兼容，这种做法极大地限制了它的发展。目前，苹果在美国个人电脑市场占 5%的份额，在全球市场份额不足 3%。但苹果公司向来都是一个富有创造精神的公司，每一款新电脑的推出都会引起业界轰动。

2001 年 1 月 7 日，旧金山“苹果盛典”电脑展上，当苹果公司的新款 IMAC 电脑从舞台中央慢慢升起时，全场响起了热烈的掌声。苹果公司首席执行官乔布斯热情洋溢地向观众介绍，称新款 IMAC 电脑是个人电脑的未来。

IMAC 系列最吸引人的地方就是其外形设计，在这方面，苹果确实大大领先于其他电脑制造商，新型 IMAC 和老型号相比外形发生了很大变化，它采用了 15 寸的平板显示器，显示器通过一个支撑臂连在半球形的基座上，而且可以旋转、弯折。

苹果的产品新颖、质量也是一流，但苹果电脑也有摆脱不掉的“历史缺点”——价格太高，往往曲高和寡。但新的 IMAC 却在一定程度上克服了这个缺点，只比其他同类产品贵 200 美元左右。这对苹果来说是一个了不起的进步。

苹果公司在 20 世纪 90 年代陷入困境，其中很大一个原因就是市场营销不力，因此 2001 年起，苹果在全美各地陆续开了十几家俱乐部式的专卖店，要求店内的服务人员只解答用户的“疑难杂症”，不做促销，也别想靠卖电脑挣佣金。这种做法一方面为原有的忠诚用户服务，另一方面通过大张旗鼓的宣传来吸引新的用户。

苹果公司希望通过新产品和新计划使苹果的全美市场份额达到 5%以上，但时下电脑业竞争如此激烈，各大软、硬件公司都不断推出低价位的新产品吸引顾客。苹果的 IMAC 能否畅销，最终还是要由顾客说了算。

综合练习

一、单项选择题

1. 创新理论研究的鼻祖是（　　）。

   A. 彼得·德鲁克　B. 熊彼特　C. 歌德　D. 斯维尼

2. （　　）是管理创新的最高层次。

   A. 制度创新　B. 技术创新　C. 观念创新　D. 环境创新

3. （　　）是企业的象征。

   A. 管理者　B. 技术　C. 产品　D. 人力

4. 我国大型企业一般选择（　　）。

   A. 自主创新战略　B. 分工负责战略　C. 模仿创新战略　D. 合作创新战略

5. 第一代的技术创新过程模型是（　　）。

   A. 技术推动模型　B. 需求拉动模型　C. 一体化模型　D. 系统集成网络模型

二、多项选择题

1. 作为工业企业的主要组织形式，层级结构表现出的主要特征有（　　）。

   A. 直线指挥，分层授权　B. 分工细致，权责明确

   C. 层级分明，结构统一　D. 标准统一，关系正式

2. 创新的特点有哪些？（　　）

   A. 创新是一个系统　B. 创新是一种过程

   C. 认识创新与实践创新互相影响　D. 创新的主体是个人

3. 创新过程管理的三大目标是（　　）。

   A. 保证设计质量　B. 利用资源的效率　C. 时间因素　D. 人力资源

4. 下面属于技术创新战略的是（　　）。

   A. 自主创新战略　B. 分工负责战略　C. 模仿创新战略　D. 合作创新战略

5. 创新的基本内容包括（　　）。

   A. 观念创新　B. 技术创新　C. 知识创新　D. 制度创新

三、名词解释

1. 创新　2. 制度创新　3. 技术创新战略　4. 企业制度创新　5. 企业文化创新

四、简答题

1. 创新的基本内容有哪些？
2. 技术创新的内涵是什么？
3. 我国企业制度的内容主要包括哪些方面？

五、案例分析

自主创新，海尔发展的不竭动力和源泉

1984年海尔集团刚刚创业时，是一个资不抵债、濒临倒闭的集体小企业，只有600多员工，

销售收入 300 多万元、亏损 147 万。1985 年，海尔从德国引进了世界一流的冰箱生产线。一年后，有用户反映海尔冰箱存在质量问题。海尔公司在给用户换货后，发现库存的 76 台冰箱虽然不影响冰箱的制冷功能，但外观有划痕。时任厂长的张瑞敏决定将这些冰箱当众砸毁，并提出“有缺陷的产品就是不合格产品”的观点，海尔砸冰箱事件在为企业赢得了美誉同时，也反映出中国企业质量意识的觉醒，拉开了科技创新竞争的序幕。

1990 年，海尔冰箱开始进军德国，为了验证自己的品质，海尔人把冰箱揭掉商标，与同样揭掉商标的德国产品摆放在一起，进行全面质量检测，结果海尔一下子得了 8 个加号，得分最高，超过了德国利勃海尔。仅仅 6 年的时间，海尔就消化并吸收了 2 000 余项国外冰箱生产技术，并将其转化为“海尔标准”，实现了海尔强大技术基础，为海尔实现自我技术创新打下了坚实根基。

海尔根据中国市场的需求，研制生产出第一台完全国产化的冰箱产品，此后，国内第一台分体组合式冰箱、世界第一台无氟、节能、大冷冻力三合一的抗菌冰箱等相继问世，海尔技术创新步入新的台阶。于是，“海尔—中国造”响彻大江南北。

如今，海尔一发不可收，东南亚海尔、中东海尔、欧洲海尔……到目前，海尔已拥有 30 个海外制造基地和海外贸易公司。2004 年，海尔出口创汇突破 10 亿美元，海外生产、海外销售突破 10 亿美元；在美国 200 升以下冰箱市场中海尔占 30％以上的份额，居第一位。2005 年前 4 个月，海尔出口创汇和海外生产、海外销售比去年同期分别增长 40％和 50％。

在中国家电业此起彼伏的价格大战和你争我夺的利润追逐战中，张瑞敏冷静地提出“不打价格战，要打价值战”的独到的观点。他所说的价值战，就是以自己独特的追求自主创新技术的方式，实现企业、产品和市场价值，实现自主技术的扩张。这是海尔能够成为世界级品牌和世界级公司的核心基础。

综观海尔发展的历史，技术创新一直是其成长和壮大的主要动力。其成长轨迹对中国企业技术创新国际化进程有重要的启示作用。海尔技术创新国际化的过程大体经历了下列三个阶段：合资引进技术→建立自己的技术研究中心和发展体系→输出技术或在国外建立自己的研究与发展分支机构。如今，海尔每年的自主技术投入已经达到了年销售收入的 6 ％。

【问题】

1. 根据案例进行分析，你认为海尔成长和壮大的主要动力是什么？

2. 通过案例分析，你认为海尔自主创新的过程主要分为哪几个阶段，你从中学到了什么？

六、技能训练

假设你是本班级的班长，请结合自己的所学知识，提出一些对本班级管理有效的创新方法或举措。

课后综合练习答案

第一章

一、单项选择题

1. C　2. A　3. B　4. A　5. C

二、多项选择题

1. BCD　2. ABCD　3. ABCE

三、名词解释

1. 管理：管理，就是通过计划、组织、领导和控制，协调以人为中心的组织资源与职能活动，以有效实现目标的社会活动。

2. 管理者：管理者是指履行管理职能，对实现组织目标负有贡献责任的人。

3. 技术技能：指使用某一专业领域内有关的工作程序、技术和知识完成任务的能力。

4. 人际技能：指与处理人际关系有关的技能或者说是与组织内外的人打交道的能力即理解、激励他人并与他人共事的能力。

5. 概念技能：也叫思维技能，是指综观全局、洞察组织与环境相互影响和作用的复杂性，并在此基础上加以分析、判断、抽象、概括并迅速做出正确决断的能力。

四、简答题

1. 怎样理解管理的含义？

管理，就是通过计划、组织、领导和控制，协调以人为中心的组织资源与职能活动，以有效实现目标的社会活动。

理解要点

（1）管理的目的是有效实现目标。

（2）实现目标的手段是计划、组织、领导和控制。

（3）管理的本质是协调。

（4）管理的对象是以人为中心的组织资源与职能活动。管理，最重要的是对人的管理。

2. 简述管理的二重性及对我们的启示。

管理具有两重性：管理的自然属性和管理的社会属性。

学习管理学二重性的意义。

（1）从生产力方面：研究如何合理配置组织中的人，财，物，使各要素充分发挥作用的问题；研究如何根据组织目标的要求和社会的需要，合理地使用各种资源，以求得最佳的经济效益和社会效益的问题。

（2）从生产关系方面：研究如何正确处理组织中人与人之间的相互关系问题；研究如何建立和完善组织机构以及各种管理体制等问题；研究如何激励组织内成员，从而最大限度地调动各方面的积极性和创造性，为实现组织目标而服务。

（3）从上层建筑方面：研究如何使组织内部环境与其外部环境相适应的问题；研究如何使组织的规章制度与社会的政治，经济，法律，道德等上层建筑保持一致的问题，从而维持正常的生产关系，促进生产力的发展。

3. 为什么说管理既是科学又是艺术？试举例说明。

管理是科学与艺术的统一，客观规律与主观能动性的统一。管理科学是人类长期从事社会生产实践活动中，对管理活动规律的总结。作为一门科学，要求管理具有系统化的理论知识。管理科学是把管理的规律性提示出来，形成原则、程序和方法，对管理者管理活动予以普遍性指导，使管理成为理论指导下的规范化的理性行为。承认管理的科学性，就是要求在管理活动中要不断发现与摸索管理的规律性，按照管理的规律来办事，在科学的管理理论与原则的指导下，搞好管理，提高管理效率。

管理是一门艺术。管理是一种随机的创造性工作，它不像有些科学那样可以单纯通过数学计算去求得最佳答案，也不可能为管理者提供解决问题的具体模式，它只能使人们按照客观规律的要求，实施创造性管理，从这个意义上讲，我们说管理是一种艺术。同时，管理中还存在着许多未知的、活的、模糊的因素。所谓未知的、活的、模糊的因素即靠人的经验、感觉、魄力、权威等都无法度量甚至无法言传，被人们称之为“艺术”的部分，这部分也正是管理学应该开发的处女地。随着科学技术的发展和管理科学的发展，那些未知的、模糊的、活的领域会越来越少（但不会没有），但需要人们去从事管理艺术水平的要求却越来越高。

第二章

一、单项选择题

1. C 2. A 3. D 4. A 5. C 6. B 7. D 8. C 9. B 10. C 11. C 12. A 13. D 14. D 15. C

二、判断题

1. √ 2. √ 3. × 4. × 5. √

三、名词解释

1. 管理道德：是管理者的行为准则与规范的总和。

2. 管理道德评价：是对管理者的管理活动是否合乎道德性所进行的价值评定。

3. 社会责任：企业在法律和经济上的义务之上，追求对社会有利的长期目标的义务。

四、简答题

1. 答：公司不是一个仅对股东负责的独立实体，同时要对产生和支持它的社会负责；管理者应该关心长期的财务收益的最大化。

2. 答：

（1）企业对环境的责任。企业既受环境的影响又影响着环境。从自身的生存和发展角度看，企业有承担保护环境的责任。企业对环境的责任主要体现在：

① 企业要在保护环境方面发挥主导作用，特别要在推动环保技术的应用方面发挥示范作用；

② 企业要以“绿色产品”为研究和开发的主要对象；

③ 企业要治理环境。

（2）企业对员工的责任。员工是企业最可宝贵的财富。企业对员工的责任主要体现在：

① 不歧视员工；

② 定期或不定期培训员工；

③ 营造一个良好的工作环境；

④ 善待员工的其他举措。

（3）企业对顾客的责任；“顾客是上帝”，忠诚顾客的数量以及顾客的忠诚程度往往决定着企业的成败得失。企业对顾客的责任主要体现在：

① 提供安全的产品；

② 提供正确的产品信息；

③ 提供售后服务；

④ 提供必要的指导；

⑤ 赋予顾客自主选择的权利。

（4）企业对竞争对手的责任。

（5）企业对投资者的责任。

（6）企业对所在社区的责任。

第三章

一、单项选择题

1. B　2. A　3. A　4. D　5. D

二、多项选择题

1. BCD　2. ABCDE　3. ABCDE　4. ADE　5. ADE

三、名词解释

1. 人际关系论是指企业中的管理者通过关心职工的需求、欲望、个性、情绪、利用职工的心理和感情，促使他们提高劳动积极性的一种企业管理理论。

2. 集中化和分散化配置管理是最基本的网络管理功能，通过设定、收集、监测和管理网络设备配置数据，使得网络性能达到最优。

3. 学习型组织理论：面临变化剧烈的外在环境，组织应力求精简、扁平化、弹性因应、终生学习、不断自我组织再造，以维持竞争力。

4. 甘特图又叫横道图、条状图，一种按照时间进度标出工作活动，常用于项目管理的图表，即以图示的方式通过活动列表和时间刻度形象地表示出任何特定项目的活动顺序与持续时间。

5. 企业再造理论又被称为“公司再造”、“再造工程”，是以工作流程为中心，重新设计企业的经营、管理及运作方式。

四、简答题

1. 中国古代有哪些重要的管理思想？

答：以儒家 道家，法家、佛家为代表的管理思想（具体内容略）。

2. 阐述早期管理思想的主要代表及其观点。

答：

（1）泰勒：科学管理理论

（2）法约尔：一般管理理论

（3）韦伯：行政组织体系理论

3. 泰勒科学管理的主要思想与贡献有哪些？

答：主要思想如下。

（1）提高劳动生产率是科学管理的中心；

（2）工时研究与工作定额；

（3）采用科学方法管理；

（4）实施标准化管理；

（5）实行差别计件工资制；

（6）彻底的“革命精神”；

（7）计划职能同执行职能分离；

（8）职能工长制；

（9）实行例外原则。

主要贡献如下。

（1）将科学化、标准化引入管理，它所倡导的精神革命，是实施科学管理的核心问题。

（2）采用了科学的管理方法和操作程序，使生产效率提高到了 200%～300%，推动了生产的发展。

（3）管理职能与执行职能的分离，造就了专门从事管理工作的管理人员，为管理理论的创立和发展奠定了基础。

4. 法约尔的一般管理理论的主要思想与贡献有哪些？

答：主要思想如下。

（1）论述了企业的基本活动与管理的职能；

（2）总结了管理中具有普遍意义的 14 条原则；

（3）进行管理教育和建立管理理论。

主要贡献如下。

（1）揭示了管理的本质，即企业的基本活动与管理的职能；

（2）提出了管理的 14 条原则；

（3）阐述了进行管理教育和建立管理理论的必要性。

5. 阐述现代管理理论的主要学派和各学派理论的主要内容。

答：

（1）管理过程学派，这个学派认为，不论组织的性质多么不同，所处的环境多么不同，但管理人员的职能是共同的。因此，他们首先确定管理人员的职能，作为理论的概念结构。法约尔把管理职能划分为 5 项，厄威克划分为 3 项，古利克则提出了有名的 POSDCRB 职能，即计划、组织、用人、指挥、协调、报告、预算 7 种职能。

（2）社会系统学派，认为组织是由人组成的，而人的活动是相互协调的，因而成为一个协作系统。企业组织的协作系统，是整个社会系统的一部分。协作系统又有正式组织和非正式组织。

（3）经验学派，通过分析一大批组织或管理人员的成功或失败的实例，研究在类似的情况下如何采用有效的策略和技能来达到管理的目标。

（4）行为学派，强调要从社会学、人类学、心理学的角度研究管理，重视人的相互关系，重视社会环境对提高功效的影响。该学派还提出了以群体为对象的研究“组织行为”的新理论。这个学派是行为科学的继续和发展。

（5）决策学派，把决策作为管理的中心，并认为管理就是在研究各种各样的方案中，选择并作出合理决策和付诸行动的过程。

（6）数学学派，认为“管理”就是用数学模型及其符号表示计划、组织、控制、决策等合乎逻辑的程序，求出最优解，以达到企业目标。

五、案例分析

1. 答：失败原因在于国外讲究的是公平竞争，实力优先，服从管理，制度等级化，而忽略中国的实际情况，生搬硬套管理经验，在经营管理方面缺乏应有的弹性和适应性，并且以自我为中心，抵触意见；成功原因在于能够结合当地实际情况，避免了米勒失败的原因。

2. 答：公平竞争，实力优先，服从管理，制度等级化。

3. 答：东、西方文化的不同是造成困难的主要原因，管理方法的不同造成了企业经营的困难。许多比较管理学者依据大量事实说明，管理是有文化界限的。企业活动可以分为管理和非管理两大类，这两者都在某种程度上影响企业效果。正像管理活动要受管理科学影响一样，非管理活动了也要受到与它相关的企业职能科学或知识的影响。并且这两类活动都同时受到外界环境以及可用的人力和物力资源的影响。

第四章

一、单项选择题

1. A　2. A　3. C　4. D　5. A　6. A　7. D
8. B　9. D　10. C

二、名词解释

1. 计划：广义的计划是指管理者制订计划、执行计划和检查计划执行情况的全过程；狭义的计划是指管理者实现对未来应采取的行动所作的谋划和安排。

2. 预测：预测是指根据过去和现在的已知因素，运用人们的知识、经验和科学方法，对未来进行预先估计，并推测事物未来的发展趋势的活动过程。

3. 决策：决策是指人们为了达到预定目标从两个或两个以上的备选方案中通过比较分析，选择一个最优的行动方案的过程。

4. 目标管理：目标管理（Management by Objective，简称 MBO）是一个全面的管理系统。它用系统的方法，使许多关键管理活动结合起来，高效率地实现个人目标和企业目标。具体而言，它是一种通过科学地制定目标、实施目标，根据目标进行考核评价来实施组织管理任务的过程。

三、简答题

1. 决策的程序。

在任何企业中，为了科学地进行决策分析，一般应按以下 6 个步骤进行：

（1）诊断问题（识别机会）；

（2）确定决策目标（解决什么问题）；

（3）拟定可行的备选方案；

（4）筛选方案；

（5）执行方案；

（6）评估决策的执行情况和信息反馈。

2. 企业实施目标管理的作用有目标管理能落实企业中、长期目标和发展规划。有利于改善公司的组织结构，促进各部门间关系，促使企业文化得到发展。利用目标激励提高工作效率、增加生产力。目标管理能够促进沟通，全员参与，增进团结。能做到“人尽其才，才尽其用”的管理效果。

3. 计划的程序：估量机会；确定目标；确定前提条件；拟定可行方案；评价备选方案；选择可行方案；拟定派生计划；编制计划预算。

四、计算题

1. 悲观准则：选择改造

最小最大后悔值准则：扩建

折衷决策法：新建

2. 决策树法求得大批量收益为 20；中批量收益为 18.4；小批量收益为 17.2；因此取得最大经济效益的方案是大批量。

3. 由 $Q_0=\dfrac{F}{M-C_v^i}$ 可知，Q_0=8000/8=1000；固定成本 F=1000×（8-5）=3000 元。

第五章

一、单项选择题

1. D　　2. C　　3. C　　4. B　　5. A

二、多项选择题

1. BCD　2. ABCD　3. ACD

三、名词解释

1. 组织：从广义上说，组织是指由诸多要素按照一定方式相互联系起来的系统。从狭义上说，组织就是指人们为实现一定的目标，互相协作结合而成的集体或团体，如党团组织、工会组织、企业、军事组织等。

2. 组织结构设计：是指建立或改造一个组织的过程，即对组织活动和组织结构的设计和再设计，是把任务、流程、权力和责任进行有效的组合和协调的活动。

3. 管理幅度：又称管理宽度，是指在一个组织结构中，管理人员所能直接管理或控制的部属数目。这个数目是有限的，当超过这个限度时，管理的效率就会随之下降。因此，主管人员要想有效地领导下属，就必须认真考虑究竟能直接管辖多少下属的问题，即管理幅度问题。

4. 管理层次：所谓管理层次，就是在职权等级链上所设置的管理职位的级数。当组织规模相当有限时，一个管理者可以直接管理每一位作业人员的活动，这时组织就只存在一个管理层次。而当规模的扩大导致管理工作量超出了一个人所能承担的范围时，为了保证组织的正常运转，管理者就必须委托他人来分担自己的一部分管理工作，这使管理层次增加到两个层次。随着组织规模的进一步扩大，受托者又不得不进而委托其他的人来分担自己的工作，依此类推，而形成了组织的等级制或层次性管理结构。

5. 集权：是指决策权在组织系统中较高层次的一定程度的集中。

6. 分权：所谓分权，就是现代企业组织为发挥低层组织的主动性和创造性，而把生产管理决策权分给下属组织，最高领导层只集中少数关系全局利益和重大问题的决策权。

7. 人员配备：是对组织中全体人员的配备，既包括主管人员的配备，也包括非主管人员的配备。二者所采用的基本方法和遵循的基本原理是相似的。

四、简答题

1. 略

2. 组织结构有 4 种形式。

① 直线型。直线型特点：权力集中，责任分明，命令统一，控制严密，信息交流少。

② 职能型。职能型特点：权力集中，命令统一，信息交流多，控制严密。

③ 矩阵型。矩阵型特点：加强了横向联系，组织的机动性加强，集权和分权相结合，专业人员潜能得到发挥，能培养各种人才。

④ 事业部型。事业部型特点：集中决策，分散经营，风险多元化，反应灵活，权力适当下放。

3. 略

4. 组织的高层式和扁平式组织的优缺点。

扁平型组织结构的优点：有利于缩短上下级距离，密切上下级关系，信息纵向流动快，管理费用低，而且由于管理幅度较大，被管理者有较大的自主性、积极性、满足感，同时也有利于更好地选择和培训下层人员；缺点：由于不能严密监督下级，上下级协调较差，管理宽度的加大，也加重了同级间相互沟通的困难。

高耸型组织结构的优点：具有管理严密、分工明确、上下级易于协调的特点。缺点：由于层次增多，带来的问题也越多。这是因为层次越多，需要从事管理的人员迅速增加，彼此之间的协调工作也急剧增加，互相扯皮的事会层出不穷。管理次数增多之后，在管理层次上所花费的设备和开支，所浪费的精力和时间也然增加。管理层次的增加，会使上下的意见沟通和交流受阻，最高层主管员所要求实现的目标，所制定的政策和计划，不是下层不完全了解，就是上层传达到基层之后变了样。管理层次增多后，上层管理者对下层的控制变得困难，易造成一个单位整体性的破裂；同时由于管理严密，而影响下级人的主动性和创造性。

5. 略

6. 略

7. 人员选聘的广告书。

南方公司是注册于深圳开发区，主要从事计算机网络工程、数据库和应用系统开发的系统集成公司，因发展需要，经人才交流服务中心批准，特聘优秀人才加入：客户经理（1 名）；工作地区：深圳；招聘人数：1 名。

主要职责：

- 负责公司企业竞争情报系统和网事通系列产品和相关解决方案的推广与销售，协助相关部门收集市场信息，协调客户关系；
- 制定所负责行业和目标客户的销售目标、销售策略、销售计划；
- 负责指定行业内客户的开发和管理，完成指定行业或区域内产品的销售目标。投简历前请到公司网站了解相关信息 http：//www.baidu.com/home.html.

任职资格：

- 25 岁以上，大专以上学历；
- 具有软件，儿其是应用软件产品两年以上销售工作经验；
- 相关行业和大中型企业的销售工作经验，熟悉中高端企业市场情况；
- 具有相关行业的销售或渠道经验者优先考虑；
- 良好的人际关系处理能力和销售技巧，善与人交流、沟通，事业心强，具有团队协作精神，能承受强大的工作压力 技术与知识要求：了解数据库与检索的相关知识，熟悉所负责行业的客户需求，了解计算机与互联网技术。

8. 人员考核的内容。德，即考核人员的思想政治表现与职业道德。能，是指人员的工作能力。主要包括人员的基本业务能力、技术能力、管理能力与创新能力等。勤，是指人员的工作积极性和工作态度。绩，主要指工作业绩，包括可以量化的刚性成果和不易量化的可评估成果。个性，主要了解人员的性格、偏好、思维特点等。

方法：实测法；成绩记录法；书面考试法；直观评估法；情景模拟法；民主测评法；因素评分法。

9. 略

10. 人员培训的内容与方法有哪些？

讲授法：属于传统模式的培训方式，指培训师通过语言表达，系统地向受训者传授知识，期望这些受训者能记住其中的重要观念与特定知识。

工作轮换法：这是一种在职培训的方法，指让受训者在预定的时期内变换工作岗位，使其获得不同岗位的工作经验，一般主要用于新进员工。

工作指导法或教练/实习法：这种方法是由一位有经验的技术能手或直接主管人员在工作岗位上对受训者进行培训，如果是单个的一对一的现场个别培训则称为我们企业常用的师带徒培训。

研讨法：按照费用与操作的复杂程序又可分成一般研讨会与小组讨论两种方式。研讨会多以专题演讲为主，中途或会后允许学员与演讲者进行交流沟通，一般费用较高。而小组讨论法则费用较低。

视听技术法：就是利用现代视听技术（如投影仪、录像、电视、电影、电脑等工具）对员工进行培训。

案例研究法：指为参加培训的学员提供员工或组织如何处理棘手问题的书面描述，让学员分析和评价案例，提出解决问题的建议和方案的培训方法。

角色扮演法：指在一个模拟的工作环境中，指定参加者扮演某种角色，借助角色的演练来理解角色的内容，模拟性地处理工作事务，从而提高处理各种问题的能力。

企业内部电脑网络培训法： 这是一种新型的计算机网络信息培训方式，主要是指企业通过内部网，将文字、图片及影音文件等培训资料放在网上，形成一个网上资料馆，网上课堂供员工进行课程的学习。

五、案例分析

在 TCL 的组织架构方面，有两种观点比较对立：一种是认为 TCL 的这种分权式管理模式带来了决策上的风险。另一种观点则认为，作为 TCL 这样规模的企业，应该实施分权管理。

反对者认为，集权管理更重要，因为重大决策能够集思广益，避免决策片面；能够集中资源，避免浪费；避免出现个别业务发展偏离主线的情况；出现问题，便于企业进行及时采取补救措施。

支持者认为，分权便于发挥个人的智慧和创造性，使个人的管理能力和实施能力能够充分体现出来；能够更迅速地对市场进行反应；使高层决策者关注于企业方向性问题，而不是陷入具体事务当中；有利于人才的培养。分权和集权有各自的弊病，没有人会同意绝对的分权与集权，也没有哪一种领导风格能够适用于不同的企业。我们只能针对企业的不同情况，具体分析。

集权 VS 分权

1. 从企业发展战略来看，适合集权的情况有：一体化企业集团；单一品牌的集团；企业主营业务；对企业利润贡献较大的业务板块；业务规模不大，但有战略意义的业务；处于变革时期的业务。

适合分权的有：多元化企业集团；多品牌集团；对企业业务贡献不大的存续业务；处于平稳期的业务。

2. 从组织架构的角度来看，适合集权的有：战略型管理总部；运作型管理总部；事业部；独资或控股企业；中小型企业。

适合分权的有：财务型总部；子公司；参股企业。当然，财务型总部的资金管理权与重要人事任免权集中在总部，但具体运营权下放。

3. 从人力资源管理的角度来看，适合集权的情况有：人力资源管理体系不健全，没有基础制度体系的企业；新招聘的管理者的业务。

适合分权的情况有：人力资源管理体系比较健全的企业；该业务板块的领导在企业工作时间较长，集团对其较为了解的业务；该业务板块的负责人具有综合的全面的能力。

4. 从企业文化的角度来看，适合集权的情况有：没有明确发展目标和核心理念的企业；干部员工思想涣散的企业。

适合分权的有：对企业战略有统一的认识的企业；企业文化体系健全的企业。

第六章

一、单项选择题

1. D　2. B　3. C　4. D　5. C　6. D　7. B　8. B　9. D　10. B

二、多项选择题

1. ABCD　2. AD　3. ABCDE　4. BCD　5. ABCDE　6. ABD　7. ABC　8. ABCD　9. BD　10. ABCD

三、名词解释

1. 领导：领导就是对组织内每个成员（个体）和全体成员（群体）的行为进行引导和施加影响的活动过程，其目的在于使个体和群体能够自觉自愿并充满信心地为实现组织的目标而努力。

2. 激励：指管理者运用各种管理手段，刺激被管理者的需要，激发其动机，使其朝向所期望的目标前进的心理过程。

3. 动机：动机是推动人从事某种行为的心理动力。

4. 指挥：指挥是指管理者凭借权威，直接命令或指导下属刑事的行为。

5. 授权：授权是指由管理者将自己所拥有的一部分权力下授给下级，以期更有效地完成任务并有利于激励下级的一种管理方式。

6. 强化：强化，从其最基本的形式来讲，指的是对一种行为的肯定或否定的后果（奖励或惩罚），它在一定程度上会决定人的这种行为在今后是否会重复发生。

7. 公平理论：公平理论认为，人的工作积极性不仅受其所得的绝对报酬的影响，更重要的是受其相对报酬的影响。这种相对报酬是指个人付出劳动与所得到的报酬的比较值。

四、简答题

1. 实行领导职能的作用有三种。

指挥作用：领导者有责任指导组织各项活动的开展，帮助人们认清形势，明确目标和实现目标的途径。

协调作用：组织成员个性不同、外部环境因素的干扰，思想分歧和行动上的偏差不可避免，因此需要领导来协调组织成员的关系。

激励作用：人们常常遇到挫折和限制，需要领导引导、鼓励、诱发下属的事业心、忠诚和献身精神，强化进取动力。

2. 什么是领导权力，其来源有哪些？

领导的核心在权力。领导的权力广义上来自两个方面。

一是来自职位的权力，这是由管理者在组织中所处的地位赋予的，并由法律、制度明文规定，属于正式权力。这种权力直接由职务决定其大小，以及拥有与丧失。

二是来自管理者自身的个人权力。这种权力主要靠管理者自身素质及行为赢得的。因职位而拥有的正式权力称为职权，即狭义上讲的权力。而个人权力则是包括在广义的权力概念中，它在相当程度上属威信范畴。

3. 当代对领导方式研究的新成果有哪些，如何理解？

领袖魅力型领导。这是一种靠领导者个人魅力团结带领组织成员去实现目标的领导方式。

变革型领导。这是一种敢于突破传统，坚持创新，善于鼓动的领导方式。具体体现在五个方面。

① 变革型领导应富有领袖魅力。

② 变革型领导对追随者予以个性化关注。

③ 变革型的领导应有效激发下属的智力，引发设想，创造洞察力，鼓励下属提出高质量的解决方案，并交由下属独立地完成。

④ 为组织提供具有诱惑力的远景，并有效地传达给组织的成员，增强其追随者的信任感，实现整体的团结奋斗。

⑤ 他们拥有一个积极的自我认识，勇于谋求成功，追求卓越，而不是仅仅避免失败。

后英雄时代领导。后英雄时代领导是指通过不断拓展组织成员的能力，树立群体成员的英雄意识，使有效领导渗透于整个组织的一种领导方式。具体体现在。

① 领导者的工作变成了组织各处扩展的领导能力，让组织成员对自己的行为负责，每个人都像企业家一样，能够代表企业采取行动。

② 领导者要鼓励和创造持续的学习，要引导与发展每个人的能力，在竞争与挑战中，不断提高每个人的素质。

③ 要能描绘出伟大业绩的蓝图，要激励每个人，鼓舞士气，要创造一个人人都能发现需要做什么并做好的激励性环境。

④ 要培育团队精神，树立英雄意识，对其成员给予充分信任，从他们中树立英雄。

4. 什么是双因素理论，对企业管理实践有哪些启示？

赫茨伯格将影响人的积极性的因素归结为激励因素与保健因素两大类，简称“双因素论”。两大类影响人的工作积极性的因素包括以下一些。

（1）保健因素。这属于和工作环境或条件相关的因素。当人们得不到这些方面的满足时，人们会产生不满，从而影响工作；但当人们得到这些方面满足时，只是消除了不满，却不会调动人们的工作积极性。

（2）激励因素。这属于和工作本身相关的因素，包括的工作成就感、工作挑战性、工作中得到的认可与赞美、工作的发展前途、个人成才与晋升的机会等。当人们得到这些方面的满足时，会对工作产生浓厚的兴趣，产生很大的工作积极性。

对管理实践的启示。

（1）善于区分管理实践中存在的两类因素。

（2）管理者应动用各种手段，例如，调整工作的分工，宣传工作的意义，增加工作的挑战性，实行工作内容丰富化等来增加员工对工作的兴趣，千方百计地使员工满意自己的工作。

（3）在不同国家、不同地区、不同时期、不同阶层、不同组织，乃至每个人，最敏感的激励因素是各不相同的，应灵活地加以确定。

5. 根据企业员工需求与动机的实际构成，激励行为通过哪些系统获得实现？

根据企业员工需求与动机的实际构成，激励行为通过（1）目标与成就激励系统；（2）工作兴趣与体验激励系统；（3）人际关系与互动激励系统；（4）思想教育激励系统；（5）物质利益激励系统获得实现。

五、案例分析

1. A　2. C　3. C　4. D　5. B　6. A

第七章

一、单项选择题

1. A　2. B　3. C　4. C　5. B

二、判断题

1. ×。组织内部各种关系。

2. ×。“外部关系”改为“内部关系”。

3. ×。保持沟通路径畅通是沟通取得成效的关键环节。

4. ×。非正式沟通是指正式沟通渠道以外自由进行的各种信息传递和交流，它是正式沟通的补充。也是人们最常用的沟通方式。

5. √。

三、名词解释（略）

四、简答题（略）

五、案例分析（略）

第八章

一、单项选择题

1. C　2. D　3. A　4. A　5. A　6. D　7. D　8. A　9. A　10. C

二、多项选择题

1. ABCD　2. BD　3. BCE　4. ABCDE　5. ABCE

三、判断题

1×，2√，3√，4×，5×，6√

四、简答题（略）

五、案例分析（略）

第九章

一、单项选择题

1. B　2. A　3. C　4. A　5. A

二、多项选择题

1. ABD　2. ABC　3. ABC　4. ACD　5. ABCD

三、名词解释

1. 创新是一种思想及在这种思想指导下的实践，是一种原则以及在这种原则指导下的活动，是管理的一种基本职能。

2. 所谓制度创新，就是指随着生产力的发展，要不断对企业制度进行变革，因而通常也可以称之为企业制度再造。

3. 企业技术创新战略是指企业进行技术创新经济活动的总的谋划，是企业在正确地分析自身的内部条件和外部环境的基础上所做出的企业技术创新总体目标部署，以及为实现创新目标做出的根本对策。

4. 所谓企业制度创新，就是指随着生产力的发展，要不断对企业制度进行变革，因而通常也可以称之为企业制度再造。

5. 企业文化创新是指为了使企业的发展与环境相匹配，根据本身的性质和特点形成体现企业共同价值观的企业文化，并不断创新和发展的活动过程。

四、简答题

1. 创新的基本内容：观念创新；技术创新；知识创新；制度创新；环境创新。

2. 技术创新的内涵：材料创新；产品创新；工艺创新；手段创新。

3. 企业制度创新的内容主要包括：建立出资人制度；建立法人财产权制度；所有者权益制度；建立法人治理结构；企业的配套制度。

五、案例分析题

参考答案要点

1. 综观海尔发展的历史，技术创新一直是其成长和壮大的主要动力。

2. 海尔技术创新国际化的过程大体经历了下列三个阶段： 合资引进技术——建立自己的技术研究中心和发展体系——输出技术或在国外建立自己的研究与发展分支机构。

参考文献

[1]［美］史蒂芬·P. 罗宾斯：《管理学》第 7 版第 3 章，北京：中国人民大学出版社，2003 年

[2] 周三多，陈传明，鲁明泓. 管理学——原理与方法. 第五版. 上海：复旦大学出版社，2009 [ ] 6

[3] 杨孝伟，赵应文. 管理学——原理、方法与案例. 武汉：武汉大学出版社，2004 [ ] 12

[4] 孙永正等. 管理学. 北京：清华大学出版社，2003. 8

[5] 倪杰，许芳，胡胜浩，周璐，王卫东. 管理学原理. 北京：清华大学出版社，2006. 8

[6] 刘娉:管理视角下的企业社会责任伦理 [J]. 广东行政学院学报，2007（2）

[7] 苗莉：经济伦理学视角下的企业社会责任 [N] 光明日报. 2007～06～12

[8] 鲁超：法理学视角下的公司社会责任 [J] 巢湖学院学报. 2005（4）

[9] 李杰，管理学原理. 北京：清华大学出版社，2011. 6

[10] 单凤儒，管理学基础. 北京：高等教育出版社，2008 年 6 月第三版

[11] 孟执芳，管理学基础. 北京：高等教育出版社，2009 年 8 月第 1 版

[12] 组织行为学（第三版）；张德 主编；北京：高等教育出版社. 2008 年 02 月

[13] 组织社会学；于显洋 主编；北京：中国人民大学出版社；第 1 版（2006 年 8 月 1 日）

[14] 组织行为学（第 12 版）罗宾斯（作者），等（作者），李原（译者）；北京：中国人民大学出版社；第 12 版（2008 年 4 月 1 日）

[15] 高等学校工商管理类核心课程教材：管理学（第 3 版）；周三多（作者）；北京：高等教育出版社；第 3 版（2010 年 2 月 1 日）

[16] 组织行为学（第 14 版）；斯蒂芬 · P. 罗宾斯（作者），蒂莫西 · A. 贾奇（作者）；北京：中国人民大学出版社；第 1 版（2012 年 12 月 20 日）

[17]《管理学基础》，张来顺主编，2011 年 8 月版，长沙：湖南师范大学出版社

[18]《管理学》第三版，周三多主编，2010 年 2 月版，北京：高等教育出版社